Poesía completa

José Martí

Poesía completa

Edición de Carlos Javier Morales

Segunda edición, revisada

Primera edición en «El libro de bolsillo»: 1995
Segunda edición: 2013

Diseño de colección: Estudio de Manuel Estrada con la colaboración de Roberto Turégano y Lynda Bozarth
Diseño de cubierta: Manuel Estrada
Fotografía de Amador Toril

Reservados todos los derechos. El contenido de esta obra está protegido por la Ley, que establece penas de prisión y/o multas, además de las correspondientes indemnizaciones por daños y perjuicios, para quienes reprodujeren, plagiaren, distribuyeren o comunicaren públicamente, en todo o en parte, una obra literaria, artística o científica, o su transformación, interpretación o ejecución artística fijada en cualquier tipo de soporte o comunicada a través de cualquier medio, sin la preceptiva autorización.

© De la edición: Carlos Javier Morales
© Alianza Editorial, S. A., Madrid, 2013
    Calle Juan Ignacio Luca de Tena, 15;
    28027 Madrid; teléfono 91 393 88 88
    www.alianzaeditorial.es

ISBN: 978-84-206-7879-5
Depósito legal: M. 28.415-2013
Composición: Grupo Anaya
Printed in Spain

Si quiere recibir información periódica sobre las novedades de Alianza Editorial, envíe un correo electrónico a la dirección: alianzaeditorial@anaya.es

Índice

- 9 Introducción
- 11 Visión del mundo de José Martí a través de su poesía
- 21 El estilo y los estilos de la poesía martiana
- 34 La evolución de la poesía martiana

- 45 Nota editorial
- 48 Cronología esencial de José Martí
- 51 Bibliografía básica sobre la poesía de José Martí

  Poesía completa
- 55 Ismaelillo
- 87 Versos libres
- 161 Versos sencillos
- 203 Flores del destierro

- 259 Poesía dispersa
- 261   Primeras poesías
- 271   Poemas escritos en España
- 302   Poemas escritos en México y en Guatemala
- 390   Versos varios
- 422   Polvo de alas de mariposa
- 441   Versos en La Edad de Oro
- 450   Versos de circunstancias
- 483   Cartas rimadas
- 498   Fragmentos y poemas en elaboración

- 543 Índice de primeros versos

Introducción

Para el héroe cubano José Martí (1853-1895) no fue la poesía una dedicación marginal, ni mucho menos un ejercicio lúdico, de escasa significación en su personalidad heroica. La poesía fue para él, muy al contrario, una actividad sublime del espíritu y una de las ocupaciones sustanciales de la vida humana, de tan elevado rango como su lucha social y política.

La poesía, en su entender, enriquece de continuo la vida del hombre y le hace reconocer su excelsa dignidad dentro del universo. Por ella el espíritu humano accede al conocimiento supremo de la realidad global y de su concreta realidad como individuo. «Cuando las ideas están maduras para expresión –apunta el maestro–, vienen de sí mismas a los labios, cuando el que ha de ser vehículo de ellas no las espera. Son personas vivas, con voluntad de manifestar sus veleidades y rencores. Surgen de súbito ante los ojos, como un letrero de fuego escrito en la sombra. El que las ve, se encorva, como quien recibe orden, y escribe»[1].

---

1. J. Martí, *Obras completas,* La Habana, Editorial de Ciencias Sociales, 1975, tomo 19, pág. 354. En adelante, al citar por esta edición, emplearé las siglas *O. C.*

Y, junto al conocimiento, el amor, la otra actividad que confiere al hombre su singular grandeza: la poesía, en este sentido, es tanto manifestación de amor como vía de unificación amorosa entre los individuos y la entera sociedad. Por eso, «¿quién es el ignorante que mantiene que la poesía no es indispensable a los pueblos? Hay gentes tan cortas de vista mental, que creen que toda la fruta se acaba en la cáscara. La poesía, que congrega o disgrega, que fortifica o angustia, que apuntala o derriba las almas, que da o quita a los hombres la fe y el aliento, es más necesaria a los pueblos que la industria misma, pues ésta les proporciona el modo de subsistir, mientras que aquélla les da el deseo y la fuerza de la vida»[2]. Y ya veremos que «el deseo y la fuerza de la vida» residen en el amor, que es el fin más noble y gratificante de nuestra existencia, según la misma concepción martiana.

Por su actuación eficaz en la inteligencia y en la voluntad del hombre, por ser fuente de conocimiento y de amor, la poesía apunta directamente al mejoramiento individual y social del ser humano. Éste es el oficio de la poesía, en el pensar de nuestro autor: «no decir discursos parlamentarios, ni acobardar a los hombres, ni hacer extractos o color de descripciones, sino *elevar, iluminar y consolar*»[3].

En este volumen encontrará el lector la totalidad de su obra en verso y tendrá la ocasión de comprobar cómo tan ambiciosos ideales se hacen realidad en la pluma de Martí, al tiempo que reconocerá en él a uno de los verdaderos iniciadores del modernismo literario y de la poesía hispánica contemporánea.

---

2. *O. C.*, ed. cit., tomo 13, pág. 135.
3. *O. C.*, ed. cit., tomo 19, pág. 354. La cursiva es mía.

Introducción

Visión del mundo de José Martí a través de su poesía

Como toda auténtica poesía, la de Martí nos expone sugestiva y gozosamente su personal visión del mundo, que se alza nítidamente singular por encima de las circunstancias de su época y de la sociedad que lo rodea. El esbozo de estos elementos cosmovisionarios de Martí a partir de su poesía nos ofrecerá todas las claves necesarias para entenderla cabalmente y así poder valorarla en su justa estatura.

Nuestro autor, filosófica y estéticamente, se halla inserto en la tradición romántica surgida en el último tercio del XVIII, triunfante en las primeras décadas del XIX y modernizada en la segunda mitad de este siglo según la demanda de los tiempos. Los primeros románticos, de modo especial los alemanes e ingleses, reaccionaron frontalmente contra el racionalismo ilustrado, cuya filosofía, ciencia y organización de la vida se regían por los patrones del método físico-matemático. Tal fenómeno, que permitió el vertiginoso despliegue de la técnica y la industria, condujo también muy pronto a la parcialización de las ciencias y de todo el saber. La captación del universo en su armonía y la síntesis de todos los saberes se presentaban ya como imposibles, más aún si tenemos en cuenta el progresivo y acelerado distanciamiento del hombre con respecto a la naturaleza, el ámbito propio para la contemplación de la armonía universal. Esa razón reduccionista y parcelaria se mostraba cada vez más incapaz de responder a las cuestiones últimas que el mundo y la naturaleza humana reclamaban con urgencia. De ahí surge no sólo la desconfianza, sino el menosprecio de los poetas románticos hacia la potencia racional del hombre y sus modos propios de proceder. Frente a la razón, las potencias irracionales (el sentimiento y la imaginación, princi-palmente) ofrecían un camino más andadero para la aprehensión del mundo en su conjunto y armonía. Para los románticos éste era, además, el único camino, con la subjetividad y el individualismo que las potencias irracionales imprimen necesariamente en el conocimiento. El sentimiento y la imaginación, auxiliados por la memoria, son las facultades cognoscitivas primordiales del poeta romántico, y su ejercicio conduce a la ensoñación visionaria por la que el *yo* contempla libremente ese cosmos que por la razón se le antoja inaprehensible. Se trata, como vemos, de una ensoñación cognoscitiva, de propósitos mucho más ambiciosos que los de la mera evasión ante el mundo hostil de cada día, como ha demostrado Albert Béguin en su libro ya indispensable *El alma romántica y el sueño*[4].

Por ese privilegiado *sueño* el poeta accede a la captación del universo como una esencia única, de la cual los seres diversos que percibimos en nuestro mundo inmediato resultan ser meras apariencias. Apariencias de algo que es uno (Uno en Martí) y eterno, de acuerdo con una concepción de mayor o menor sesgo panteísta. La poesía de Martí insiste tenazmente en la creencia de una esencia única que sustenta la realidad de todo cuanto contemplamos. El poeta, en uno de sus versos más explícitos al respecto, afirma: «Yo percibo los hilos, la juntura, / La *flor* del Universo: yo pronuncio / Pronta a nacer una inmortal poesía» (del libro *Flores del destierro*, pág. 245)[5]. El Universo, en su realidad más sustancial, se reduce a *flor*, a esencia única. Y en el mismo poema se alude a la aventura exploradora del cosmos en sus niveles más secretos: «[esta poesía] no con lívidos despojos / Se amasará de las edades muertas: / Sino de las entrañas exploradas / Del Universo, surgirá radiante / Con la luz y las gracias de la vida».

La herencia romántica de Martí, también en lo que atañe a su cosmovisión, queda fuera de dudas. Pero esta creencia suya no adviene sólo por el camino de los poetas preceden-

---

4. La primera edición castellana es de 1978 (México, Fondo de Cultura Económica).
5. La cursiva es mía.

tes en el siglo XIX, sino por la misma filosofía, que ha rebasado ya los mecanismos del raciocinio físico-matemático: pensemos en los idealismos alemanes de principios del XIX, en la filosofía romántica de Schopenhauer, y en el peculiar idealismo krausista que se trasplanta con tanta energía al mundo hispánico y del que Martí tanto aprovechó para fundamentar su armonismo cósmico. Por este influjo krausista el controvertido panteísmo de nuestro autor resulta aún mucho más evanescente: en su caso, y según la consigna krausista, deberíamos de hablar de una forma intermedia entre panteísmo y trascendencia divina, que encontró en esta doctrina un vocablo sumamente afortunado: *panenteísmo* (derivado del aserto *todo-en-Dios*).

En un poema más temprano, de 1877, nuestro autor se refiere conceptualmente a esa *analogía* del universo que está en la base de todo su pensar y actuar. En virtud de tal analogía, los seres del mundo son apariencias de un Uno esencial (el Dios de Martí) y se organizan de modo jeráquico desde la materia hasta el espíritu, pues espiritual es dicha esencia común:

> ¡Dame tu voz! Enérgico con ella
> Diré a los hombres el secreto vivo
> De las ondas del alma; del altivo
> Sol paternal las voces del trabajo;
> La colosal inmensa Analogía
> Del río que el valle cruza,
> De la ola que lo extiende,
> Del viento que la azuza,
> Del barco que la hiende;
> ¡Y del alma, —río, viento, barco alado,—
> Que, sobre todos ellos, hacia el cielo,
> Emprende el caminar precipitado! (págs. 387-388).

Este Uno esencial, del que emanan todos los seres, consiste en un Espíritu supremo que reside propiamente en una esfera supraterrena: de ahí la dificultad de delimitar su trascendencia o inmanencia con respecto al mundo. Y de ahí también el deseo ascensional que impulsa al alma de Martí en todo su batallar terreno y en su deseo final de una vida eterna. Así, en el poema «A los espacios», de los ya maduros *Versos libres*, el yo poético declara su ansia más profunda: «A los espacios entregarme quiero / Donde se vive en paz, y con un manto / De luz, en gozo embriagador henchido, / Sobre las nubes blancas se pasea / Y donde Dante y las estrellas viven» (pág. 132).

Y este Uno esencial, cuya virtud suprema es la de garantizar la armonía del cosmos ante las continuas amenazas de destrucción o desequilibrio, no puede ser otro que la esencia unitiva del Amor: «Oh amor, oh inmenso, oh acabado artista (...) / Tú sólo, sólo tú, sabes el modo / De reducir el Universo a un beso!» (Poema «Copa con alas», pág. 140). Por ello el sólido temple moral que transpira por toda la vida y la obra de Martí se halla tan cercano al Dios-Amor que fundamenta la moral cristiana, a pesar de las diferencias dogmáticas que lo separan del credo de cualquier Iglesia que confiese a Cristo.

De acuerdo con estas bases metafísicas, la vida humana exige un constante ejercicio moral para combatir el mal, el cual instaura el caos, el desequilibrio, tanto en nuestro espíritu como en la vida social. Sólo imitando la virtud amorosa del Uno, el ser humano gozará de la contemplación del universo armónico y alcanzará su dicha suprema, que le hará exclamar: «Todo es hermoso y constante, / Todo es música y razón, / Y todo, como el diamante, / Antes que luz es carbón» (de *Versos sencillos*, I, pág. 169). El progreso social, de modo análogo, consistirá en la purificación (por dolorosa que resulte) de ese *carbón* que enturbia las relaciones de los hombres hasta alcanzar la *luz,* la armonía social que integra en su seno todas las diferencias de raza, pueblo, clase u oficio. Lucha dolorosa, tanto en la moral individual como social, pero alimentada por un dolor que a Martí se le presenta constructivo, pues sólo por el dolor el individuo alcanza el equilibrio en su interior y consigue transmitirlo a la sociedad en que vive. El dolor, visto así, se yergue como pauta de mejoramiento individual y social y como garantía de felicidad eterna. Por esta convicción la tierra, en uno de sus poemas más agonizantes y a la vez esperanzados, aparece simbolizada por un *horno* poblado de llamas: «Llamas, llamas que luchan, con abiertos / Huecos como ojos, lenguas como brazos, / Saña como de hombre, punta aguda / Cual de espada: la espada de la vida / Que incendio a incendio gana al fin la tierra! / Trepa: viene de adentro: ruge: aborta: / Empieza el hombre en *fuego* y para en *ala*» (de *Flores del destierro*, pág. 209. La cursiva es mía). La vida como llama, espada y fuego, alcanza la victoria definitiva gracias al *ala*, por la que el hombre virtuoso asciende a la morada eterna del Uno-Amor.

En estas coordenadas metafísicas y morales transcurre el discurso poético de Martí, el cual, en cada poema y en su conjunto, se nos muestra por tanto como una «aventura vertical del espíritu», según la apreciación de José Olivio Jiménez[6]. Aventura que comienza por respetar y forjar la armonía en el terreno más inmediato de la vida, para así poder contemplar la armonía cósmica y luego gozar de ella plenamente en un más allá eterno, que es el que garantiza, en última instancia, toda la lucha moral, social y política de nuestro autor.

Ya he apuntado que esta ansia de contemplación directa y esencial del cosmos desde la subjetividad del yo (con la irracionalidad que tal conocimiento conlleva) es una herencia romántica que Martí asimila en sus manantiales más puros. Tal herencia la reciben los simbolistas de la segunda mitad

---

6. Cfr. J. O. Jiménez, *La raíz y el ala: aproximaciones críticas a la obra literaria de José Martí,* Valencia, Ed. Pretextos, 1993, pág. 82.

del siglo, los modernistas coetáneos de Hispanoamérica (Martí entre los primeros) y pervive, aunque con nuevas y bruscas transformaciones, en la poesía de las vanguardias históricas del siglo XX. El legado romántico, conforme avanza el tiempo, va minando el discurso racional e incrementando el espesor irracional de su lenguaje: romanticismo, simbolismo-modernismo y vanguardias serían, pues, tres estadios de ese creciente irracionalismo que impregna la creación literaria desde la radical ruptura con la razón ilustrada.

Ahora bien, con respecto al romanticismo histórico (que en el mundo hispánico traspasa la segunda mitad del siglo XIX), nuestro autor ha evolucionado notablemente; y no sólo en el aspecto puramente estético, sino en la misma visión del mundo, que se hace eco de los nuevos signos de los tiempos. Si, como lúcidamente precisa Octavio Paz, la poesía contemporánea –desde el romanticismo hasta las vanguardias históricas– se debate dialécticamente entre los polos de la *analogía* y la *ironía*[7], el modo martiano de afrontar y resolver esa lucha será notoriamente distinto del romántico e, históricamente, mucho más moderno. Si por *analogía* Paz entiende la aprehensión del cosmos como un vasto sistema de correspondencias, que revelan la esencia única del universo y el concierto dichoso de todos los seres que se ofrecen a nuestra mirada, hemos de reconocer que para el romántico esa analogía sólo constituye un estado momentáneo del espíritu, favorecido por la contemplación directa de la naturaleza. En cuanto el romántico se hace cargo del transcurso histórico de su vida, y en cuanto se percata de que los seres humanos intervienen activamente en el desarrollo de esa historia, con su acción a menudo destructora e irreconciliable, entonces el universo armónico se desvanece ante su espíritu, que empieza a ser amenazado por la *ironía*

---

7. Cfr. el capítulo «Analogía e ironía» de su libro *Los hijos del limo*, Barcelona, Seix Barral, 1988, 5.ª ed.

del tiempo y de la devastación de los hombres. Es esto último, la debilidad y la ruindad humanas, lo que lacera más crudamente aquella conciencia gozosa de la analogía, pues el paso del tiempo hiere su espíritu en cuanto permite la manifestación no sólo de la violencia del hombre sino de su limitación y su impotencia para permanecer en el equilibrio espiritual de aquel estado. La *ironía*, pues, en este sentido trágico, viene a ser la conciencia de la fragmentación del universo obrada por el hombre, bien por su maldad o por la misma precariedad de su limitada condición. La analogía del romántico es un estado pasajero y asediado de continuo por la conciencia de los avatares de la historia.

Pero Martí, gracias al ímpetu moral que vigoriza su espíritu constantemente, entiende que el ser humano, tanto en su lucha interna como en sus relaciones sociales, no puede quedar al margen de ese universo esencialmente armónico. Entiende que, por fuerza del amor, del dolor y del deber, el hombre, tanto individual como socialmente, ha de intervenir en la ardua tarea de reconquistar la armonía perdida. En el ámbito personal e íntimo, el hombre ha de vencer las congénitas resistencias de su egoísmo y la debilidad de su espíritu en la lucha por el bien. No se trata de una ingenua concepción de la bondad humana, sino de la conciencia de que la lucha moral, por el amor, el dolor y el deber, puede restaurar cada desequilibrio espiritual y cada fragmentación de su alma en fuerzas contrarias. En el ámbito social y político, por la misma ley del amor, el dolor y el deber, Martí confía en la conciliación de las voluntades opuestas y en la paz social que de ellas resulta. La paz individual otorgará al hombre la energía moral necesaria para pacificar la sociedad en que vive, respetando el natural pluralismo que no atente contra el equilibrio de la convivencia humana; del mismo modo en que la naturaleza mantiene su equilibrio armónico a pesar de su inmensa variedad de seres. He aquí el discurso ético y social de su poesía, que supera la conciencia romántica del fracaso para tratar de integrar al hombre en el concierto armónico de ese cosmos unitario. Y así vemos que su discurso ético y social no emana de un moralismo artificialmente superpuesto a sus convicciones fundamentales, sino que arranca de las raíces más profundas de su cosmovisión: el Amor como esencia única y la ley de la analogía que rige a todo el universo.

Otro de los elementos vertebrales de la antropología martiana, tal como ésta se revela en su poesía (que es aquí nuestro objeto de atención), reside en su concepción existencial del hombre; y así inaugura a larga distancia un discurso filosófico y poético que sólo se hará dominante en la segunda mitad de nuestro siglo XX. Si en la filosofía el existencialismo tuvo anticipadores tan señeros como Kierkegaard, en la poesía –al menos en la poesía hispánica– nadie antes que Martí había abordado la condición humana desde esta luminosa perspectiva.

Si los románticos habían dado un paso decisivo al desafiar a la razón físico-matemática para defender a toda costa el valor de la experiencia individual en el conocimiento, hemos de reconocer, no obstante, que tal experiencia íntima no se transfiere a la literatura con toda su concreción e individualidad biográficas. Y es que en su expresión, involuntariamente, los románticos aún siguen dependiendo de las abstracciones propias de la razón ilustrada y de la literatura neoclásica. Martí, que en justicia debe considerarse como el primer existencialista de la literatura hispánica, transparenta en su poesía el personal acontecer vital con sus inmediatas circunstancias biográficas; siempre –eso sí– que tal experiencia suya le permita acceder a un conocimiento universalmente válido sobre la condición humana, huyendo así de todo arbitrario e impúdico confesionalismo.

En esta consideración existencial del ser humano han influido, sin duda, la filosofía positivista y las ciencias por ella amparadas, con su escrupulosa y exclusiva atención a los *hechos* verificables por la experiencia. Martí no se deja arrebatar por el reduccionismo que el positivismo opera sobre aquellas realidades humanas y metafísicas que escapan a esta metodología fáctica y experimental, pero aprovecha de ella sus beneficiosos instrumentos. Gracias a esto, el idealismo absoluto de los románticos queda atenuado en su pensamiento por la atención al hombre en su concreto acontecer histórico, tanto personal como social.

Y al meditar sobre la acción humana y la repercusión de ésta en el espíritu, Martí llega a la intuición y a la concepción de una noción propia del existencialismo contemporáneo: la *autoconstrucción* del propio ser. Apartándose del providencialismo cristiano, que tampoco excluye la intervención del hombre en su personal perfeccionamiento, Martí radicaliza su postura al respecto, cargando sobre el ser humano toda la responsabilidad de su suerte o destino. En su «Estrofa nueva» declara muy conscientemente que «De nuestro bien o mal autores somos, / Y cada cual autor de sí» (de *Versos libres,* pág. 120).

Y en el mismo volumen poético, como en otros muchos lugares de su obra, Martí vuelve a expresar nítidamente la responsabilidad absoluta que en el hombre recae sobre su propio destino:

> No a la próvida vida haré culpable
> De mi propio infortunio, ni el ajeno
> Goce envenenaré con mis dolores.
> Buena es la tierra, la existencia es santa.
> Y en el mismo dolor, razones nuevas
> Se hallan para vivir, y goce sumo (...).
> («Odio el mar», págs. 136-137.)

Este sentido radical del «autohacerse» encontrará en el existencialismo contemporáneo un despliegue filosófico de capital importancia, aunque tal radicalización conlleve en el siglo XX una posición agnóstica o atea que en Martí no encontramos, dada la natural religiosidad de su cosmovisión.

Y como muestra de esa aguda conciencia existencial del cubano, basta señalar el reiterado empleo del símbolo de la *máscara,* que saldrá con frecuencia a nuestro paso en la lectura de su poesía. La máscara es uno de los símbolos más caros del existencialismo, por cuanto representa la escisión del yo en el tiempo, según lo demanden las circunstancias del concreto vivir. El enmascaramiento y el necesario desenmascaramiento del propio yo sólo tienen sentido cuando, a la luz de la mutabilidad de nuestra existencia, entendemos que nuestro yo se multiplica (como arma ofensiva o defensiva) en numerosas apariencias irreconciliables entre sí[8]. Esa voluntad suya de desenmascararse para conocer su realidad más profunda y sustantiva será uno de los motivos recurrentes en esta poesía de tan nítido perfil existencial.

Con este esbozo de su cosmovisión y de la antropología martiana a través de su poesía, aviso al lector de las claves que, a mi juicio, considero primordiales en la lectura de sus versos. Si bien su visión del mundo no puede disociarse de su estilo –éste es precisamente uno de los principios capitales de su poética–, las necesidades de mi discurso expositivo y las limitaciones de espacio de esta introducción no me permiten ilustrar cada rasgo cosmovisionario con todos los textos poéticos que lo corroboran. Por lo mismo, la atención a su estilo se incluye bajo el epígrafe siguiente, pero ha de entenderse en íntima conexión con los elementos cosmovisionarios trazados hasta aquí.

---

8. Sobre la significación existencial del símbolo de la *máscara* en la obra de Martí, véase el exhaustivo estudio de José Olivio Jiménez en su libro ya citado *La raíz y el ala...* (págs. 97-136).

Introducción

El estilo y los estilos de la poesía martiana

Uno de los puntales de la poética martiana, como acabo de anunciar, es precisamente el entendimiento de la peculiar visión del mundo del autor como un coprincipio indisociable de su estilo literario. Esta convicción, sustentada científicamente por la estilística del siglo XX, se encuentra enunciada y lúcidamente analizada por Martí en numerosos lugares de su obra[9]. Pero el cubano no sólo aboga por una armonía entre cosmovisión y estilo, sino por una adecuación plena entre cada acto de inspiración poética y el estilo particular con que ésta se encarna. Así, en el luminoso prólogo de sus *Versos libres*, leemos: «Mientras no pude encerrar íntegras mis visiones en una forma adecuada a ellas, dejé volar mis visiones: oh, cuánto áureo amigo que ya nunca ha vuelto! Pero la poesía tiene su honradez y yo he querido siempre ser honrado. Recortar versos, también sé, pero no quiero. *Así como cada hombre trae su fisonomía, cada inspiración trae su lenguaje*» (pág. 89. La cursiva es mía). De modo que cada acto de inspiración exige su propio estilo, lo cual supone que en Martí –quien cumple coherentemente este principio teórico– cabe hablar de tantos estilos como poemas, por no referirme a sus textos en prosa, que con frecuencia poseen un altísimo rango poemático. De ahí que estas breves líneas tengan que limitarse a demostrar esa inmensa variedad estilística de su poesía, para luego abstraer los rasgos más recurrentes y sintetizar lo que podría ser el *patrón estilístico* martiano; advirtiendo que este concepto sólo sería una abstracción racional de lo que en realidad se nos ofrece como una pluralidad inabarcable.

Este fenómeno, que, a finales del siglo XX, no se muestra especialmente novedoso, se yergue en la época de Martí

---

9. Cfr. el capítulo «La armonía esencia-forma» de mi libro *La poética de José Martí y su contexto,* Madrid, Ed. Verbum, 1994, págs. 231-294.

como una verdadera revolución poética; basta pensar en el romanticismo reinante aún en el mundo hispánico, que en la práctica llegó a profesar una retórica casi tan escolástica y uniforme como en el férreo neoclasicismo precedente. Cuando el cubano afirma, en el mismo prólogo de los *Versos libres* (escrito no después de 1882), que «amo las sonoridades difíciles y la sinceridad, aunque pueda parecer brutal», está previendo con gran realismo la reacción sorpresiva que tamaña «brutalidad» provocaría en los poetas y lectores hispánicos del momento. Si esto no se produjo, sólo se debe a que dichos *Versos libres* se publicaron póstuma y muy tardíamente con respecto a su creación: en 1913, cuando ya el modernismo había derrocado las grandes barreras academicistas del lenguaje poético.

En un texto de 1881, publicado en la *Revista Venezolana,* nuestro autor manifiesta de un modo análogo sus convicciones sobre la necesidad del vitalismo estilístico, que deriva de la índole peculiar de cada emoción creadora: «Distintos goces nos produce, y diferentes estilos ocasiona, el deleite de crepúsculo que viene de contemplar cuidadosamente lo pasado, y el deleite de alba que origina el penetrar anhelante y trémulo en lo por venir (...). De ahí que un mismo hombre hable en distinta lengua cuando vuelve los ojos ahondadores a las épocas muertas, y cuando, con las angustias y las iras del soldado en batalla, esgrime el arma nueva en la colérica lid de la presente»[10]. Pero, si leyéramos otros muchos textos martianos que inciden en la misma cuestión, quedaríamos persuadidos de que no se trata de una simple distinción entre el estilo de la evocación del pasado y el de la mirada que avizora lo futuro. La distinción de estilos, en su pensamiento y en su obra poética, como nos demostrará la lectura posterior, admite un amplísimo espectro de posibilidades.

---

10. *O. C.,* ed. cit., tomo 7, pág. 211.

En este punto, aunque con la brevedad propia de la ocasión, conviene señalar otra de las claves de la modernidad poética de Martí; y para ello se muestra muy oportuno, una vez más, el elocuente prólogo de los *Versos libres:* «De la extrañeza, singularidad, prisa, amontonamiento, arrebato de mis visiones, yo mismo tuve la culpa, que las he hecho surgir ante mí como las copio. De la copia, yo soy el responsable. Hallé quebrantadas las vestiduras, y otras no y usé de estos colores. Ya sé que no son usados» (pág. 90). Me interesa subrayar la *extrañeza y la singularidad de las visiones*, y, de otra parte, la *quebradura de esos vestidos*. Y es que Martí, en los albores del modernismo que él mismo inicia, y en un panorama poético hispánico notablemente adocenado en un romanticismo caduco, ha tomado conciencia de que la creación poética no es sólo un cauce bello y deleitoso para *enseñar* grandes ideales ya aprendidos por el poeta: la poesía, sin dejar de cumplir en él dicha función docente, es, muy por encima de esto, alumbramiento de una realidad oculta; es instrumento –e instrumento eficacísimo– de conocimiento sumo, y tanto para el poeta en el acto en que la escribe como para el lector en el acontecimiento en que la lee:

> Siempre que hundo la mente en libros graves
> La saco con un haz de luz de aurora (...) (pág. 245).

Cuando leamos íntegramente este poema, caeremos en la cuenta de que esos *libros graves* de Martí aún no han sido escritos, y de que esa *luz de aurora* será un conocimiento recóndito sobre las cuestiones esenciales de su existir, que sólo se le revelará gozosamente en el acto de la creación poética.

Y por eso, por la *extrañeza,* por ser la revelación de un saber desconocido, exige un lenguaje tan creativo y «extraño», que ante él no vale el simple oficio del buen estilista. El poeta, en cada creación, descubre una nueva faceta de la realidad y, con ella, un estilo también nuevo, que hasta entonces le había resultado imprevisible y que *quiebra* todos los moldes antes elaborados. El poeta es, pues, un eterno aprendiz, y más inexperto cuanto mayor es su genialidad creadora.

Esta conciencia, tan moderna y tan distante del ideal clasicista del *enseñar deleitando,* se presenta en Martí como convicción plenamente asumida. He aquí una de las claves primordiales de su modernidad literaria, la cual llega mucho más cerca de nosotros que la de los mismos modernistas que le sucedieron en nuestra lengua.

Y ahora, sintetizando y abstrayendo los caracteres que individualizan su estilo, he de aludir, ante todo, a la personal integración de técnicas tradicionales, de la mejor tradición castellana (la poesía popular, el refinamiento sintáctico, imaginario y conceptual de nuestro Siglo de Oro), junto a técnicas de su más actual modernidad, que Martí recibe de los escritores extranjeros más audaces (el simbolismo, por ejemplo, con su infinita y sorpresiva creatividad imaginaria). Y estas últimas influencias se deben a su constante avidez por las innovaciones del saber y del arte de los países más diversos. Actitud esta muy extraña en las letras hispánicas cuando el modernismo empezó a abrir sus anchurosos senderos. Y luego, a esa personal asimilación de técnicas clásicas y modernas, habría que añadir los recursos expresivos que Martí forja por sí mismo y que inauguran nuevas posibilidades en la prosa y en la poesía en castellano, siendo esta última la que aquí nos interesa.

Su propósito estilístico será, en cualquier caso, la ruptura con toda preceptiva académica («Contra el verso retórico y ornado / El verso natural...», pág. 209) y el desbordamiento de cualquier mecanismo acuñado por la tradición clasicista para seguir los ímpetus de su imprevisible emoción creadora: «Los versos –dice– vienen como empujados desde dentro, y amoldados, dispuestos, encaramados en un taller interior»[11]. En el interior, en esa privilegiada síntesis de sentimiento,

---

11. *O. C.,* ed. cit., tomo 22, pág. 325.

memoria, imaginación e intelecto; en ese intercambio de todas las facultades del alma –presididas, eso sí, por el sentimiento– es de donde surge la palabra poética más adecuada a esa particular emoción.

Y es que, frente al racionalismo de la poesía neoclásica (que dejó profundas huellas en nuestro espurio romanticismo) y frente al fuerte dominio racional de la anterior poesía clasicista de Occidente, Martí opta por un discurso poético donde la emoción, potencia de suyo irracional, sea la que origine y empape todos los niveles del poema. Así, a raíz de la poesía de su compatriota Rafael de Castro Palomino, escribe en 1893: «En América solían rimarse ideas, más que sentimientos, olvidando que la poesía y el arte todo está en la emoción inesperada y suprema por donde en una hora propicia culmina una especie de emociones semejantes»[12].

Ese irracionalismo, que ya había surgido como voluntad de ruptura en el romanticismo germinal, va ganando nuevos fueros conforme avanza el siglo XIX, de modo que hacia los años sesenta de esta centuria contamos ya con algunos poetas de voluntad renovadora (Baudelaire, en Francia; Whitman, en Estados Unidos...) que articulan su lenguaje poético eludiendo en mayor medida los elementos del discurso racional: se trata del nuevo movimiento simbolista, que Martí conscientemente trasplanta a América y al entero mundo hispánico antes que poeta alguno. Las potencias del alma que son de suyo irracionales (el sentimiento y la imaginación) van desvaneciendo el protagonismo de los conceptos y los juicios racionales, y, con ello, la claridad lógica del poema. El ideal dominante de la poesía simbolista (y modernista, que es su equivalente hispánico) será el de comunicar con emociones y no con ideas, aunque éstas puedan injertarse mesuradamente en algunas secuencias del discurso. El lector no recibe de inmediato un mensaje racional; sólo una sólida emoción que,

---

12. *O. C.,* ed. cit., tomo 5, pág. 212.

en un posterior análisis reflexivo, podrá ser traducida en un núcleo de ideas lógicamente coherente. A ese ideal de comunicar con emociones se le llama muy pronto *sugerencia*, y ésa será la consigna estética de toda la poesía moderna de Occidente, hasta que el declive vanguardista, en los años treinta del siglo XX, pretenda reinstaurar la claridad perdida. Sólo que ahora la recuperación del orden racional cuenta con unos recursos adquiridos que, aunque mermados en su uso, continúan vigentes. La historia de la poesía, como vemos, también es un proceso irreversible.

He considerado oportuno esbozar una explicación de la irracionalidad de la poesía simbolista para demostrar con argumentos sólidos el talante modernizador del cubano, que sobre este asunto se manifiesta muy tempranamente, tanto en su teoría como en su práctica poéticas: «Escribir es clavar águilas –se lee en uno de sus cuadernos de apuntes–. ¡Es tan hermoso engendrarlas y verlas volar! ¡Lo mejor que escribe un poeta es aquello que no escribe!»[13]. Y es que la emoción sugeridora tiende al reduccionismo verbal y a depurar el texto de todo elemento que no contribuya a teñir de emoción el discurso, aunque tal elemento resulte muy clarificador en el plano racional. De ahí que una de las aversiones más rotundas de nuestro poeta sea precisamente la que le provoca lo que él denomina poesía *mental*. En una carta que dirige al poeta y amigo venezolano Diego Jugo Ramírez al publicar su *Ismaelillo* (1882), le advierte: «He visto esas alas, esos chacales, esas copas vacías, esos ejércitos. Mi mente ha sido escenario, y en él han sido autores todas esas visiones. Mi trabajo ha sido copiar, Jugo. *No hay aquí una sola línea mental*[14]». Y ya un año antes, en 1881, había profetizado con certeza que «¡no durarán los poetas mentales!»[15].

---

13. *O. C.,* ed. cit., tomo 21, pág. 180.
14. *O. C.,* ed. cit., tomo 7, pág. 271. Las cursivas son mías.
15. *O. C.,* ed. cit., tomo 8, pág. 170.

La poesía simbolista, y, por tanto, la de Martí, cuenta con dos instrumentos expresivos primordiales para potenciar esa emoción sugeridora. Uno de ellos es el *símbolo*, un recurso propio de la poesía contemporánea (aunque con aislados antecedentes en siglos ya lejanos). El símbolo es una imagen que surge inconscientemente en la fantasía del poeta para expresar un objeto o un concepto real, sin que tal imagen guarde con respecto a este término real una semejanza por su naturaleza. La asociación simbólica es de carácter irracional e inconsciente, pues sólo la emoción –de suyo irracional– es la que permite realizar tan sorprendente asociación entre imagen y término real. El lector, al encontrarse con una imagen simbólica insertada en un texto, sólo percibe la misma emoción (racionalmente oscura) que llevó al poeta a engendrar esa imagen, y sólo una reflexión analítica posterior podrá desvelar la significación lógica que tal imagen oculta.

El símbolo, recurso básico de toda la poesía contemporánea, admite una incalculable posibilidad de construcciones, debido precisamente a la libertad propia de la fantasía del poeta. Tales construcciones pueden adoptar dos modos radicales de realización, atendiendo a la fuente originaria de las imágenes utilizadas. El primer modo es el denominado *impresionista* y aparece en la historia literaria antes que el modo *expresionista,* que como tal se codifica y generaliza en la segunda década del siglo XX. Ello no obsta para que algunos talentos poéticos de virtud genialmente veedora y anticipadora de la estética futura lo emplearan varias décadas antes como técnica habitual: entre estas deslumbrantes excepciones encontramos justamente a José Martí, quien ya lo practica en los años setenta del XIX.

Para exponer del modo más sintético la definición de impresionismo y expresionismo, que serán muy útiles a la hora de valorar la capacidad creadora de Martí en su poesía, bastará decir que en el impresionismo el autor literario elabora sus imágenes simbólicas partiendo de la contemplación de una realidad física y externa a su conciencia (un paisaje, un cuerpo de cualquier naturaleza, el ambiente interior de una habitación o de una casa, etc.), mientras que en la técnica expresionista los símbolos surgen directamente de la capacidad visionaria del poeta, que corporiza su emoción mediante imágenes que no pertenecen a ningún marco externo previamente contemplado[16].

Con el objeto de ilustrar la maestría de José Martí en el valor emocionalmente significativo que confiere a sus imágenes simbólicas, propondré, entre innumerables ejemplos, esta conocida cuarteta de sus *Versos sencillos* (1891):

> Yo he visto al águila herida
> Volar al azul sereno,
> Y morir en su guarida
> La víbora del veneno (pág. 168).

La complejidad significativa de esta estrofa en apariencia tan «sencilla» reside precisamente en la intensidad sugeridora de los símbolos empleados. El *águila,* en efecto, por su propia naturaleza, dirige nuestra emoción al sentimiento de lo más noble y elevado, que por el contexto de esta estrofa debe entenderse como nobleza y altitud morales. Pero, al tratarse de un águila *herida,* el poeta nos sugiere la presencia del sufrimiento en esa alma de tan alta perfección moral, sufrimiento que, en lugar de truncar, favorece paradójicamente la elevación del alma hacia la felicidad suprema simbolizada por el *azul sereno*. He aquí, una vez más, la expli-

---

16. Quien desee ahondar en la concepción del símbolo y en la teoría y práctica martianas de esta técnica, hallará una explicación exhaustiva en mi libro *La poética de José Martí y su contexto*, ed. cit., págs. 239-414. También será muy esclarecedor el libro de Ivan Schulman *Símbolo y color en la obra de José Martí* (Madrid, Gredos, 1970, 2.ª ed.).

citación del valor constructivo que para Martí posee el dolor humano. Sin embargo, bajo el símbolo de la *víbora del veneno*, que provoca en nuestro ánimo el sentimiento de lo degradado y corrupto (es decir, de la degradación y corrupción morales), el poeta nos sugiere el destino rotundamente destructor que acompaña a cualquier espíritu maligno y pertinaz en su culpa. Este ejemplo, además, nos ilustra magistralmente sobre la significación simbólica que el color (el *azul* en este caso) puede adquirir en un texto poético, una significación de índole espiritual que no puede corresponder a la realidad física de ese color en sí. El simbolismo cromático, en efecto, será un recurso muy frecuente en la poesía martiana y en todo el lenguaje literario modernista. Sorprende, en el caso de nuestro autor, lo temprano y lo genial de su empleo. En la lectura de su obra poética asistiremos a un sinfín de simbolizaciones de este tipo en poemas de los años setenta y ochenta.

Dentro de la simbología de Martí, como ha analizado concienzudamente Ivan Schulman, encontramos una dialéctica recurrente entre símbolos bipolares que experimentan una transformación ascensional[17]. Para explicar con mayor llaneza este procedimiento martiano, podríamos apuntar muy sintéticamente que en sus textos poéticos encontramos a menudo una pareja de símbolos que aluden a realidades contrapuestas: símbolos de altura y de profundidad, de belleza y fealdad, de grandeza física y pequeñez, etc. Tales imágenes simbólicas, ubicadas en polos opuestos con respecto a la cualidad que representan, vienen a significar la configuración dual de la realidad que en un primer momento se presenta a la percepción del poeta. Pero Martí, precisamente por su creencia en una analogía universal que supera la desgarradora ironía contemplada en su entorno inmediato, consigue

---

17. Cfr. I. Schulman, *Símbolo y color en la obra de José Martí*, ed. cit., págs. 64-82.

transformar la cualidad negativa de uno de los símbolos en la cualidad positiva que representa el símbolo parejo. Y este modo de actuar arroja una luz muy poderosa sobre el dinamismo espiritual de Martí, cuya creencia en la purificación de todo lo maligno le conduce a resolver la oposición de dos símbolos mediante la conversión del más vil en el más noble. Así, en el poema «Contra el verso retórico y ornado», después de describir la angustiosa lucha moral del hombre ante la ruindad de sus semejantes (serpientes, gozques, cocodrilos...), certifica la definitiva liberación y gozo de aquél mediante el símbolo ascensional del *ala:*

> (...) Los viles, los cobardes, los vencidos,
> Como serpientes, como gozques, como
> Cocodrilos de doble dentadura
> (...)
> le ladran y echan
> El diente al pie, al rostro el polvo y lodo,
> Cuanto cegarle puede en su camino.
> Él, de un golpe de *ala,* barre el mundo
> Y *sube* por la *atmósfera encendida*
> Muerto como hombre y como *sol sereno*[18] (pág. 210).

Junto con el símbolo, el segundo de los instrumentos expresivos primordiales en la poesía modernista –y, por tanto, en la de Martí– será su confianza suma en el poder significativo de la música del poema. Se trata, sí, de uno de los pilares expresivos de la poesía de siempre, pero que en el modernismo adquiere un protagonismo sublime, en detrimento de otros recursos de la poesía clasicista. De ahí la variedad de estrofas (cuartetas, redondillas, serventesios, silvas, versos

---

18. Las cursivas son mías y señalan los símbolos de altura y de bondad, que representan la transformación final de la vida humana, redimida ya de su angustia anterior, simbolizada por imágenes de bajeza y maldad.

blancos, etc.) y de metros (pentasílabos, heptasílabos, octosílabos y endecasílabos, principalmente) que concurren en su obra y que manifiestan de modo elocuente el ya señalado vitalismo poético profesado por nuestro autor.

Podrá objetarse que Martí emplea estrofas y versos esquemáticamente tradicionales, frente a las audacias métricas practicadas por otros modernistas posteriores. Ello es cierto si atendemos al plano de la macroestructura de la estrofa y del verso, pues si reparamos en la constitución interna de estas unidades, nos impactarán los audaces desbordamientos que, dentro de esos límites, Martí ejecuta en su escritura poética. En efecto, los frecuentes y variados encabalgamientos abruptos, que rompen con la armonía natural entre oración sintáctica y secuencia versal; la diversidad de acentuaciones dentro de cada metro, las pausas intraversales tan cambiantes de un renglón a otro de sus poemas; la alternancia de ritmos pausados y ritmos aceleradísimos, la concurrencia de oraciones extensas y sintácticamente complicadas junto a sentencias breves y resumidoras, son algunas de las numerosas licencias que su estilo libertario le permite operar dentro de esos esquemas métricos aparentemente tradicionales.

Una vez apuntados los dos pilares expresivos (el símbolo y el ritmo) en que se basa Martí para verificar su renovación del lenguaje poético y conferirle la mayor dosis de irracionalidad concebible en su época, señalaré algunos otros rasgos estilísticos recurrentes en su escritura en verso (aunque, de modo análogo, también cristalizan en su prosa). Entre ellos, cobra especial relevancia la sintaxis acumulativa, articulada en múltiples incisos y sintagmas no progresivos, fenómeno que podrá constatarse con evidencia en sus *Versos libres*, en sus *Flores del destierro* y en aquellos otros poemas de endecasílabos blancos. En el mismo orden de consideraciones, cabe destacar la distorsión frecuente de la sintaxis lógica mediante hipérbatos y quiasmos tan abruptos como los que se prodigaron en la poesía culterana de nuestro Barroco. Y, dentro de esta voluntad habitual de sorpresa expresiva, registramos en su obra numerosos neologismos creados por el poeta o derivaciones personales de vocablos ya existentes (*arreaje, crinaje, dormilentas, vivacear, mercadeadme...*). Como advierte oportunamente Fina García Marruz, estos casos no proceden de una intención de mero artificio formal, sino del desbordamiento emocional que le impele a acuñar nuevos vocablos cuando la lengua no le ofrece la palabra ajustada a su peculiar irrupción creadora[19].

Otro de sus procedimientos de mayor impacto viene dado por la ruptura de los sistemas lingüísticos de diversa índole. Como ejemplos, debo aludir a los imprevisibles coloquialismos que *rompen* la gravedad de un discurso marcadamente solemne o elegante. En «Amor de ciudad grande», de los *Versos libres*, después de enumerar con lenta majestuosidad las acciones nobles que se han perdido en la conducta moral de su tiempo, el poeta inserta un irrefrenable exabrupto coloquial:

> (...) el grato susto
> De caminar de prisa en derechura
> Del hogar de la amada, y a sus puertas
> Como un niño feliz romper en llanto;—
> Y aquel mirar, de nuestro amor al fuego,
> Irse tiñendo de color las rosas,—
> *¡Ea, que son patrañas!* Pues ¿quién tiene
> Tiempo de ser hidalgo? (...)
> (pág. 117. La cursiva es mía.)

Los coloquialismos que provocan estas frecuentes rupturas del sistema lingüístico esperado pueden situarse al principio de un poema, donde, en contra de nuestras previsiones, el hablante poético profiere una exclamación que supuesta-

---

19. Cfr. Cintio Vitier y Fina García Marruz, *Temas martianos,* La Habana, Biblioteca Nacional José Martí, 1968, pág. 203.

mente responde a un contexto consabido por el lector, aunque en realidad se trata del inicio mismo del discurso (léase, por ejemplo, el dramático «Canto de otoño», que comienza con un inquietante «*Bien: ya lo sé!:* —la Muerte está sentada / A mis umbrales: cautelosa viene», pág. 99).

Y, como otra ruptura de sistema de gran eficacia expresiva, conviene reparar en las llamativas sacudidas del contexto semántico, donde el concepto esperado se nos aparece maravillosamente trocado por otro de mayor trascendencia significativa:

> Dónde, Cristo sin cruz, los ojos pones?
> (...)
> En pro de quién derramaré *mi vida*?
> («Isla famosa», de *Versos libres*, pág. 113).

Lo esperado, al evocar la crucifixión de Cristo, sería, lógicamente, el derramamiento de la sangre. Al sustituirla por la *vida,* quedan enriquecidos de trascendencia tanto el lamento de Martí como el mismo hecho de la muerte de Cristo.

En suma, reconociendo ese vitalismo poético derivado necesariamente de su exigente principio de la armonía entre la esencia y la forma del poema, hemos de reconocer en los rasgos apuntados unos elementos estilísticos que recurren en su poesía y que permiten así individualizar su estilo, entendiendo por tal un patrón abstracto que adquiere sus exactas concreciones en cada texto. Como corolario de este apretado esbozo, he de advertir que, aun siendo el símbolo y su consecuente irracionalismo un fenómeno habitual de su escritura, ello no obsta para que los conceptos y las ideas aparezcan en su discurso poético según las demandas de cada emoción. Cuando el irracionalismo del período histórico simbolista rebase sus límites, las vanguardias de nuestro siglo XX socavarán toda injerencia del concepto o de la idea, en favor del símbolo con todas sus más complejas construcciones.

La evolución de la poesía martiana

La presente introducción, aun dentro de sus límites, debe dejar constancia de la diversidad de registros poéticos en que se articula el estilo hasta aquí bosquejado. Pero hablar de la trayectoria poética de Martí me impide ajustarme a una exposición fielmente cronológica, pues sabido es lo mucho que tardó nuestro autor para la publicación de su primer volumen, el *Ismaelillo* (1882), con respecto al temprano comienzo de su escritura en verso. Para justificar el sentido de este ligero recorrido por sus libros de poesía, considero muy oportuna la lectura de algunos fragmentos de la carta que el maestro escribe a Gonzalo de Quesada y Aróstegui, su albacea literario, el 1 de abril de 1895, poco antes de morir en la manigua cubana durante la guerra de independencia que él mismo había proyectado. Entre otras cosas, le indica en dicha carta-testamento:

> Ni ordene los papeles, ni saque de ellos literaturas; todo eso está muerto, y no hay aquí nada digno de publicación, en prosa ni en verso[20].

Debe anotarse que en ese momento el poeta sólo había publicado dos volúmenes de poesía: el *Ismaelillo* (1882) y los *Versos sencillos* (1891). La mayor parte de su obra permanecía, pues, inédita; el resto vería la luz póstumamente. Pero en la misma carta, después de referirle a Quesada el modo en que debía reunir todos sus escritos en prosa para una futura *Obra completa,* se ocupa de la reunión de sus versos:

> Y de versos podría hacer otro volumen: *Ismaelillo, Versos sencillos*, y lo más cuidado de unos *Versos libres*, que tiene Carmita. No me los mezcle a otras formas borrosas, y menos características (...).

---

20. *O. C.,* ed. cit., tomo 20, pág. 476.

Versos míos, no publiqué ninguno antes del *Ismaelillo*: ninguno vale un ápice. Los de después, al fin, ya son unos y sinceros[21].

Por tanto, prestemos atención, en primer lugar, al *Ismaelillo,* de 1882[22], considerado desde hace ya varias décadas –y con justicia– como el libro fundador de la poesía hispánica contemporánea, debido tanto a su propia naturaleza novadora como a su notable anticipación al *Azul* de Rubén Darío, de 1888.

La base histórica del libro es la evocación de su pequeño hijo José, separado de su padre por la incomprensión de Carmen Zayas Bazán, esposa de Martí. A José se le atribuye poéticamente el nombre bíblico de Ismael, hijo de Abraham y de Agar, su mujer esclava. Sabemos que después de la promesa de Yahvé al patriarca, éste se dirige a la tierra de Canaán, y que, cuando su mujer legítima, Sara, da a luz a Isaac, Abraham abandona a su esclava Agar y al hijo que con ella tuvo, Ismael. Éstos anduvieron errantes por el desierto, aunque Yahvé-Dios, antes de que se instalaran en Egipto, promete a Agar que de su hijo Ismael «haré un gran pueblo» (Gén. 22,18). Los musulmanes se identifican con ese pueblo.

Ismael es, por todo esto, el desterrado, el Martí desterrado de su patria y de su hijo, *Ismaelillo*. Pero el poeta trasciende desde la raíz este doloroso acontecer biográfico para hacer de su hijo el símbolo de la nueva estética y de la nueva ética que sus «ruines tiempos» reclaman. En el personaje de Ismaelillo resplandecen la nueva poesía y la nueva moral, porque ambas sólo pueden nacer de la inocencia de este niño, aunque en el presente caso –y de aquí la grandeza del personaje– se trata de la inocencia buscada por un hombre, el padre, que ha sufrido la experiencia del dolor y de la cul-

---

21. *Ibíd.,* pág. 477.
22. Éste será el recorrido que seguiré en la ordenación de su obra poética, como explicaré con más detalle en la Nota editorial.

pa y todos los golpes de la maldad humana. En el hijo Martí ansía encontrar los nuevos ideales que iluminen a esa sociedad burguesa de estrechas ambiciones materiales: no es otra el ansia de ideal que anima a los restantes modernistas de nuestra lengua. En el hijo Martí recupera su primitiva bondad, su primitiva belleza y, a la par, su confianza en el mejoramiento ético y estético de su mundo actual: «Hijo soy de mi hijo! / Él me rehace!» (pág. 169). El poeta despierta a un nuevo nacimiento desde la inocencia del hijo. Gracias al hijo decide nuevamente derramar su amor, su dolor y la belleza de su poesía por todos los hombres. En el hijo el amor, el dolor y la nueva poesía se encarnan en una persona que sentimos viva y concreta.

Los poemas «Musa traviesa» y «Tábanos fieros» se presentan, respectivamente, como el programa de la nueva poesía y de la nueva moral: un programa que, gracias a su hijo, ha sido ya vivido por el poeta. La lectura de este volumen nos corrobora que, dentro de esos tradicionales romancillos, el poeta ha engastado todos los recursos de la nueva poesía. La brillantez inusitada de sus símbolos, encadenados a veces en un largo entramado de imágenes visionarias o acumulados sin relación lógica alguna («¡Oh, Jacob, mariposa, / Ismaelillo, árabe!», pág. 67), así como el ritmo vívido y cambiante al que se pliegan estos cortos versos, son dos manifestaciones evidentes de la aventura estética que Martí ha iniciado, y que no debe pasar inadvertida ante la apariencia tradicional de estas estrofas.

En el mismo año 1882 Martí había terminado la práctica totalidad de los poemas que componen sus *Versos libres,* publicados póstumamente en 1913. Cuando leamos el prólogo que el autor redactó para este volumen –citado ya en varias ocasiones–, nos percataremos no sólo de la modernidad poética de su quehacer en verso, sino también de la conciencia teórica que impulsaba este proyecto tan necesario en la poesía hispánica. Sorprenden estos nuevos poemas, escritos simultáneamente con los de *Ismaelillo,* por el distinto modo de afrontar con su temperamento creador los mismos motivos morales, sociales y estéticos que habían animado este otro libro. Si el *Ismaelillo* nos ofrece una poesía iluminadora hacia el futuro, los *Versos libres,* de factura mucho más quebradiza y experimental, nos dan cuenta de su combate existencial presente y de las energías morales de que a diario dispone el poeta para conservar su entereza espiritual. A esta diferencia de enfoque corresponde una necesaria diferencia de encarnadura poética, que en este caso adopta el endecasílabo blanco como vía de liberación formal, debido a las múltiples inflexiones que imprevisiblemente experimenta su ánimo en cada composición. Estos endecasílabos «hirsutos», como los denominara el propio autor, nos transmiten la aspereza espiritual con que surge cada poema, la cual se manifiesta formalmente en las innumerables distorsiones de la sintaxis lógica (con hipérbatos sinuosos y encabalgamientos abruptos) y en los variadísimos modos de estructura oracional (más compleja o más simple), así como en la acentuación cambiante de los versos, que bruscamente nos transportan de un ritmo a otro.

Las dos grandes líneas argumentales de este volumen poético vienen dadas, de una parte, por la transferencia directa de su drama existencial, el cual recorre el arduo tramo que va desde el estadio de mayor crispación del espíritu al momento de plenitud gozosa, en el que ya todas las contradicciones de este mundo se resuelven en la contemplación de la armonía universal, principio fundante de su visión del mundo y motor principal de su lucha existencial. En casi todos los poemas podemos acompañar al autor en ese proceso que parte de la percepción de la *ironía* del mundo inmediato hasta la confirmación de su fe en la *analogía,* por emplear los términos precisos de Octavio Paz que José Olivio Jiménez, en el libro ya citado, ha aplicado con ahínco y lucidez al análisis de la obra martiana.

El discurso existencial se hace aquí más explícito por cuanto el poeta da cuenta de su concreta experiencia biográfica, que suele ser una de sus infinitas vivencias urbanas en Nueva York. Pero la experiencia biográfica no se agota en sí misma, sino que constituye el mínimo soporte vital para que el poeta acceda de inmediato al conocimiento sobre las verdades supremas de la vida humana y de la constitución del universo. Léase, como ejemplo diáfano de esta actitud constante, el poema «Pollice verso», donde la memoria del poeta sobre su presidio político en Cuba le sirve como punto de partida para su indagación y verificación de la legalidad cósmica y de la responsabilidad moral que compete al hombre en cada uno de sus actos.

La otra gran línea argumental, de ningún modo independiente de la anterior, consiste en las reiteradas inquisiciones metapoéticas, que tratan de dilucidar el valor de la poesía como actividad sublime del espíritu y de la vida toda, al tiempo que proponen los ideales revolucionarios que Martí augura a la nueva creación poética y que él ya se encarga de practicar magistralmente en estos textos. Su meditación sobre la poesía, como tantas veces en su obra, se confunde con su meditación sobre la existencia: de ahí brotan la frescura y la legitimidad con que ambos temas asoman por los versos. Y de esa inmediatez existencial con que surge cada asunto deriva la imprevisibilidad argumental de los poemas, que discurren espontáneamente por una infinidad de senderos temáticos. En el poema «Estrofa nueva» expone precisamente la necesidad de que la poesía acoja en su discurso todas las inquietudes del mundo moderno, prestando especial atención al panorama inmenso del trabajo humano, que tantos poetas del siglo XX seguirán incorporando a su canto verbal.

El simbolismo reinante en su libro anterior invade ahora nuevos fueros y da lugar a complejas –pero vibrantes– construcciones imaginarias de tipo impresionista o expresionista, siendo esta última técnica la que más frecuentemente elige el poeta para verter su inagotable caudal imaginario. Y si el expresionismo confiere encarnación, corporización en imágenes, a lo que sólo son estados del alma, el frecuente empleo de esta técnica indica muy certeramente que el espiritualismo dominante en su primera juventud ha evolucionado hasta la consustanciación de cuerpo y alma como dos principios inseparables del ser humano. De ahí la recurrencia de los símbolos del cuerpo del hombre, en constante dinamismo de fragmentación y reconstrucción, que nos revelan plásticamente el agitado movimiento de su espíritu. Así sucede, por ejemplo, en el poema «No, música tenaz», donde la diaria dispersión y reconstrucción de sus miembros corporales transparenta el dramático acontecer de su espíritu: «Roto vuelvo en pedazos encendidos! / Me recojo del suelo: alzo y amaso / los restos de mí mismo; ávido y triste, / como un estatuador un Cristo roto» (pág. 151). ¡Cómo resuenan ya, a larga distancia, las futuras «caídas hondas de los Cristos del alma» que sufre Vallejo en *Los heraldos negros!*

En 1891 Martí publica sus célebres *Versos sencillos,* escritos en el monte tras un doloroso evento político –léase el prólogo–. La cosmovisión y los rasgos estilísticos capitales de Martí concurren nuevamente en este libro, aunque ahora revelan unas notables modificaciones de temperamento y de configuración formal. Si en el *Ismaelillo* el poeta cantaba mirando hacia un futuro redentor personificado en su hijo; si en los *Versos libres* el poeta se instalaba en su intrincado presente existencial, cabe afirmar ahora que en los *Versos sencillos* el poeta escribe con una mirada intencional hacia su pasado, para extraer de él toda la densa sustancia sapiencial y darnos cuenta de los valores morales y sociales que ha conquistado en su vivir. El libro adquiere la forma y el temperamento emocional propios de un testamento escrito en las inmediaciones de la muerte. Al menos ésa es la impresión que nos transmite el yo hablante de los poemas: «Yo quiero, cuando me muera, / sin patria, pero sin amo, / tener en mi losa un ramo / de flores, —y una bandera!» (poema XXV, pág. 183). Y al final del volumen, avizorando una muerte supuestamente cercana, el poeta aprovecha la ocasión para esculpir uno de los lemas capitales de su poética y de su vida toda: la íntima consustanciación entre la poesía y la existencia, que correrán a la postre el mismo destino eterno:

> ¡Verso, nos hablan de un Dios
> Adonde van los difuntos:
> Verso, o nos condenan juntos,
> O nos salvamos los dos! (pág. 202)

La visión del mundo y de la existencia humana, concebidos en una continua dialéctica entre la ironía y la analogía, abandonan ahora el desgarramiento dramático del volumen anterior para adoptar un temperamento sereno y una mirada sobrehumana, desde la que es posible valorar cada concreto acontecimiento con la paz del que ya se ha afincado definitivamente en la creencia firme de la armonía universal. El discurso poético, en consecuencia, se torna más ceñido verbalmente y opta por las estrofas tradicionales más aptas para el canto jubiloso (redondillas y cuartetas, principalmente).

No obstante, la sencillez sigue siendo sólo aparente, pues en esos versos silábica y estróficamente tradicionales el poeta inserta un lenguaje simbólico de eficacísima sugerencia irracional y de volición firmemente innovadora. El entramado simbólico se depura al máximo para ofrecernos en cada poema unas pocas imágenes clave que nos producen –eso sí– la más intensa emoción. Tanta es la pulcritud depuradora del poeta, su afanoso reduccionismo verbal, que entre una estrofa y otra del mismo poema se eluden los nexos lógicos pertinentes y se cambia de tema o se enfoca el mismo asunto desde una perspectiva insospechada. Como consecuencia, el lector se siente continuamente «saltando en el vacío», a merced tan sólo de la emoción imprevisible del poeta, como ha explicado agudamente Cintio Vitier[23].

El ceñimiento verbal y la depuración imaginaria del verso generan una atmósfera de misterio que con frecuencia torna muy compleja la interpretación racional del texto. Como corolario de esta breve presentación de los *Versos sencillos,* transcribiré uno de esos poemas (el XXXII) donde el misterio se adueña de la comprensión lectora y puede conducirnos a interpretaciones concretas ciertamente distintas, cuando no erróneas. Todo depende del valor semántico que atribuyamos al símbolo del *búho* con que se cierra el texto, valor que sólo desentrañaremos a partir de una precisa comprensión de los símbolos anteriores; pues el *búho* en sí mismo puede sugerirnos realidades distintas y aun opuestas:

> En el negro callejón
> Donde en tinieblas paseo,
> Alzo los ojos, y veo
> La iglesia, erguida, a un rincón.
>
> ¿Será misterio? ¿será
> Revelación y poder?
> ¿Será, rodilla, el deber
> De postrarse? ¿qué será?
>
> Tiembla la noche: en la parra
> Muerde el gusano el retoño;
> Grazna, llamando al otoño,
> La hueca y hosca cigarra.
>
> Graznan dos: atento al dúo
> Alzo los ojos y veo
> Que la iglesia del paseo
> Tiene la forma de un búho. (págs. 192-193)

---

23. Cfr. C. Vitier, *Lo cubano en la poesía,* La Habana, Instituto del Libro, 1970, págs. 258-259.

Por la tonalidad negativa de los símbolos anteriores, que sugieren marginalidad (por *el negro callejón),* oscuridad tenebrosa, voracidad instintiva y temblor, llegamos al símbolo final que alza nuestra emoción hacia un pavor absoluto. El poema representa, sin duda, el temor de Martí ante la religiosidad positiva de una iglesia confesional, que a él, radicalmente antidogmático, se le muestra como reductora de la bondad de Dios.

Y, por último, dentro de este acelerado recorrido por sus volúmenes poéticos, subrayaré la importancia que en su obra mayor posee la supuesta colección titulada *Flores del destierro*[24], para la cual Martí escribió otro de esos prólogos máximamente reveladores. Este volumen, fuese o no proyectado así por el poeta, se publicó por vez primera en 1933, en edición de Gonzalo de Quesada y Miranda.

El libro, temática y estilísticamente, posee una notable heterogeneidad con respecto al carácter unitario de los anteriores. La línea argumental que aglutina la mayor parte de estos poemas viene dada por su trágica condición de desterrado, la cual trasciende su dolorosa experiencia biográfica para proyectar dicha condición hacia el destierro actual del hombre con respecto al paraíso original y al futuro paraíso eterno. Esta línea argumental se entrecruza con gran frecuencia, como en los *Versos libres,* con las indagaciones metapoéticas, especialmente en los poemas escritos en endecasílabos blancos, que guardan una particular sintonía con los *Versos libres*. La heterogeneidad temática y estilística se explica, en buena parte, por el amplio período cronológico en que fueron compuestos los textos de la colección, que van desde el año 1878 hasta los meses más cercanos a su muerte, en 1895.

Para no reiterar las apreciaciones sobre el contenido y la encarnación verbal que esbocé a propósito de los *Versos li-*

---

24. Sobre la viabilidad de considerar estos poemas como parte de un volumen propio así titulado, léanse las razones que aduciré seguidamente en la Nota editorial.

bres, señalaré uno de los motivos que, junto con el destierro, constituye la materia más explorada de este libro. Me refiero a su exaltación de la noche como espacio creador y como ámbito propicio para la contemplación de la armonía universal, por cuanto en la noche se difuminan ante nuestra mirada las diferencias existentes entre los seres que durante el día percibimos. La noche se yergue, pues, como el templo para el culto a la armonía del universo y para el culto a la poesía, cuya principal función es precisamente la de escrutar y afianzar la fe en ese cosmos unitario y pacífico. Léase, a este propósito, el programático poema «La noche es la propicia»; además de la célebre composición «Dos patrias», donde la angustia del destierro convoca a la noche como espacio propio para morir y superar todas las distancias terrenales, y como ámbito sagrado para percibir la voz sublime y armónica del universo. Se trata, sí, de un poema temáticamente poliédrico, donde cada uno de esos motivos se articula vivencialmente en el complejo anímico de una emoción única y estremecedora. Complejidad que, a la postre, deviene en simplicidad suma, como ese cosmos analógico cantado por el poeta.

El resto del libro contiene gran número de poemas capitales en la obra martiana, que deben ser muy tenidos en cuenta a la hora de valorar justamente su genialidad y su modernidad poéticas.

Pero no termina aquí la poesía de nuestro autor. En la amplia sección que he titulado «Poesía dispersa» encontrará el lector todas las restantes composiciones que salieron de su pluma y que no fueron recopiladas en ninguna colección. Si bien Martí, en la carta a Quesada y Aróstegui citada más arriba, se mostraba reacio a publicar otros versos que los allí señalados, en atención a su escasa calidad poética, las ediciones anteriores de sus *Obras completas* han publicado todo lo que hasta el momento se ha ido identificando como poesía suya. Basta aquí advertir que en esos poemas escritos desde su primera adolescencia hasta el año de su muerte disfrutaremos, por lo general, de una poesía harto digna para su tiempo y vigente para cualquier lector futuro, siempre que la contextualice en sus justas coordenadas históricas. En numerosas ocasiones nos encontraremos ante piezas verdaderamente geniales, y no sólo en su época de madurez, sino ya en los poemas escritos en España (1871-1874): apreciamos la frescura y autenticidad de textos como «Dolor! dolor! eterna vida mía» (pág. 274) o «Redención» (págs. 285-288), donde el simbolismo que brillará en su madurez con todas sus audacias halla aquí unos gérmenes muy prometedores y, en cualquier caso, inauditos en la poesía hispánica del momento. Citaré, a modo de invitación inexcusable para leer su poesía entera, esta construcción expresionista del primer poema citado, escrito hacia 1871:

> Yo, —embriagado en mis penas,— me devoro,
> Y mis miserias lloro,
> Y buitre de mí mismo me levanto,
> Y me hiero y me curo con mi canto,
> Buitre a la vez que altivo Prometeo.—

Si en algunos casos aislados de su producción podemos advertir las perjudiciales contaminaciones con otros poetas de la época (las de Campoamor, preferentemente), ello no es sino testimonio de su plena inmersión «en el tiempo en que le tocó vivir». Pero ¿quién no disculpará estas escasas lagunas a un poeta que alzó su mirada y su palabra por encima del adormecido panorama circundante, y que no sólo inició genialmente el saludable movimiento modernista, sino que avizoró gran parte de las estéticas que la poesía hispánica del siglo XX habría de proporcionarnos?

Nota editorial

Los textos que aquí se ofrecen han sido objeto del mayor rigor posible en su transcripción. Conocidas son las lagunas y variantes textuales de la obra poética martiana, originadas en buena parte por el hecho de que la zona mayor de su poesía fuera publicada póstumamente y no llegara a ser enteramente ordenada por el autor.

Para esta tarea he tenido en cuenta las distintas ediciones de su poesía, de modo especial la incluida en las *Obras completas* (La Habana, Ed. de Ciencias Sociales, 1975, 2.ª ed., vols. 16 y 17); la edición crítica que realizó Ivan Schulman de *Ismaelillo, Versos libres* y *Versos sencillos* (Madrid, Cátedra, 1982), así como la escrupulosa edición crítica de la *Poesía completa* (La Habana, Letras Cubanas, 1985, 2 vols.), al cuidado de Cintio Vitier, Fina García Marruz y Emilio de Armas (me referiré a ella con las siglas *PC*). Para los casos más intrincados de variantes textuales he seguido, por lo general, el criterio de esta última edición.

El gran escollo siempre planteado a la hora de editar poesía completa de Martí reside en la ordenación de los *Versos libres* y en la agrupación de los poemas de *Flores del destierro* como un volumen independiente. Con respecto a la primera cuestión, inevitablemente unida a la segunda, Emilio de Armas, que ha tratado concienzudamente de resolver tales problemas, reconoce la imposibilidad de clausurar para siempre el ya reiterado debate: «Esta condición de obra ininterrumpida que presentan los *Versos libres* confirma nuestra certidumbre de que ninguna edición del libro podrá ser considerada como definitiva, pues aunque se consiga salvar los obstáculos de orden textual, siempre será posible justificar nuevas variantes de ordenamiento y de selección en cuanto a los poemas que integran el cuerpo del volumen, toda vez que éste no quedó constituido de manera definitiva por su autor»[1].

Guiado, pues, por tan sensato principio, he preferido salvar esta laguna del modo que considero más razonable, aunque sea motivo de cualquier objeción más o menos erudita. Para los *Versos libres,* en concreto, he respetado el índice que se conserva del autor y que incluye treinta y dos poemas. Asimismo, me he hecho cargo del valioso hallazgo de Hilario González, que logró identificar las composiciones que en tal índice se titulan «Bosque de rosas» y «Homagno audaz»[2]. A esos treinta y dos poemas he añadido los que se vienen reproduciendo en las últimas ediciones del volumen (excepto *PC):* desde la de Quesada y Miranda en las *Obras completas* (La Habana, Ed. Trópico, 1942, vol. XLI) hasta la de Ivan Schulman.

Con respecto a la agrupación de los poemas publicados bajo el título de *Flores del destierro,* he decidido editarlos como tal colección por tres razones que he estimado muy ponderables. En primer lugar, la vastísima bibliografía crítica sobre la poesía martiana se refiere a estos versos según dicha colección, desde que Gonzalo de Quesada y Miranda la publicara por vez primera en 1933. Proceder de otro modo supondría intrincar el discurso crítico de tantos estudiosos que merecen el aprecio de cualquier martiano. Como segunda razón, me baso en una línea argumental presente en gran parte del libro y que, como he apuntado en la introducción, incide en la condición de desterrado del

---

1. E. de Armas, *Un deslinde necesario,* La Habana, Ed. Arte y Literatura, 1978, págs. 48-49.
2. Cfr. Hilario González, «Un orden para el caos», en *Anuario Martiano,* La Habana, núm. 2, 1970, págs. 193-375.

propio Martí, pese a que tales poemas presenten una configuración métrica ciertamente diversa. Y en tercer lugar he reparado en el elocuente prólogo de Martí que tradicionalmente ha venido encabezando las *Flores del destierro,* prólogo que conviene muy bien a los rasgos temáticos y estilísticos que recurren en buena parte de estos poemas.

Para la poesía dispersa, he seguido un criterio de ordenación cronológica, salvo cuando otra razón haya aconsejado proceder de distinto modo.

En cuanto a la puntuación de los poemas póstumos, he respetado los signos que pusiera Martí, salvo en los casos en que pudiera oscurecerse la comprensión del poema. Como indicaré en la nota 1 de *Ismaelillo,* nuestro autor atendía más al efecto prosódico que al sintáctico en todo lo referente a la puntuación, incluso cuando violentaba la norma ortográfica vigente. El lector podrá comprobarlo en el uso habitual de la raya para señalar una pausa mayor que la propia de la coma, así como en el peculiar empleo de los signos de interrogación y de exclamación.

Por último, debo añadir que, en esta edición revisada, preparada diecisiete años después de la primera, he corregido, como es lógico, las pocas erratas que todavía no hubieran podido subsanarse en las sucesivas reimpresiones. Además, en los casos de las variantes textuales de los libros y poemas póstumos, he escogido algunas soluciones diferentes de las propuestas en la edición anterior, atendiendo a mi conocimiento y a mi familiarización con la poética martiana, así como a la calidad literaria y al sentido global del poema en cuestión. Espero poder ofrecer al lector una poesía póstuma de Martí más fiel aún a lo que José Martí escribió.

Santa Cruz de Tenerife, 21 de julio de 2013

Cronología esencial de José Martí

1853. Nace en La Habana el 28 de enero, hijo del valenciano Mariano Martí y de Leonor Pérez, natural de Tenerife (Islas Canarias).

1867-1869. Estudia en el colegio de San Pablo, en La Habana, dirigido por el poeta independentista Rafael María de Mendive, que influye poderosamente en la formación y el afecto de Martí.

1869-1870. Tras estallar la guerra de los Diez Años, Martí es condenado por el gobierno español en atención a unos pasquines y una carta en los que el poeta se manifestaba a favor de la independencia de su isla. Su condena consiste en cruentos trabajos forzados en las canteras de San Lázaro (en La Habana).

1870. Al final de este año, como conmutación de la pena, se le deporta a España. Vive en Madrid de 1871 a 1873, donde estudia Derecho y toma parte en la vida periodística movido por los problemas de su patria. En 1871 publica el sangrante folleto sobre *El presidio político en Cuba.* En 1873 se traslada a Zaragoza y en 1874 obtiene la licenciatura en Derecho Civil y Canónico y en Filosofía y Letras por la Universidad de esta ciudad.

1875. Después de unas breves estancias en París y Nueva York, se traslada a la ciudad de México, donde participa intensamente en la vida cultural y publica ensayos y otras creaciones en la *Revista Universal.*

1877. Después de una breve estancia en La Habana, se traslada a la ciudad de Guatemala y trabaja como profesor de Literatura y Filosofía en la Escuela Normal Preparatoria. Escribe, en una prosa ambiciosamente artística, su ensayo *Guatemala.* En ese mismo año contrae matrimonio, en México, con la cubana Carmen Zayas Bazán.

1880. Se instala en Nueva York y comienza a publicar distintos artículos en el periódico *The Hour.*

1881. Vive siete meses en Venezuela, donde funda la *Revista Venezolana* y comienza sus colaboraciones en el diario *La Opinión Nacional* de Caracas. Por problemas con el dictador Guzmán Blanco, regresa a Nueva York en ese año.

1882. Publica *Ismaelillo* y escribe la mayor parte de sus *Versos libres.* Comienzan sus colaboraciones periodísticas en importantes diarios hispanoamericanos, como *La Nación* de Buenos Aires y, dos años más tarde, *El Partido Liberal* de México. Sus crónicas y otros artículos son reproducidos por otros numerosos diarios de la América hispana. En 1882 salen de su pluma varios ensayos de excelsa categoría poética, como el dedicado a *Emerson* y el prólogo al *Poema del Niágara,* del venezolano Juan Antonio Pérez Bonalde.

1884. Es nombrado vicecónsul de Uruguay en Nueva York y más tarde cónsul general, cargo que desempeñaría, con algunas intermitencias, hasta 1891.

1885. Publica por entregas, en la revista *El Latino-Americano,* su única novela, *Amistad funesta,* la cual, por voluntad suya, se reeditaría póstumamente con el título de *Lucía Jerez.*

1889. Escribe íntegramente los cuatro números de la revista mensual *La Edad de Oro,* dirigida a todos los niños hispanohablantes de América. Los números se publican de julio a octubre de este mismo año.

1890. Se hace miembro de *La Liga,* escuela de Nueva York para niños cubanos y puertorriqueños de condición humilde. Participa en la Conferencia Internacional Americana, celebrada en Washington, y en otra Conferencia panamericana, cuyas decisiones le producen un angustioso rechazo por el porvenir negativo que auguraban para los pueblos de la América hispana.

1891. Publica los *Versos sencillos.* Rompe con él definitivamente su esposa, Carmen Zayas Bazán, quien regresa a Cuba con José, el único hijo del matrimonio. Carmen nunca había aceptado el compromiso político de su esposo.

1892-1894. En 1892 funda el Partido Revolucionario Cubano para proyectar con el mejor criterio la necesaria independencia de su isla. Funda el periódico *Patria,* como publicación del partido. En esos tres años argumenta y propaga la causa independentista entre los cubanos de Nueva York, Tampa y Cayo Hueso, principalmente; pero también visita otras ciudades norteamericanas con el mismo fin.

1895. El 29 de enero firma la Orden de Alzamiento de Cuba. Se desplaza a Santo Domingo, país donde escribe y pronuncia el «Manifiesto de Montecristi». El 11 de abril llega a Cuba por la provincia de Oriente, y el 19 de mayo muere en batalla contra las tropas españolas, en la llanura de Dos Ríos (prov. de Oriente). Durante los últimos meses había escrito, en una acendrada prosa artística, sus dos *Diarios de campaña.*

Bibliografía básica sobre la poesía de José Martí

AUGIER, Ángel: *Acción y poesía en José Martí,* La Habana, Letras Cubanas, 1982.
CAIRO BALLESTER, Ana (ed.): *Letras. Cultura en Cuba,* La Habana, Ed. Pueblo y Educación, 1989, 2 vols. (Extensa antología de la crítica literaria sobre José Martí.)
CAÑAS, Dionisio: *El poeta y la ciudad: Nueva York y los escritores hispanos,* Madrid, Cátedra, 1994, págs. 51-82.
DARÍO, Rubén: *José Martí, poeta* (1913), recogido en González, Manuel Pedro: *Antología crítica de José Martí,* México, Ed. Cultura, 1960.
ESTEBAN, Ángel: *La modernidad literaria de Bécquer a Martí,* Granada, Impredisur, 1992.
FERNÁNDEZ RETAMAR, Roberto: *Introducción a José Martí,* La Habana, Centro de Estudios Martianos, 1978.
GONZÁLEZ, Manuel Pedro, *José Martí en el octogésimo aniversario de la iniciación modernista,* Caracas, Ministerio de Educación, Biblioteca Venezolana de Cultura, 1962.
JIMÉNEZ, José Olivio: *La raíz y el ala: aproximaciones críticas a la obra literaria de José Martí,* Valencia, Ed. Pretextos, 1993.
MORALES, Carlos Javier: *La poética de José Martí y su contexto,* Madrid, Ed. Verbum, 1994.

Schulman, Ivan: *Símbolo y color en la obra de José Martí,* Madrid, Gredos, 1970, 2.a ed.
– y González, Manuel Pedro: *Martí, Darío y el modernismo,* Madrid, Gredos, 1969.
Vitier, Cintio, y García Marruz, Fina: *Temas martianos,* La Habana, Biblioteca Nacional José Martí, 1968.

C. J. M.

Poesía completa

Ismaelillo
(1882)

Hijo:
Espantado de todo, me refugio en ti.
Tengo fe en el mejoramiento humano, en la vida futura, en la utilidad de la virtud, y en ti.
Si alguien te dice que estas páginas se parecen a otras páginas, diles que te amo demasiado para profanarte así. Tal como aquí te pinto, tal te han visto mis ojos. Con esos arreos de gala te me has aparecido. Cuando he cesado de verte en una forma, he cesado de pintarte. Esos riachuelos han pasado por mi corazón.
¡Lleguen al tuyo!

PRÍNCIPE ENANO

Para un príncipe enano
Se hace esta fiesta.
Tiene guedejas rubias,
Blandas guedejas,
Por sobre el hombro blanco
Luengas le cuelgan.
Sus dos ojos parecen
Estrellas negras:
Vuelan, brillan, palpitan,
Relampaguean!
Él para mí es corona,
Almohada, espuela.
Mi mano, que así embrida
Potros y hienas,
Va, mansa y obediente,
Donde él la lleva.
Si el ceño frunce, temo;

Si se me queja,—[1]
Cual de mujer, mi rostro
Nieve se trueca:
Su sangre, pues, anima
Mis flacas venas:
¡Con su gozo mi sangre
Se hincha, o se seca!
Para un príncipe enano
Se hace esta fiesta.

¡Venga mi caballero
Por esta senda!
¡Éntrese mi tirano
Por esta cueva!
Tal es, cuando a mis ojos
Su imagen llega,
Cual si en lóbrego antro
Pálida estrella,
Con fulgores de ópalo
Todo vistiera.

---

1. Desde ahora advertiré sobre la particularidad de la puntuación martiana, tanto en prosa como en verso. En este sentido, debe apuntarse que la raya –que no el guión– aparece con gran frecuencia. Con la raya Martí quiere representar ortográficamente una pausa mayor que la marcada por la coma. En la mayoría de los casos no se trata, pues, de guiones parentéticos, sino de señales meramente prosódicas, pues la puntuación de Martí, más que a las estructuras sintácticas, se adecúa al ritmo de la lectura oral. En un nivel práctico, el lector, si lo prefiere, puede prescindir de esas rayas, que casi nunca afectan a la estructura gramatical ni a la significación del texto, pues de ordinario son sólo una marca dirigida a facilitar la respiración de quien lee sin que se rompa el ritmo de su dicción en voz alta. Por razones semejantes, muchas veces nuestro autor sólo emplea el signo de interrogación y de admiración de cierre (?, !), y eso no sólo al final de la estructura oracional, sino también después de la palabra que ha de pronunciarse con una marcada inflexión interrogatoria o exclamativa.

Ismaelillo (1882)

A su paso la sombra
Matices muestra,
Como al sol que las hiere
Las nubes negras.
¡Heme ya, puesto en armas,
En la pelea!
Quiere el príncipe enano
Que a luchar vuelva:
¡Él para mí es corona,
Almohada, espuela!
Y como el sol, quebrando
Las nubes negras,
En banda de colores
La sombra trueca,—
Él, al tocarla, borda
En la onda espesa,
Mi banda de batalla
Roja y violeta.
¿Conque mi dueño quiere
Que a vivir vuelva?
¡Venga mi caballero
Por esta senda!
¡Éntrese mi tirano
Por esta cueva!
¡Déjeme que la vida
A él, a él ofrezca!
Para un príncipe enano
Se hace esta fiesta.

SUEÑO DESPIERTO

Yo sueño con los ojos
Abiertos, y de día
Y noche siempre sueño.

Y sobre las espumas
Del ancho mar revuelto,
Y por entre las crespas
Arenas del desierto,
Y del león pujante,
Monarca de mi pecho,
Montado alegremente
Sobre el sumiso cuello,
Un niño que me llama
Flotando siempre veo!

BRAZOS FRAGANTES

Sé de brazos robustos,
Blandos, fragantes;
Y sé que cuando envuelven
El cuello frágil,
Mi cuerpo, como rosa
Besada, se abre.
Y en su propio pérfume
lánguido exhálase.
Ricas en sangre nueva
Las sienes laten;
Mueven las rojas plumas
Internas aves;
Sobre la piel, curtida
De humanos aires,
Mariposas inquietas
Sus alas baten;
Savia de rosa enciende
Las muertas carnes!—
Y yo doy los redondos
Brazos fragantes,
Por dos brazos menudos

Que halarme saben,
Y a mi pálido cuello
Recios colgarse,
Y de místicos lirios
Collar labrarme!
¡Lejos de mí por siempre,
Brazos fragantes!

MI CABALLERO

Por las mañanas
Mi pequeñuelo
Me despertaba
Con un gran beso.
Puesto a horcajadas
Sobre mi pecho,
Bridas forjaba
Con mis cabellos.
Ebrio él de gozo,
De gozo yo ebrio,
Me espoleaba
Mi caballero:
¡Qué suave espuela
Sus dos pies frescos!
¡Cómo reía
Mi jinetuelo!
Y yo besaba
Sus pies pequeños,
Dos pies que caben
En sólo un beso!

MUSA TRAVIESA

Mi musa? Es un diablillo
Con alas de ángel.
¡Ah, musilla traviesa,
Qué vuelo trae!

   Yo suelo, caballero
En sueños graves,
Cabalgar horas luengas
Sobre los aires.
Me entro en nubes rosadas,
Bajo a hondos mares,
Y en los senos eternos
Hago viajes.
Allí asisto a la inmensa
Boda inefable,
Y en los talleres huelgo
De la luz madre:
Y con ella es la oscura
Vida, radiante,
Y a mis ojos los antros
Son nidos de ángeles!
Al viajero del cielo
¿Qué el mundo frágil?
Pues ¿no saben los hombres
Qué encargo traen?
¡Rasgarse el bravo pecho,
Vaciar su sangre,
Y andar, andar heridos
Muy largo valle,
Roto el cuerpo en harapos,
Los pies en carne,
Hasta dar sonriendo
—¡No en tierra!— exánimes!

Y entonces sus talleres
La luz les abre,
Y ven lo que yo veo:
¿Qué el mundo frágil?
Seres hay de montaña,
Seres de valle,
Y seres de pantanos
Y lodazales.

   De mis sueños desciendo,
Volando vanse,
Y en papel amarillo
Cuento el viaje.
Contándolo, me inunda
Un gozo grave:—
Y cual si el monte alegre,
Queriendo holgarse
Al alba enamorando
Con voces ágiles,
Sus hilillos sonoros
Desanudase,
Y salpicando riscos,
Labrando esmaltes,
Refrescando sedientas
Cálidas cauces,
Echáralos risueños
Por falda y valle,—
Así, al alba del alma
Regocijándose,
Mi espíritu encendido
Me echa a raudales
Por las mejillas secas
Lágrimas suaves.
Me siento, cual si en magno
Templo oficiase;

Cual si mi alma por mirra
Virtiese al aire;
Cual si en mi hombro surgieran
Fuerzas de Atlante;
Cual si el sol en mi seno
La luz fraguase:—
Y estallo, hiervo, vibro,
Alas me nacen!

   Suavemente la puerta
Del cuarto se abre,
Y éntranse a él gozosos
Luz, risas, aire.
Al par da el sol en mi alma
Y en los cristales:
¡Por la puerta me ha entrado
Mi diablo ángel!
¿Qué fue de aquellos sueños,
De mi vïaje,
Del papel amarillo,
Del llanto suave?
Cual si de mariposas
Tras gran combate
Volaran alas de oro
Por tierra y aire,
Así vuelan las hojas
Do cuento el trance.
Hala acá el travesuelo
Mi paño árabe;
Allá monta en el lomo
De un incunable;
Un carcax[2] con mis plumas

---

2. *carcax:* En América, funda de cuero para llevar el rifle en el arzón de la silla del caballo.

Fabrica y átase;
Un sílex persiguiendo
Vuelca un estante,
Y ¡allá ruedan por tierra
Versillos frágiles,
Brumosos pensadores,
Lópeos galanes!
De águilas diminutas
Puéblase el aire:
¡Son las ideas, que ascienden,
Rotas sus cárceles!

   Del muro arranca, y cíñese,
Indio plumaje:
Aquella que me dieron
De oro brillante,
Pluma, a marcar nacida
Frentes infames,
De su caja de seda
Saca, y la blande:
Del sol a los requiebros
Brilla el plumaje
Que baña en áureas tintas
Su audaz semblante.
De ambos lados el rubio
Cabello al aire,
A mí súbito viénese
A que lo abrace.
De beso en beso escala
Mi mesa frágil;
¡Oh, Jacob, mariposa,
Ismäelillo, árabe!
¿Qué ha de haber que me guste
Como mirarle
De entre polvo de libros

Surgir radiante,
Y, en vez de acero, verle
De pluma armarse,
Y buscar en mis brazos
Tregua al combate?
Venga, venga, Ismaelillo:
La mesa asalte.
Y por los anchos pliegues
Del paño árabe
En rota vergonzosa
Mis libros lance,
Y siéntese magnífico
Sobre el desastre,
Y muéstreme riendo,
Roto el encaje—
—¡Qué encaje no se rompe
En el combate!—
Su cuello, en que la risa
Gruesa onda hace!
Venga, y por cauce nuevo
Mi vida lance,
Y a mis manos la vieja
péñola[3] arranque,
Y del vaso manchado
La tinta vacíe!
¡Vaso puro de nácar:
Dame a que harte
Esta sed de pureza:
Los labios cánsame!
¿Son éstas que lo envuelven
Carnes, o nácares?
La risa, como en taza
De ónice árabe,

---

3. *péñola:* pluma de ave para escribir.

Ismaelillo (1882)

En su incólume seno
Bulle triunfante:
¡Hete aquí, hueso pálido,
Vivo y durable!
Hijo soy de mi hijo!
Él me rehace!

   Pudiera yo, hijo mío,
Quebrando el arte
Universal, muriendo
Mis años dándote,
Envejecerte súbito,
La vida ahorrarte!—
Mas no: que no verías
En horas graves
Entrar el sol al alma
Y a los cristales!
Hierva en tu seno puro
Risa sonante:
Rueden pliegues abajo
Libros exangües:
Sube, Jacob alegre,
La escala suave:
Ven, y de beso en beso
Mi mesa asaltes:—
¡Pues ésa es mi musilla,
Mi diablo ángel!
¡Ah, musilla traviesa,
Qué vuelo trae!

MI REYECILLO

Los persas tienen
Un rey sombrío;

Los hunos foscos
Un rey altivo;
Un rey ameno
Tienen los íberos;
Rey tiene el hombre,
Rey amarillo:
¡Mal van los hombres
Con su dominio!
Mas yo vasallo
De otro rey vivo,—
Un rey desnudo,
Blanco y rollizo:
Su cetro —un beso!
Mi premio —un mimo!
Oh! cual los áureos
Reyes divinos
De tierras muertas,
De pueblos idos
—¡Cuando te vayas,
Llévame, hijo!—
Toca en mi frente
Tu cetro omnímodo;
Úngeme siervo,
Siervo sumiso:
¡No he de cansarme
De verme ungido!
¡Lealtad te juro,
Mi reyecillo!
Sea mi espada
Pavés de mi hijo:
Pasa en mis hombros
El mar sombrío:
Muera al ponerte
En tierra vivo:—
Mas si amar piensas

El amarillo
Rey de los hombres,
¡Muere conmigo!
¿Vivir impuro?
¡No vivas, hijo!

PENACHOS VÍVIDOS

Como taza en que hierve
De transparente vino
En doradas burbujas
El generoso espíritu;

   Como inquieto mar joven
Del cauce nuevo henchido
Rebosa, y por las playas
Bulle y muere tranquilo;

   Como manada alegre
De bellos potros vivos
Que en la mañana clara
Muestran su regocijo,
Ora en carreras locas,
O en sonoros relinchos,
O sacudiendo al aire
El crinaje magnífico;—

   Así mis pensamientos
Rebosan en mí vívidos,
Y en crespa espuma de oro
Besan tus pies sumisos,
O en fúlgidos penachos
De varios tintes ricos,
Se mecen y se inclinan
Cuando tú pasas —hijo!

HIJO DEL ALMA

Tú flotas sobre todo,
Hijo del alma!
De la revuelta noche
Las oleadas,
En mi seno desnudo
Déjante al alba;
Y del día la espuma
Turbia y amarga,
De la noche revuelta
Te echa en las aguas.
Guardiancillo magnánimo,
La no cerrada
Puerta de mi hondo espíritu
Amante guardas;
Y si en la sombra ocultas
Búscanme avaras,
De mi calma celosas,
Mis penas varias,—
En el umbral oscuro
Fiero te alzas
Y les cierran el paso
Tus alas blancas!
Ondas de luz y flores
Trae la mañana,
Y tú en las luminosas
Ondas cabalgas.
No es, no, la luz del día
La que me llama,
Sino tus manecitas
En mi almohada.
Me hablan de que estás lejos:
¡Locuras me hablan!
Ellos tienen tu sombra;

Ismaelillo (1882)

¡Yo tengo tu alma!
Ésas son cosas nuevas,
Mías y extrañas.
Yo sé que tus dos ojos
Allá en lejanas
Tierras relampaguean,—
Y en las doradas
Olas de aire que baten
Mi frente pálida,
Pudiera con mi mano,
Cual si haz segara
De estrellas, segar haces
De tus miradas!
¡Tú flotas sobre todo,
Hijo del alma!

AMOR ERRANTE

Hijo, en tu busca
Cruzo los mares:
Las olas buenas
A ti me traen:
Los aires frescos
Limpian mis carnes
De los gusanos
De las ciudades;
Pero voy triste
Porque en los mares
Por nadie puedo
Verter mi sangre.
¿Qué a mí las ondas
Mansas e iguales?
¿Qué a mí las nubes,
Joyas volantes?

¿Qué a mí los blandos
Juegos del aire?
¿Qué la iracunda
Voz de huracanes?
A éstos —¡la frente
Hecha a domarles!
A los lascivos
Besos fugaces
De las menudas
Brisas amables,—
Mis dos mejillas
Secas y exangües,
De un beso inmenso
Siempre voraces!
Y ¿a quién, el blanco
Pálido ángel
Que aquí en mi pecho
Las alas abre
Y a los cansados
Que de él se amparen
Y en él se nutran
Busca anhelante?
¿A quién envuelve
Con sus suaves
Alas nubosas
Mi amor errante?
Libres de esclavos
Cielos y mares,
Por nadie puedo
Verter mi sangre!

   Y llora el blanco
Pálido ángel:
¡Celos del cielo
Llorar le hacen,

Que a todos cubre
Con sus celajes!
Las alas níveas
Cierra, y ampárase
De ellas el rostro
Inconsolable:—
Y en el confuso
Mundo fragante
Que en la profunda
Sombra se abre,
Donde en solemne
Silencio nacen
Flores eternas
Y colosales,
Y sobre el dorso
De aves gigantes
Despiertan besos
Inacabables,—
Risueño y vivo
Surge otro ángel!

SOBRE MI HOMBRO

Ved: sentado lo llevo
Sobre mi hombro:
Oculto ya, y visible
Para mí sólo!
Él me ciñe las sienes
Con su redondo
Brazo, cuando a las fieras
Penas me postro:—
Cuando el cabello hirsuto
Yérguese y hosco,
Cual de interna tormenta

Símbolo torvo,
Como un beso que vuela
Siento en el tosco
Cráneo: su mano amansa
El bridón loco!—
Cuando en medio del recio
Camino lóbrego,
Sonrío, y desmayado
Del raro gozo,
La mano tiendo en busca
De amigo apoyo,—
Es que un beso invisible
Me da el hermoso
Niño que va sentado
Sobre mi hombro.

TÁBANOS FIEROS

Venid, tábanos fieros,
Venid, chacales,
Y muevan trompa y diente
Y en horda ataquen,
Y cual tigre a bisonte,
Sítienme y salten!
Por aquí, verde envidia!
Tú, bella carne,
En los dos labios muérdeme:
Sécame: mánchame!
Por acá, los vendados
Celos voraces!
Y tú, moneda de oro,
Por todas partes!
De virtud mercaderes,
Mercadeadme!

Ismaelillo (1882)

Mató el Gozo a la Honra:
Venga a mí,—y mate!

Cada cual con sus armas
Surja y batalle:
El placer, con su copa;
Con sus amables
Manos, en mirra untadas,
La virgen ágil;
Con su espada de plata
El diablo bátame:—
La espada cegadora
No ha de cegarme!

Asorde la caterva
De batallantes:
Brillen cascos plumados
Como brillasen
Sobre montes de oro
Nieves radiantes:
Como gotas de lluvia
Las nubes lancen
Muchedumbre de aceros
Y de estandartes:
Parezca que la tierra,
Rota en el trance,
Cubrió su dorso verde
De áureos gigantes:
Lidiemos, no a la lumbre
Del sol suave,
Sino al funesto brillo
De los cortantes
Hierros: rojos relámpagos
La niebla tajen:
Sacudan sus raíces

Libres los árboles:
Sus faldas trueque el monte
En alas ágiles:
Clamor óigase como
Si en un instante
Mismo, las almas todas
Volando ex-cárceres,
Rodar a sus pies vieran
Su hopa[4] de carnes:
Cíñame recia veste
De amenazantes
Astas agudas: hilos
Tenues de sangre
Por mi piel rueden leves
Cual rojos áspides:
Su diente en lodo afilen
Pardos chacales:
Lime el tábano terco
Su aspa volante:
Muérdame en los dos labios
La bella carne:—
Que ya vienen, ya vienen
Mis talismanes!
Como nubes vinieron
esos gigantes:
¡Ligeros como nubes
Volando iránse!

    La desdentada envidia
Irá, secas las fauces,
Hambrienta, por desiertos
Y calcinados valles,
Royéndose las mondas

---

4. *hopa:* vestidura a modo de túnica o sotana cerrada.

Escuálidas falanges;
Vestido irá de oro
El diablo formidable,
En el cansado puño
Quebrada la tajante;
Vistiendo con sus lágrimas
Irá, y con voces grandes
De duelo, la Hermosura
Su inútil arreaje:—
Y yo en el agua fresca
De algún arroyo amable
Bañaré sonriendo
Mis hilillos de sangre.

   Ya miro en polvareda
Radiosa evaporarse
Aquellas escamadas
Corazas centelleantes:
Las alas de los cascos
Agítanse, debátense,
Y el casco de oro en fuga
Se pierde por los aires.
Tras misterioso viento
Sobre la hierba arrástranse,
Cual sierpes de colores,
Las flámulas ondeantes.
Junta la tierra súbito
Sus grietas colosales
Y echa su dorso verde
Por sobre los gigantes:
Corren como que vuelan
Tábanos y chacales,
Y queda el campo lleno
De un humillo fragante.
De la derrota ciega

Los gritos espantables
Escúchanse, que evocan
Callados capitanes;
Y mésase soberbia
El áspero crinaje,
Y como muere un buitre
Expira sobre el valle!
En tanto, yo a la orilla
De un fresco arroyo amable,
Restaño sonriendo
Mis hilillos de sangre.

  No temo yo ni curo
De ejércitos pujantes,
Ni tentaciones sordas,
Ni vírgenes voraces!
Él vuela en torno mío,
Él gira, él para, él bate;
Aquí su escudo opone;
Aquí su clava blande;
A diestra y a siniestra
Mandobla, quiebra, esparce:
Recibe en su escudillo
Lluvia de dardos hábiles;
Sacúdelos al suelo,
Bríndalo a nuevo ataque.
¡Ya vuelan, ya se vuelan
Tábanos y gigantes!—
Escúchase el chasquido
De hierros que se parten;
Al aire chispas fúlgidas
Suben en rubios haces;
Alfómbrase la tierra
De dagas y montantes:
¡Ya vuelan, ya se esconden

Tábanos y chacales!—
Él como abeja zumba,
Él rompe y mueve el aire,
Detiénese, ondëa, deja
Rumor de alas de ave:
Ya mis cabellos roza;
Ya sobre mi hombro párase;
Ya a mi costado cruza;
Ya en mi regazo lánzase;
¡Ya la enemiga tropa
Huye, rota y cobarde!
¡Hijos, escudos fuertes,
De los cansados padres!
¡Venga mi caballero,
Caballero del aire!
¡Véngase mi desnudo
Guerrero de alas de ave,
Y echemos por la vía
Que va a ese arroyo amable,
Y con sus aguas frescas
Bañe mi hilo de sangre!
Caballerillo mío!
Batallador volante!

TÓRTOLA BLANCA

El aire está espeso,
La alfombra manchada,
Las luces ardientes,
Revuelta la sala;
Y acá entre divanes
Y allá entre otomanas,
Tropiézase en restos
De tules, —o de alas!
Un baile parece

De copas exhaustas!
Despierto está el cuerpo
Dormida está el alma;
¡Qué férvido el valse!
¡Qué alegre la danza!
¡Qué fiera hay dormida
Cuando el baile acaba!

   Destona, chispea,
Espuma, se vacia,
Y expira dichosa
La rubia champaña:
Los ojos fulguran,
Las manos abrasan,
De tiernas palomas
Se nutren las águilas;
Don Juanes lucientes
devoran Rosauras[5];
Fermenta y rebosa
La inquieta palabra;
Estrecha en su cárcel
La vida incendiada,
En risas se rompe
Y en lava y en llamas;
Y lirios se quiebran,
Y violas se manchan,
Y giran las gentes
Y ondulan y valsan;
Mariposas rojas
Inundan la sala,
Y en la alfombra muere
La tórtola blanca.

---

5. *Rosaura* es un personaje de la Comedia del Arte que representa la pureza virginal, frente a la característica lujuria de Don Juan.

Ismaelillo (1882)

   Yo fiero rehúso
La copa labrada;
Traspaso a un sediento
La alegre champaña;
Pálido recojo
La tórtola hollada;
Y en su fiesta dejo
Las fieras humanas;—
Que el balcón azotan
Dos alitas blancas
Que llenas de miedo
Temblando me llaman.

VALLE LOZANO

Dígame mi labriego
Cómo es que ha andado
En esta noche lóbrega
Este hondo campo?
Dígame de qué flores
Untó el arado,
Que la tierra olorosa
Trasciende a nardos?
Dígame de qué ríos
Regó este prado,
Que era un valle muy negro
Y ora es lozano?

   Otros, con dagas grandes
Mi pecho araron:
Pues ¿qué hierro es el tuyo
Que no hace daño?
Y esto dije —y el niño
Riendo me trajo

En sus dos manos blancas
Un beso casto.

MI DESPENSERO

Qué me das? Chipre?[6]
Yo no lo quiero:
Ni rey de bolsa
Ni posaderos
Tienen del vino
Que yo deseo;
Ni es de cristales
De cristaleros
La dulce copa
En que lo bebo.

   Mas está ausente
Mi despensero,
Y de otro vino
Yo nunca bebo.

ROSILLA NUEVA

Traidor! Con qué arma de oro
Me has cautivado?
Pues yo tengo coraza
De hierro áspero.
Hiela el dolor: el pecho
Trueca en peñasco.

   Y así como la nieve,
Del sol al blando

---

6. Famoso vino de la isla del mismo nombre.

Ismaelillo (1882)

Rayo, suelta el magnífico
Manto plateado,
Y salta en hilo alegre
Al valle pálido,
Y las rosillas nuevas
Riega magnánimo;—
Así, guerrero fúlgido,
Roto a tu paso,
Humildoso y alegre
Rueda el peñasco;
Y cual lebrel sumiso
Busca saltando
A la rosilla nueva
Del valle pálido.

Versos libres
[¿1882?]

MIS VERSOS

Éstos son mis versos. Son como son. A nadie los pedí prestados. Mientras no pude encerrar íntegras mis visiones en una forma adecuada a ellas, dejé volar mis visiones: oh, cuánto áureo amigo, que ya nunca ha vuelto! Pero la poesía tiene su honradez, y yo he querido siempre ser honrado. Recortar versos, también sé, pero no quiero. Así como cada hombre trae su fisonomía, cada inspiración trae su lenguaje. Amo las sonoridades difíciles, el verso escultórico, vibrante como la porcelana, volador como un ave, ardiente y arrollador como una lengua de lava. El verso ha de ser como una espada reluciente, que deja a los espectadores la memoria de un guerrero que va camino al cielo, y al envainarla en el sol se rompe en alas.

Tajos son éstos de mis propias entrañas, —mis guerreros.— Ninguno me ha salido recalentado, artificioso, recompuesto, de la mente; sino como las lágrimas salen de los ojos y la sangre sale a borbotones de la herida.

No zurcí de éste y aquél, sino sajé en mí mismo. Van escritos, no en tinta de Academia, sino en mi propia sangre.

Lo que aquí doy a ver lo he visto antes, (yo lo he visto, yo).— Y he visto mucho más, que huyó sin darme tiempo a que copiara sus rasgos.— De la extrañeza, singularidad, prisa, amontonamiento, arrebato de mis visiones, yo mismo tuve la culpa, que las he hecho surgir ante mí como las copio. De la copia, yo soy el responsable. Hallé quebrantadas las vestiduras, y otras no y usé de estos colores. Ya sé que no son usados.— Amo las sonoridades difíciles y la sinceridad, aunque pueda parecer brutal. Todo lo que han decir ya lo sé, lo he meditado completo, y me lo tengo contestado.—

He querido ser leal, y si pequé, no me arrepiento de haber pecado.

ACADÉMICA

Ven, mi caballo, a que te encinche: quieren
Que no con garbo natural el coso
Al sabio impulso corras de la vida,
Sino que el paso de la pista aprendas,
Y la lengua del látigo, y sumiso
Des a la silla el arrogante lomo:—
Ven, mi caballo: dicen que en el pecho
Lo que es cierto no es cierto:
                         que la estrofa
Ígnea que en lo hondo de las almas nace,
Como penacho de fontana pura
Que el blando manto de la tierra rompe
Y en gotas mil arreboladas cuelga,
No ha de cantarse, no, sino las pautas
Que en moldecillo azucarado y hueco
Encasacados dómines dibujan:
Y gritan: «¡Al bribón!» —cuando a las puertas
Del templo augusto un hombre libre asoma!—
Ven, mi caballo; con tu casco limpio

A yerba nueva y flor de llano oliente,
Cinchas estruja, lanza sobre un tronco
Seco y piadoso, donde el sol la avive,
Del repintado dómine la chupa[1],
De hojas de antaño y de romanas rosas
Orlada, y deslucidas joyas griegas,—
Y al sol del alba en que la tierra rompe
Echa arrogante por el orbe nuevo.

POLLICE VERSO[2]
(Memoria de presidio)

Sí! yo también, desnuda la cabeza
De tocado y cabellos, y al tobillo
Una cadena lurda[3], heme arrastrado
Entre un montón de sierpes, que revueltas
Sobre sus vicios negros, parecían
Esos gusanos de pesado vientre
Y ojos viscosos, que en hedionda cuba
De pardo lodo lentos se revuelcan!
Y yo pasé, sereno entre los viles,
Cual si en mis manos, como en ruego juntas,
Las anchas alas púdicas abriese
Una paloma blanca. Y aún me aterro
De ver con el recuerdo lo que he visto
Una vez con mis ojos. Y espantado,
Póngome en pie, cual a emprender la fuga!—

---

1. *chupa:* parte del vestido que cubría el tronco del cuerpo, con cuatro faldillas de la cintura abajo y con mangas ajustadas.
2. *pollice verso:* locución latina que, literalmente, significa *con el pulgar vuelto hacia abajo.* En Roma existía la costumbre de indicar con el pulgar hacia abajo que un gladiador victorioso matase al vencido, y con el pulgar hacia arriba se le señalaba que no lo matase.
3. *lurda:* galicismo creado por Martí, del francés *lourde,* pesado.

Versos libres [¿1882?]

¡Recuerdos hay que queman la memoria!
¡Zarzal es la memoria: mas la mía
Es un cesto de llamas! A su lumbre
El porvenir de mi nación preveo:
Y lloro: Hay leyes en la mente, leyes
Cual las del río, el mar, la piedra, el astro,
Ásperas y fatales: ese almendro
Que con su rama oscura en flor sombrea
Mi alta ventana, viene de semilla
De almendro; y ese rico globo de oro
De dulce y perfumoso jugo lleno
Que en blanca fuente una niñuela cara,
Flor del destierro, cándida me brinda,
Naranja es, y vino de naranjo:—
Y el suelo triste en que se siembran lágrimas
Dará árbol de lágrimas. La culpa
Es madre del castigo.
                    No es la vida
Copa de mago que el capricho torna
En hiel para los míseros, y en férvido
Tokay[4] para el feliz. La vida es grave,—
Porción del Universo, frase unida
A frase colosal, sierva ligada
A un carro de oro, que a los ojos mismos
De los que arrastra en rápida carrera
Ocúltase en el áureo polvo, —sierva
Con escondidas riendas ponderosas
A la incansable eternidad atada!

   Circo la tierra es, como el Romano;
Y junto a cada cuna una invisible
Panoplia al hombre aguarda, donde lucen

---

4. *Tokay:* famoso vino elaborado en la ciudad húngara del mismo nombre.

Cual daga cruel que hiere al que la blande,
Los vicios, y cual límpidos escudos
Las virtudes: la vida es la ancha arena,
Y los hombres esclavos gladiadores,—
Mas el pueblo y el rey, callados miran
De grada excelsa, en la desierta sombra.
Pero miran! Y a aquel que en la contienda
Bajó el escudo, o lo dejó de lado,
O suplicó cobarde, o abrió el pecho
Laxo y servil a la enconosa daga
Del enemigo, las vestales rudas
Desde el sitial de la implacable piedra
Condenan a morir, *pollice verso,*
Y hasta el pomo ruin la daga hundida,
Al flojo gladiador clava en la arena.

   ¡Alza, oh pueblo, el escudo, porque es grave
Cosa esta vida, y cada acción es culpa
Que como aro servil se lleva luego
Cerrado al cuello, o premio generoso
Que del futuro mal próvido libra!

   ¿Veis los esclavos? Como cuerpos muertos
Atados en racimo, a vuestra espalda
Irán vida tras vida, y con las frentes
Pálidas y angustiadas, la sombría
Carga en vano halaréis, hasta que el viento
De vuestra pena bárbara apiadado,
Los átomos postreros evapore!
¡Oh qué visión tremenda! ¡oh qué terrible
Procesión de culpables! Como en llano
Negro los miro, torvos, anhelosos,
Sin fruta el arbolar, secos los píos
Bejucos, por comarca funeraria
Donde ni el sol da luz, ni el árbol sombra!

Y bogan en silencio, como en magno
Océano sin agua, y a la frente
Llevan, cual yugo el buey, la cuerda uncida,
Y a la zaga, listado el cuerpo flaco
De hondos azotes, el montón de siervos!

   ¿Veis las carrozas, las ropillas blancas
Risueñas y ligeras, el luciente
Corcel de crin trenzada y riendas ricas,
Y la albarda de plata suntuosa
Prendida, y el menudo zapatillo
Cárcel a un tiempo de los pies y el alma?
¡Pues ved que los extraños os desdeñan
Como a raza ruin, menguada y floja!

A MI ALMA

Llegada la hora del trabajo

¡Ea, jamelgo! De los montes de oro
Baja, y de andar en prados bien olientes
Y de aventar con los ligeros cascos
Mures[5] y viboreznos, y al sol rubio
Mecer gentil las brilladoras crines!

   ¡Ea, jamelgo! Del camino oscuro
Que va do no se sabe, ésta es posada,
Y de pagar se tiene al hostelero!
Luego será la gorja, luego el llano,
Luego el prado oloroso, el alto monte:
Hoy, bájese el jamelgo, que le aguarda
Cabe el duro ronzal la gruesa albarda.

---

5. *mur:* arcaísmo de *ratón.*

AL BUEN PEDRO

Dicen, buen Pedro, que de mí murmuras
Porque tras mis orejas el cabello
En crespas hondas su caudal levanta:
¡Diles, bribón, que mientras tú en festines,
En rubios caldos y en fragantes pomas,
Entre mancebas del astuto Norte,
De tus esclavos el sudor sangriento
Torcido en oro bebes descuidado,—
Pensativo, febril, pálido, grave,
Mi pan rebano en solitaria mesa
Pidiendo ¡oh triste! al aire sordo modo
De libertar de su infortunio al siervo
Y de tu infamia a ti!—
                Y en estos lances,
Suéleme, Pedro, en la apretada bolsa
Faltar la monedilla que reclama
Con sus húmedas manos el barbero.

HIERRO

Ganado tengo el pan: hágase el verso,—
Y en su comercio dulce se ejercite
La mano, que cual prófugo perdido
Entre oscuras malezas, o quien lleva
A rastra enorme peso, andaba ha poco
Sumas hilando y revolviendo cifras.
Bardo ¿consejo quieres? pues descuelga
De la pálida espalda ensangrentada
El arpa dívea, acalla los sollozos
Que a tu garganta como mar en furia
Se agolparán, y en la madera rica
Taja plumillas de escritorio, y echa
Las cuerdas rotas al movible viento.

Oh, alma! oh alma buena! mal oficio
Tienes!: póstrate, calla, cede, lame
Manos de potentado, ensalza, excusa
Defectos, tenlos —que es mejor manera
De excusarlos, y mansa y temerosa
Vicios celebra, encumbra vanidades:
Verás entonces, alma, cuál se trueca
En plato de oro rico tu desnudo
Plato de pobre!
               Pero guarda ¡oh alma!
Que usan los hombres hoy oro empañado!
Ni de eso cures, que fabrican de oro
Sus joyas el bribón y el barbilindo:
Las armas no, —las armas son de hierro!

   Mi mal es rudo: la ciudad lo encona:
Lo alivia el campo inmenso: ¡otro más vasto
Lo aliviará mejor! —Y las oscuras
Tardes me atraen, cual si mi patria fuera
La dilatada sombra[6]. ¡Oh verso amigo:
Muero de soledad, de amor me muero!

   No de vulgar amor: estos amores
Envenenan y ofuscan: no es hermosa
La fruta en la mujer, sino la estrella.
La tierra ha de ser luz, y todo vivo
Debe en torno de sí dar lumbre de astro.
¡Oh, estas damas de muestra! oh, estas copas
De carne! oh, estas siervas, ante el dueño
Que las enjoya o estremece echadas!

---

6. En el manuscrito aparecen tachados ocho versos («Era yo niño... Del corazón voraz la sed saciasen») que, por tanto, no conviene reproducir aquí.

¡Te digo, oh verso, que los dientes duelen
De comer de esta carne!
                    Es de inefable
Amor del que yo muero, —del muy dulce
Menester de llevar, como se lleva
Un niño tierno en las cuidosas manos,
Cuanto de bello y triste ven mis ojos.

   Del sueño, que las fuerzas no repara
Sino de los dichosos, y a los tristes
El duro humor y la fatiga aumenta,
Salto, al sol, como un ebrio. Con las manos
Mi frente oprimo, y de los turbios ojos
Brota raudal de lágrimas. ¡Y miro
El Sol tan bello, y mi desierta alcoba,
Y mi virtud inútil, y las fuerzas
Que cual tropel famélico de hirsutas
Fieras saltan de mí buscando empleo;—
Y el aire hueco palpo, y en el muro
Frío y desnudo el cuerpo vacilante
Apoyo, y en el cráneo estremecido
En agonía flota el pensamiento,
Cual leño de bajel despedazado
Que el mar en furia a playa ardiente arroja!

   ¡Sólo las flores del paterno prado
Tienen olor! ¡Sólo las seibas patrias
Del sol amparan! Como en vaga nube
Por suelo extraño se anda: las miradas
Injurias nos parecen, y el sol mismo,
Más que en grato calor, enciende en ira!
¡No de voces queridas puebla el eco
Los aires de otras tierras: y no vuelan
Del arbolar espeso entre las ramas
Los pálidos espíritus amados!

Versos libres [¿1882?]

De carne viva y profanadas frutas
Viven los hombres, —¡ay! mas el proscripto
De sus entrañas propias se alimenta!
¡Tiranos: desterrad a los que alcanzan
El honor de vuestro odio: —ya son muertos!
Valiera más ¡oh bárbaros! que al punto
De arrebatarlos al hogar, hundiera
En lo más hondo de su pecho honrado
Vuestro esbirro más cruel su hoja más dura!

   Grato es morir: horrible, vivir muerto.
Mas no! mas no! La dicha es una prenda
De compasión de la fortuna al triste
Que no sabe domarla: a sus mejores
Hijos desgracias da Naturaleza:
Fecunda el hierro al llano, el golpe al hierro!

N. York. 4 de agosto

CANTO DE OTOÑO

Bien: ya lo sé!:— la Muerte está sentada
A mis umbrales: cautelosa viene,
Porque sus llantos y su amor no apronten
En mi defensa, cuando lejos viven
Padres e hijo.— Al retornar ceñudo
De mi estéril labor, triste y oscura,
Con que a mi casa del invierno abrigo,—
De pie sobre las hojas amarillas,
En la mano fatal la flor del sueño,
La negra toca en alas rematada,
Ávido el rostro, —trémulo la miro
Cada tarde aguardándome a mi puerta.
En mi hijo pienso,— y de la dama oscura
Huyo sin fuerzas, devorado el pecho

De un frenético amor! Mujer más bella
No hay que la muerte!: por un beso suyo
Bosques espesos de laureles varios,
Y las adelfas del amor, y el gozo
De remembrarme mis niñeces diera!
...Pienso en aquel a quien mi amor culpable
Trajo a vivir,— y, sollozando, esquivo
De mi amada los brazos: —mas ya gozo
De la aurora perenne el bien seguro.
Oh, vida, adiós!:— quien va a morir, va muerto.

   Oh, duelos con la sombra: oh, pobladores
Ocultos del espacio: oh, formidables
Gigantes que a los vivos espantados
Mueven, dirigen, postran, precipitan!
Oh, cónclave de jueces, blandos sólo
A la virtud, que en nube tenebrosa,
En grueso manto de oro recogidos,
Y duros como peña, aguardan torvos
A que al volver de la batalla rindan
—Como el frutal sus frutos—
De sus obras de paz los hombres cuenta,
De sus divinas alas!... de los nuevos
Árboles que sembraron, de las tristes
Lágrimas que enjugaron, de las fosas
Que a los tigres y víboras abrieron,
Y de las fortalezas eminentes
Que al amor de los hombres levantaron!
¡Ésta es la dama, el Rey, la patria, el premio
Apetecido, la arrogante mora
Que a su brusco señor cautiva espera
Llorando en la desierta barbacana!:
Éste el santo Salem, éste el Sepulcro
De los hombres modernos: —no se vierta
Más sangre que la propia! No se bata

Versos libres [¿1882?]

Sino al que odie al amor! Únjanse presto
Soldados del amor los hombres todos!:
La tierra entera marcha a la conquista
De este rey y señor, que guarda el cielo!
...Viles: El que es traidor a sus deberes,
Muere como un traidor, del golpe propio
De su arma ociosa el pecho atravesado!
Ved que no acaba el drama de la vida
En esta parte oscura! ved que luego
Tras la losa de mármol o la blanda
Cortina de humo y césped se reanuda
El drama portentoso! y ved, oh viles,
Que los buenos, los tristes, los burlados,
Serán en la otra parte burladores!

   Otros de lirio y sangre se alimenten:
Yo no! yo no!: los lóbregos espacios
Rasgué desde mi infancia con los tristes
Penetradores ojos: el misterio
En una hora feliz de sueño acaso
De los jueces así, y amé la vida
Porque del doloroso mal me salva
De volverla a vivir. Alegremente
El peso eché del infortunio al hombro:
Porque el que en huelga y regocijo vive
Y huye el dolor, y esquiva las sabrosas
Penas de la virtud, —irá confuso
Del frío y torvo juez a la sentencia,
Cual soldado cobarde que en herrumbre
Dejó las nobles armas: y los jueces
No en su dosel le ampararán, no en brazos
Lo encumbrarán, mas lo echarán altivos
A odiar, a amar, y batallar de nuevo
En la fogosa sofocante arena!
Oh! qué mortal que se asomó a la vida

Vivir de nuevo quiere?...
                    Puede ansiosa
La Muerte, pues, de pie en las hojas secas,
Esperarme a mi umbral con cada turbia
Tarde de otoño, y silenciosa puede
Irme tejiendo con helados copos
Mi manto funeral.
                    No di al olvido
Las armas del amor: no de otra púrpura
Vestí que de mi sangre: abre los brazos,
Listo estoy, madre Muerte: al juez me lleva!

Hijo!... Qué imagen miro? qué llorosa
Visión rompe la sombra, y blandamente
Como con luz de estrella la ilumina?
Hijo!... qué me demandan tus abiertos
Brazos? a qué descubres tu afligido
Pecho? por qué me muestras tus desnudos
Pies, aún no heridos, y las blancas manos
Vuelves a mí, tristísimo gimiendo?...
Cesa! calla! reposa! vive!: el padre
No ha de morir hasta que a la ardua lucha
Rico de todas armas lance al hijo!—
Ven, oh mi hijuelo, y que tus alas blancas
De los abrazos de la muerte oscura
Y de su manto funeral me libren!
                            New York, 1882

EL PADRE SUIZO

Little Rock, Arkansas, Setiembre 1.—«El Miércoles por la noche, cerca de París, condado de Logan, un suizo, llamado Edward Schwerzmann, llevó a sus tres hijos, de dieciocho meses el uno, y cuatro y cinco años los otros, al borde

de un pozo, y los echó en el pozo, y él se echó tras ellos. Dicen que Schwerzmann obró en un momento de locura.—»
Telegrama publicado en N. York.

    Dicen que un suizo, de cabello rubio
Y ojos secos y cóncavos, mirando
Con desolado amor a sus tres hijos,
Besó sus pies, sus manos, sus delgadas,
Secas, enfermas, amarillas manos:—
Y súbito, tremendo, cual airado
Tigre que al cazador sus hijos roba,
Dio con los tres, y con sí mismo luego,
En hondo pozo, —y los robó a la vida!
Dicen que el bosque iluminó radiante
Una rojiza luz, y que a la boca
Del pozo oscuro, —sueltos los cabellos,
Cual corona de llamas que al monarca
Doloroso, al humano, sólo al borde
Del antro funeral la sien desciñe,—
La mano ruda a un tronco seco asida,—
Contra el pecho huesoso, que sus uñas
Mismas sajaron, los hijuelos mudos
Por su brazo sujetos, como en noche
De tempestad las aves en su nido,—
El alma a Dios, los ojos a la selva,
Retaba el suizo al cielo, y en su torno
Pareció que la tierra iluminaba
Luz de héroe, y que el reino de la sombra
La muerte de un gigante estremecía!

    ¡Padre sublime, espíritu supremo
Que por salvar los delicados hombros
De sus hijuelos, de la carga dura
De la vida sin fe, sin patria, torva
Vida sin fin seguro y cauce abierto,

Sobre sus hombros colosales puso
De su crimen feroz la carga horrenda!
Los árboles temblaban, y en su pecho
Huesoso, los seis ojos espantados
De los pálidos niños, seis estrellas
Para guiar al padre iluminadas,
Por el reino del crimen, parecían!
¡Ve, bravo! ve, gigante! ve, amoroso
Loco! y las venenosas zarzas pisa
Que roen como tósigos las plantas
Del criminal, en el dominio lóbrego
Donde andan sin cesar los asesinos!
   ¡Ve! —que las seis estrellas luminosas
Te seguirán, y te guiarán, y ayuda
A tus hombros darán cuantos hubieran
Bebido el vino amargo de la vida!

BOSQUE DE ROSAS[7]

Allí despacio te diré mis cuitas;
Allí en tu boca escribiré mis versos!—
Ven, que la soledad será tu escudo!
Pero, si acaso lloras, en tus manos
Esconderé mi rostro, y con mis lágrimas
Borraré los extraños versos míos.
Sufrir ¡tú a quien yo amo, y ser yo el casco
Brutal, y tú, mi amada, el lirio roto?
Oh, la sangre del alma, tú la has visto?
Tiene manos y voz, y al que la vierte
Eternamente entre la sombra acusa.
   ¡Hay crímenes ocultos, y hay cadáveres

---

7. Este poema, que aparece en el índice escrito por Martí, fue identificado por Hilario González y publicado en 1970 (véase la Nota editorial). Se publica según el orden que ocupa en dicho índice.

Versos libres [¿1882?]

De almas, y hay villanos matadores!
Al bosque ven: del roble más erguido
Un pilón labremos, y en el pilón
Cuantos engañen a mujer pongamos!

Ésta es la lidia humana: la tremenda
Batalla de los cascos y los lirios!
Pues los hombres soberbios ¿no son fieras?
Bestias y fieras! Mira, aquí te traigo
Mi bestia muerta, y mi furor domado.—
Ven, a callar; a murmurar; al ruido
De las hojas de Abril y los nidales.
Deja, oh mi amada, las paredes mudas
De esta casa ahoyada y ven conmigo
No al mar que bate y ruge sino al bosque
De rosas que hay al fondo de la selva.
Allí es buena la vida, porque es libre—
Y la virtud, por libre, será cierta,
Por libre, mi respeto meritorio.
Ni el amor, si no es libre, da ventura.
¡Oh, gentes ruines, las que en calma gozan
De robados amores! Si es ajeno
El cariño, el placer de respetarlo
Mayor mil veces es que el de su goce;
Del buen obrar ¡qué orgullo al pecho queda
Y cómo en dulces lágrimas rebosa,
Y en extrañas palabras, que parecen
Aleteos, no voces! Y ¡qué culpa
La de fingir amor! Pues hay tormento
Como aquél, sin amar, de hablar de amores!

Ven, que allí triste iré, pues yo me veo!
Ven, que la soledad será tu escudo!

FLORES DEL CIELO

    Leí estos versos de Ronsard:
«Je vous envoie un bouquet que ma main
Vient de trier de ces fleurs épanouies»,
y escribí esto:

Flores? No quiero flores! Las del cielo
Quisiera yo segar!
                Cruja, cual falda
De monte roto, esta cansada veste
Que me encinta y engrilla con sus miembros
Como con sierpes,— y en mi alma sacian
Su hambre, y asoman a la cueva lóbrega
Donde mora mi espíritu, su negra
Cabeza, y boca roja y sonriente!—
Caiga, como un encanto, este tejido
Enmarañado de raíces! —Surjan
Donde mis brazos alas,— y parezca
Que, al ascender por la solemne atmósfera,
De mis ojos, del mundo a que van llenos,
Ríos de luz sobre los hombres rueden!

    Y huelguen por los húmedos jardines
Bardos tibios segando florecillas:—
Yo, pálido de amor, de pie en las sombras,
Envuelto en gigantesca vestidura
De lumbre astral, en mi jardín, el cielo,
Un ramo haré magnífico de estrellas:
¡No temblará de asir la luz mi mano!:

    Y buscaré, donde las nubes duermen,
Amada, y en su seno la más viva
Le prenderé, y esparciré las otras
Por su áurea y vaporosa cabellera.

Versos libres [¿1882?]

COPA CICLÓPEA

El sol alumbra: ya en los aires miro
La copa amarga: ya mis labios tiemblan,
—No de temor, que prostituye,— de ira!...
El Universo en las mañanas alza,
Medio dormido aún de un dulce sueño,
En las manos la tierra perezosa,
Copa inmortal, donde
Hierven al sol las fuerzas de la vida!—
Al niño triscador, al venturoso
De alma tibia y mediocre, a la fragante
Mujer que con los ojos desmayados
Abrirse ve en el aire extrañas rosas,
Iris la tierra es, roto en colores,—
Raudal que juvenece, y rueda limpio
Por perfumado llano, y al retozo
Y al desmayo después plácido brinda!—
Y para mí, porque a los hombres amo
Y mi gusto y mi bien terco descuido,
La tierra melancólica aparece
Sobre mi frente que la vida bate,
De lúgubre color inmenso yugo!
La frente encorvo, el cuello manso inclino,
Y, con los labios apretados, muero.

POMONA[8]

Oh, ritmo de la carne, oh melodía,
Oh licor vigorante, oh filtro dulce

---

8. *Pomona:* diosa de los frutos y jardines, adorada especialmente en Etruria y Roma. Fueron célebres sus amores con varios dioses campestres, especialmente con Vertumnio, según cuenta Ovidio en sus *Metamorfosis* (canto XIV).

De la hechicera forma! —no hay milagro
En el cuento de Lázaro, si Cristo
Llevó a su tumba una mujer hermosa!

Qué soy— quién es, sino Memnón[9] en donde
Toda la luz del Universo canta,—
Y cauce humilde en que van revueltas
Las eternas corrientes de la vida?
—Iba,— como arroyuelo que cansado
De regar plantas ásperas fenece,
Y, de amor por el Sol noble transido,
A su fuego con gozo se evapora:
Iba, —cual jarra que el licor ligero
Hinche, sacude, en el fermento rompe,
Y en silenciosos hilos abandona:
Iba,— cual gladiador que sin combate
Del incólume escudo ampara el rostro
Y el cuerpo rinde en la ignorada arena
...Y súbito,— las fuerzas juveniles
De un nuevo mar, el pecho rebosante
Hinchen y embargan,— el cansado brío
Arde otra vez,— y puebla el aire sano
Música suave y blando olor de mieles!
Porque a mis ojos los fragantes brazos
En armónico gesto alzó Pomona.

MEDIA NOCHE

Oh, qué vergüenza!: —El sol ha iluminado
La tierra: el amplio mar en sus entrañas
Nuevas columnas a sus naves rojas

---

9. *Memnón:* semidiós hijo de Titón y de la Aurora. Según Homero, en la *Ilíada,* tomó parte en la guerra de Troya y pereció a manos de Aquiles.

Versos libres [¿1882?]

Ha levantado: el monte, granos nuevos
Juntó en el curso del solemne día
A sus jaspes y breñas: en el vientre
De las aves y bestias nuevos hijos
Vida, que es forma, cobran: en las ramas
Las frutas de los árboles maduran:—
Y yo, mozo de gleba, he puesto sólo,
Mientras que el mundo gigantesco crece,
Mi jornal en las ollas de la casa!

Por Dios, que soy un vil!:— No en vano el sueño
A mis pálidos ojos es negado!
No en vano por las calles titubeo
Ebrio de un vino amargo, cual quien busca
Fosa ignorada donde hundirse, y nadie
Su crimen grande y su ignominia sepa!
No en vano el corazón me tiembla ansioso
Como el pecho sin calma de un malvado!

El cielo, el cielo, con sus ojos de oro
Me mira, y ve mi cobardía, y lanza
Mi cuerpo fugitivo por la sombra
Como quien loco y desolado huye
De un vigilante que en sí mismo lleva!
La tierra es soledad! la luz se enfría!
Adónde iré que este volcán se apague?
Adónde iré que el vigilante duerma?

Oh, sed de amor! —oh, corazón, prendado
De cuanto vivo el Universo habita;
Del gusanillo verde en que se trueca
La hoja del árbol: —del rizado jaspe
En que las ondas de la mar se cuajan:—
De los árboles presos, que a los ojos
Me sacan siempre lágrimas: —del lindo

Bribón gentil que con los pies desnudos
En fango o nieve, diario o flor pregona.
Oh, corazón, —que en el carnal vestido
No hierros de hacer oro, ni belfudos
Labios glotones y sensuosos mira,—
Sino corazas de batalla, y hornos
Donde la vida universal fermenta!—

Y yo, pobre de mí!, preso en mi jaula,
La gran batalla de los hombres miro!—

[1878]

HOMAGNO[10]

Homagno sin ventura
La hirsuta y retostada cabellera
Con sus pálidas manos se mesaba.—

«Máscara soy, mentira soy, decía:
Estas carnes y formas, estas barbas
Y rostro, estas memorias de la bestia,
Que como silla a lomo de caballo
Sobre el alma oprimida echan y ajustan,—
Por el rayo de luz que el alma mía
En la sombra entrevé, —no son Homagno!
Mis ojos sólo, los mis caros ojos,
Que me revelan mi disfraz, son míos!:
Queman, me queman, nunca duermen, oran,
Y en mi rostro los siento y en el cielo,
Y le cuentan de mí, y a mí de él cuentan!

---

10. Personaje creado por Martí (su nombre es una fusión de las palabras latinas *homo magnus,* que significan *hombre grande),* concebido como modelo de virtud y heroísmo.

Por qué, por qué, para cargar en ellos
Un grano ruin de alpiste maltrojado
Talló el Creador mis colosales hombros?
Ando, pregunto, ruinas y cimientos
Vuelco y sacudo, a delirantes sorbos
En la Creación, la madre de mil pechos,
Las fuentes todas de la vida aspiro:
Muerdo, atormento, beso las callosas
Manos de piedra que golpeo:
Con demencia amorosa su invisible
Cabeza con las secas manos mías
Acaricio y destrenzo: por la tierra
Me tiendo compungido y los confusos
Pies, con mi llanto baño y con mis besos.
Y en medio de la noche, palpitante,
Con mis voraces ojos en el cráneo
Y en sus órbitas anchas encendidos,
Trémulo, en mí plegado, hambriento espero,
Por si al próximo sol respuestas vienen:—
Y a cada nueva luz— de igual enjuto
Modo, y ruin, la vida me aparece,
Como gota de leche que en cansado
Pezón, al terco ordeño, titubea,—
Como carga de hormiga, —como taza
De agua añeja en la jaula de un jilguero.»—

De mordidas y rotas, ramos de uvas
Estrujadas y negras, las ardientes
Manos del triste Homagno parecían!
Y la tierra en silencio, y una hermosa
Voz de mi corazón, me contestaron.

YUGO Y ESTRELLA

Cuando nací, sin sol, mi madre dijo:
—Flor de mi seno, Homagno generoso
De mí y de la Creación suma y reflejo,
Pez que en ave y corcel y hombre se torna,
Mira estas dos, que con dolor te brindo,
Insignias de la vida: ve y escoge.
Éste, es un yugo: quien lo acepta, goza:
Hace de manso buey, y como presta
Servicio a los señores, duerme en paja
Caliente, y tiene rica y ancha avena.
Ésta, oh misterio que de mí naciste
Cual la lumbre nació de la montaña,
Ésta, que alumbra y mata, es una estrella:
Como que riega luz, los pecadores
Huyen de quien la lleva, y en la vida,
Cual un monstruo de crímenes cargado,
Todo el que lleva luz, se queda solo.
Pero el hombre que al buey sin pena imita,
Buey vuelve a ser, y en apagado bruto
La escala universal de nuevo empieza.
El que la estrella sin temor se ciñe,
Como que crea, crece!
                        Cuando al mundo
De su copa el licor vació ya el vivo:
Cuando, para manjar de la sangrienta
Fiesta humana, sacó contento y grave
Su propio corazón: cuando a los vientos
De Norte y Sur virtió su voz sagrada,—
La estrella como un manto, en luz lo envuelve,
Se enciende, como a fiesta, el aire claro,
Y el vivo que a vivir no tuvo miedo,
Se oye que un paso más sube en la sombra!

—Dame el yugo, oh mi madre, de manera
Que puesto en él de pie, luzca en mi frente
Mejor la estrella que ilumina y mata.

ISLA FAMOSA

Aquí estoy, solo estoy, despedazado.
Ruge el cielo: las nubes se aglomeran,
Y aprietan, y ennegrecen, y desgajan:
Los vapores del mar la roca ciñen:
Sacra angustia y horror mis ojos comen:
A qué, Naturaleza embravecida,
A qué la esteril soledad en torno
De quien de ansia de amor rebosa y muere?
Dónde, Cristo sin cruz, los ojos pones?
Dónde, oh sombra enemiga, dónde el ara
Digna por fin de recibir mi frente?
En pro de quién derramaré mi vida?

—Rasgóse el velo: por un tajo ameno
De claro azul, como en sus lienzos abre
Entre mazos de sombra Díaz[11] famoso,
El hombre triste de la roca mira
En lindo campo tropical, galanes
Blancos, y Venus negras, de unas flores
Fétidas y fangosas coronados:
Danzando van: a cada giro nuevo
Bajo los muelles pies la tierra cede!
Y cuando en ancho beso los gastados
Labios sin lustre ya, trémulos juntan,
Sáltanles de los labios agoreras
Aves tintas en hiel, aves de muerte.

---

11. *Narciso Virgilio Díaz de la Peña* (1807-1876): Pintor romántico francés, de origen español, considerado como uno de los grandes paisajistas de su época.

SED DE BELLEZA

Solo, estoy solo: viene el verso amigo,
Como el esposo diligente acude
De la erizada tórtola al reclamo.
Cual de los altos montes en deshielo
Por breñas y por valles en copiosos
Hilos las nieves desatadas bajan—
Así por mis entrañas oprimidas
Un balsámico amor y una avaricia
Celeste de hermosura se derraman.
Tal desde el vasto azul, sobre la tierra,
Cual si de alma de virgen la sombría
Humanidad sangrienta perfumasen,
Su luz benigna las estrellas vierten
Esposas del silencio! —y de las flores
Tal el aroma vago se levanta.

Dadme lo sumo y lo perfecto: dadme
Un dibujo de Angelo[12]: una espada
Con puño de Cellini[13], más hermosa
Que las techumbres de marfil calado
Que se place en labrar Naturaleza.
El cráneo augusto dadme donde ardieron
El universo Hamlet y la furia
Tempestuosa del moro: —la manceba
India que a orillas del ameno río
Que del viejo Chichén[14] los muros baña
A la sombra de un plátano pomposo

---

12. Fray Angélico (1387-1455).
13. Benvenuto Cellini (1500-1571), el gran orfebre, grabador y escultor florentino, una de las figuras más destacadas del Renacimiento italiano.
14. *Chichén:* antigua ciudad del Yucatán (Méjico), que posee un gran valor arqueológico por los restos de los mayas. Llegó a convertirse en una ciudad sagrada.

Y sus propios cabellos, el esbelto
Cuerpo bruñido y nítido enjugaba.
Dadme mi cielo azul... dadme la pura
Alma de mármol que al soberbio Louvre
Dio, cual su espuma y flor, Milo famosa.

¡OH, MARGARITA!

Una cita a la sombra de tu oscuro
Portal donde el friecillo nos convida
A apretarnos los dos, de tan estrecho
Modo, que un solo cuerpo los dos sean:
Deja que el aire zumbador resbale,
Cargado de salud, como travieso
Mozo que las corteja, entre las hojas,
              Y en el pino
Rumor y majestad mi verso aprenda.
Sólo la noche del amor es digna.
La oscuridad, la soledad convienen.
Ya no se puede amar, ¡oh Margarita!

ÁGUILA BLANCA

  De pie, cada mañana,
Junto a mi áspero lecho está el verdugo.—
Brilla el sol, nace el mundo, el aire ahuyenta
Del cráneo la malicia,—
Y mi águila infeliz, mi águila blanca
Que cada noche en mi alma se renueva,
Al alba universal las alas tiende
Y camino del sol emprende el vuelo.
Y silencioso el bárbaro verdugo
De un nuevo golpe de puñal le quiebra

El fuerte corazón cada mañana.
Y en vez del claro vuelo al sol altivo
Por entre pies, ensangrentada, rota,
De un grano en busca el águila rastrea.

Oh noche, sol del triste, amable seno
Donde su fuerza el corazón revive,
Perdura, apaga el sol, toma la forma
De mujer, libre y pura, a que yo pueda
Ungir tus pies, y con mis besos locos
Ceñir tu frente y calentar tus manos.
Líbrame, eterna noche, del verdugo,
O dale, a que me dé, con la primera
Alba, una limpia y redentora espada.
Que con qué la has de hacer? Con luz de estrellas!

AMOR DE CIUDAD GRANDE

De gorja son y rapidez los tiempos:
Corre cual luz la voz; en alta aguja
Cual nave despeñada en sirte horrenda
Húndese el rayo, y en ligera barca
El hombre, como alado, el aire hiende.
¡Así el amor, sin pompa ni misterio
Muere, apenas nacido, de saciado!
Jaula es la villa de palomas muertas
Y ávidos cazadores! Si los pechos
Se rompen de los hombres, y las carnes
Rotas por tierra ruedan, no han de verse
Dentro más que frutillas estrujadas!

Se ama de pie, en las calles, entre el polvo
De los salones y las plazas: muere
La flor el día en que nace. Aquella virgen
Trémula que antes a la muerte daba

La mano pura que a ignorado mozo;
El goce de temer; aquel salirse
Del pecho el corazón; el inefable
Placer de merecer; el grato susto
De caminar de prisa en derechura
Del hogar de la amada, y a sus puertas
Como un niño feliz romper en llanto;—
Y aquel mirar, de nuestro amor al fuego,
Irse tiñendo de color las rosas,—
¡Ea, que son patrañas! Pues ¿quién tiene
Tiempo de ser hidalgo? Bien que sienta
Cual áureo vaso o lienzo suntuoso
Dama gentil en casa de magnate!
O si se tiene sed, se alarga el brazo
Y a la copa que pasa, se la apura!
Luego, la copa turbia al polvo rueda,
Y el hábil catador,— manchado el pecho
De una sangre invisible,— sigue alegre
Coronado de mirtos, su camino!
No son los cuerpos ya sino desechos,
Y fosas y jirones! Y las almas
No son como en el árbol fruta rica
En cuya blanda piel la almíbar dulce
En su sazón de madurez rebosa,—
Sino fruta de plaza que a brutales
Golpes el rudo labrador madura!
¡La edad es esta de los labios secos!
De las noches sin sueño! De la vida
Estrujada en agraz! ¿Qué es lo que falta
Que la ventura falta? Como liebre
Azorada, el espíritu se esconde,
Trémula huyendo al cazador que ríe,
Cual en soto selvoso, en nuestro pecho;
Y el Deseo, de brazo de la Fiebre,
Cual rico cazador recorre el soto.

¡Me espanta la ciudad! Toda está llena
De copas por vaciar, o huecas copas!
¡Tengo miedo ¡ay de mí! de que este vino
Tósigo sea, y en mis venas luego
Cual duende vengador los dientes clave!
Tengo sed, —mas de un vino que en la tierra
No se sabe beber! ¡No he padecido
Bastante aún, para romper el muro
Que me aparta ¡oh dolor! de mi viñedo!
Tomad vosotros, catadores ruines
De vinillos humanos, esos vasos
Donde el jugo de lirio a grandes sorbos
Sin compasión y sin temor se bebe!
Tomad! Yo soy honrado, y tengo miedo!

New York. Abril. 1882

HE VIVIDO: ME HE MUERTO...

He vivido: me he muerto: y en mi andante
Fosa sigo viviendo: una armadura
Del hierro montaraz del siglo octavo,
Menos, sí, menos que mi rostro pesa.
Al cráneo inquieto lo mantengo fijo
Porque al rodar por tierra el mar de llanto
[..........................], no asombre[15].
Quejarme, no me quejo: que es de lacayos
Quejarse, y de mujeres,
Y de aprendices de la trova, manos
Nuevas en liras viejas: —Pero vivo
Cual si mi ser entero en un agudo
Desgarrador sollozo se exhalara.—
De tierra, a cada sol mis restos propios

---

15. Verso incompleto en el original y en todas las ediciones realizadas.

Versos libres [¿1882?]

Recojo, en junto los apilo, a rastras
A la implacable luz y a los voraces
Hombres cual si viviesen los paseo:
Mas si frente a la luz me fuese dado
Como en la sombra donde duermo, al polvo
Mis disfraces echar, viérase súbito
Un cuerpo sin calor venir a tierra
Tal como un monte muerto que en sus propias
Inanimadas faldas se derrumba.

He vivido: al deber juré mis armas
Y ni una vez el sol dobló las cuestas
Sin que mi lidia y mi victoria viere:—
Ni hablar, ni ver, ni pensar yo quisiera!
Cruzados ambos brazos, como en nube
Parda, en mortal sosiego me hundiría.
De noche, cuando al sueño a sus soldados
En el negro cuartel llama la vida,
La espalda vuelvo a cuanto vive: al muro
La frente doy, y como jugo y copia
De mis batallas en la tierra miro—
La rubia cabellera de una niña
Y la cabeza blanca de un anciano!

ESTROFA NUEVA

Cuando, oh Poesía,
Cuando en tu seno reposar me es dado!—
Ancha es y hermosa y fúlgida la vida:
Que éste o aquél o yo vivamos tristes,
Culpa de éste o aquél será, o mi culpa!
Nace el corcel, del ala más lejano
Que el hombre, en quien el ala encumbradora
Ya en los ingentes brazos se diseña:

Sin más brida el corcel nace que el viento
Espoleador y flameador,— al hombre
La vida echa sus riendas en la cuna!
Si las tuerce o revuelve, y si tropieza
Y da en atolladero, a sí se culpe
Y del incendio o del zarzal redima
La destrozada brida: sin que al noble
Sol y [................] vida desafíe[16].
De nuestro bien o mal autores somos,
Y cada cual autor de sí: la queja
A la torpeza y la deshonra añade
De nuestro error: cantemos, sí, cantemos
Aunque las hidras nuestro pecho roan,
El Universo colosal y hermoso!

Un obrero tiznado, una enfermiza
Mujer, de faz enjuta y dedos gruesos:
Otra que al dar al sol los entumidos
Miembros en el taller, como una egipcia
Voluptuosa y feliz, la saya burda
Con las manos recoge, y canta, y danza:
Un niño que, sin miedo a la ventisca,
Como el soldado con el arma al hombro,
Va con sus libros a la escuela: el denso
Rebaño de hombres que en silencio triste
Sale a la aurora y con la noche vuelve
Del pan del día en la difícil busca,—
Cual la luz a Memnón[17], mueven mi lira.
Los niños, versos vivos, los heroicos
Y pálidos ancianos, los oscuros
Hornos donde en bridón o tritón[18] truecan

---

16. Verso incompleto en el original mecanografiado.
17. *Memnón:* véase la nota 9, del poema «Pomona».
18. *tritón:* deidad marina con figura de hombre desde la cabeza hasta la cintura, y de pez el resto.

Los hombres victoriosos las montañas
Astiánax[19] son y Andrómaca[20] mejores,
Mejores, sí, que los del viejo Homero.

Naturaleza siempre viva: el mundo
De minotauro yendo a mariposa
Que de rondar el sol enferma y muere:
Dejad, por Dios, que la mujer cansada
De amar, con leche y menjurjes híbleos[21]
Su piel rugosa y su verdad restaure,
Repíntense las viejas: la doncella
Con rosas naturales se corone:—
La sed de luz, que como el mar salado
La de los labios, con el agua amarga
De la vida se irrita: la columna
Compacta de asaltantes, que sin miedo,
Al Dios de ayer en los desnudos hombros
La mano libre y desferrada ponen,—
Y los ligeros pies en el vacío,—
Poesía son, y estrofa alada, y grito
Que ni en tercetos ni en octava estrecha
Ni en remilgados serventesios caben:

Vaciad un monte,— en tajo de Sol vivo
Tallad un plectro: o de la mar brillante
El seno rojo y nacarado, el molde
De la triunfante estrofa nueva sea!

Como nobles de Nápoles, fantasmas
Sin carne ya y sin sangre, que en palacios

---

19. *Astiánax:* hijo de Héctor y de Andrómaca. Aquiles lo descubrió después de la rendición de Troya y lo arrojó desde lo alto de las murallas.
20. *Andrómaca:* esposa de Héctor. Perdió a todos sus familiares en la guerra de Troya, muertos a manos de Aquiles.
21. *híbleos:* relativo a Hibla, monte y ciudad de la Sicilia antigua, famosos por su miel.

Muertos y oscuros con añejas chupas[22]
De comido blasón, a paso sordo
Andan, y al mundo que camina enseñan
Como un grito sin voz la seca encía,
Así, sobre los árboles cansados,
Y los ciriales rotos, y los huecos
De oxidadas diademas, duendecillos
Con chupa vieja y metro viejo asoman!
No en tronco seco y muerto hacen sus nidos,
Alegres recaderos de mañana,
Las lindas aves, cuerdas y gentiles:
Ramaje quieren suelto y denso, y tronco
Alto y robusto, en fibra rico y savia.
Mas con el sol se alza el deber: se pone
Mucho después que el sol: de la hornería
Y su batalla y su fragor cansada
La mente plena en el rendido cuerpo,
Atormentada duerme, —como el verso
Vivo en los aires, por la lira rota
Sin dar sonidos desolado pasa!
Perdona, pues, oh estrofa nueva, el tosco
Alarde de mi amor. Cuando, oh Poesía,
Cuando en tu seno reposar me es dado.

MUJERES

I

Ésta, es rubia: ésa, oscura: aquélla, extraña
Mujer de ojos de mar y cejas negras:
Y una cual palma egipcia alta y solemne
Y otra como un canario gorjeadora.

---

22. Véase la nota 1, del poema «Académica», en este mismo libro.

Pasan, y muerden: los cabellos luengos
Echan, como una red: como un juguete
La lánguida beldad ponen al labio
Casto y febril del amador que a un templo
Con menos devoción que al cuerpo llega
De la mujer amada: ella, sin velos
Yace, y a su merced; —él, casto y mudo
En la inflamada sombra alza dichoso
Como un manto imperial de luz de aurora.
Cual un pájaro loco en tanto ausente
En frágil rama y en menudas flores
De la mujer el alma travesea:
Noble furor enciende al sacerdote,
Y a la insensata, contra el ara augusta
Como una copa de cristal rompiera:—
Pájaros, sólo pájaros: el alma
Su ardiente amor reserve al universo.

II

Vino hirviente es amor: del vaso afuera,
Echa, brillando al Sol, la alegre espuma:
Y en sus claras burbujas, desmayados
Cuerpos, rizosos niños, cenadores
Fragantes y amistosas alamedas
Y juguetones ciervos se retratan:
De joyas, de esmeraldas, de rubíes,
De ónices y turquesas y del duro
Diamante al fuego eterno derretidos,
Se hace el vino satánico: Mañana
El vaso sin ventura que lo tuvo
Cual comido de hienas, y espantosa
Lava mordente se verá quemado.

III

Bien duerma, bien despierte, bien recline—
Aunque no lo reclino— bien de hinojos,
Ante un niño que llega el cuerpo doble
Que no se dobla a viles y a tiranos,
Siento que siempre estoy en pie: —si suelo
Cual del niño en los rizos suele el aire
Benigno, en los piadosos labios tristes
Dejar que vuele una sonrisa, —es cierto[23]
Que así, sépalo el mozo, así sonríen
Cuantos nobles y crédulos buscaron
El sol eterno en la belleza humana.
Sólo hay un vaso que la sed apague
De hermosura y amor: Naturaleza
Abrazos deleitosos, híbleos besos
A sus amantes pródiga regala.

IV

Para que el hombre los tallara puso
El monte y el volcán Naturaleza,—
El mar, para que el hombre ver pudiese
Que era menor que su cerebro,— en horno
Igual, sol, aire y hombres elabora.
Porque los dome, el pecho al hombre inunda
Con pardos brutos y con torvas fieras.
¡Y el hombre, no alza el monte: no en el libre
Aire, ni en sol magnífico se trueca:
Y en sus manos sin honra, a las sensuales

---

23. Los dos versos siguientes aparecen tachados en el original («Que a quien palpar sus alas se le antoje, / Cual ascua [...] le quemarán la mano»).

Bestias del pecho el corazón ofrece:
A los pies de la esclava vencedora:
El hombre yace, deshonrado, muerto.

ASTRO PURO

De un muerto, que al calor de un astro puro,
De paso por la tierra, como un manto
De oro sintió sobre sus huesos tibios
El polvo de la tumba, al sol radiante
Resucitó gozoso, vivió un día,
Y se volvió a morir,— son estos versos:

Alma piadosa que a mi tumba llamas
Y cual la blanca luz de astros de Enero,
Por el palacio de mi pecho en ruinas
Entras, e irradias, y los restos fríos
De los que en él voraces habitaron
Truecas, oh maga! en cándidas palomas:—
Espíritu, pureza, luz, ternura,
Aves sin pies que el ruido humano espanta,
Señora de la negra cabellera,
El verso muerto a tu presencia surge
Como a las dulces horas del rocío
En el oscuro mar el sol dorado,
Y álzase por el aire, cuanto existe
Cual su manto en el vuelo recogiendo,
Y a ti llega, y se postra, y por la tierra
En colosales pliegues [............][24]
Con majestad de púrpura romana.
Besé tus pies,— te vi pasar: Señora,

---

24. Verso incompleto, señalado como tal en el original mecanografiado.

Perfume y luz tiene por fin la tierra!
El verso aquel que a dentelladas duras
La vida diaria y ruin me remordía
Y en ásperos retazos, de mis secos
Y codiciosos labios se exhalaba,
Ora triunfante y melodioso bulle,
Y como ola de mar al sol sereno
Bajo el espacio azul rueda en espuma:
Oh mago, oh mago amor!
                          Ya compañía
Tengo para afrontar la vida eterna:
Para la hora de la luz, la hora
De reposo y de flor, ya tengo cita.

Esto diciendo, los abiertos brazos
Tendió el cantor, como a abrazar. El vivo
Amor que su viril estrofa mueve
Sólo duró lo que la estrofa dura:
Alma infeliz el alma ardiente, aquélla
En que el ascua más leve alza un incendio
[.......................]25 y el sueño
Que vio esplender, y quiso asir, hundióse
Como un águila muerta: el ígneo, el [...]26
Calló, brilló, volvió solo a su tumba.

HOMAGNO AUDAZ[27]

Homagno audaz, de tanto haber vivido
Con el alma, que quema, se moría.—

---

25. Verso incompleto.
26. Verso incompleto.
27. El presente poema ocupa este lugar en el proyecto de índice que escribió Martí para sus *Versos libres.* El texto así titulado fue identificado por Hilario González (cfr. mi Nota editorial). El poema guarda

Versos libres [¿1882?]

Por las cóncavas sienes las canosas
Lasas guedejas le colgaban: hinca
Las silenciosas manos en los secos
Muslos: los labios, como ofensa augusta
Al negro pueblo universal, horrible
Pueblo infeliz y hediondo de los Midas[28],—
Junta como quien niega: y en los claros
Ojos de ansia y amor, que la vislumbre
De la muerte feliz, arroba, brilla
Como en selva nocturna hoguera blanca
La mirada caudal de un Dios que muere
Remordido de hormigas:
                       Suplicante
A sus llagados pies Jóveno[29] hermoso
Tiéndese y llora; y en los negros ojos
Desolación patética le brilla:
No, no Homagno, ¡negras ropas visten
Las mujeres de estos tiempos! —en que [...][30]
Como hojas verdes en invierno, lucen:
Oh las mujeres, oh las necias, trajes
De rosas sin olor: —jubón rosado,
Con trajes anchos de perlada seda:—

---

una evidente relación con otro titulado «Yo ni de dioses», por lo que González, en su indispensable estudio, ha refundido ambos textos de un modo escrupuloso y adecuado. Reproduzco el poema según la disposición de González, pero adoptando, siempre que sea posible, la puntuación propia de los originales martianos (los cuales, como en otros poemas de esta serie, presentan numerosas lagunas textuales).
28. Dinastía del rey Midas, rey mitológico de Frigia y Brigia (Macedonia) y de otros pueblos del norte de Asia Menor y de la Europa oriental. Apolo, irritado contra él, le hizo crecer las orejas hasta el tamaño de las de un asno. También era famoso por sus innumerables riquezas.
29. Personaje creado por Martí, cuyo nombre mismo designa la juventud, con la significación existencial que esa edad comporta.
30. Palabra ininteligible.

En los [...............]³¹ el galano
Talle le ciñen: —oh dime, dime Homagno,
De este palacio de que sales; dime
Qué secreto conjuro la uva rompe
De las sabrosas mieles: di qué llave
Abre las puertas del placer profundo
Que fortalece y embalsama: dilo,
Oh noble Homagno, a Jóveno extranjero:—

   La sublime piedad abrió los labios
Del moribundo noble musitando:
La llave quieres, Jóveno, del mundo?
La llave de la fuerza, la del goce
Sereno y penetrante, la del hondo
Valor que a mundos y a villas,
Cual gigante amazona desafía;
La del escudo impenetrable, escudo
Contra la tentadora humana Infamia!
Yo ni de dioses ni de filtro tengo
Fuerzas maravillosas: he vivido,
Y la divinidad está en la vida!:
¡Mira si no la frente de los viejos!
Estréchame la mano: no, no esperes
A que yo te la tienda: ¡yo sabía
Antes tenderla, de mi hermoso modo
Que envolvía en sombra de amor el Universo!
Hoy, ya no puedo alzarla de la piedra
Donde me asiento: aunque el corazón
Plumas nuevas se viste y tiende el ala:
¡No acaba el alma humana en este mundo!
Ya, cual bucles de piedra, en mi mondado
Cráneo cuelgan mis últimos cabellos;
Pero debajo no! debajo vibra

---

31. Dos palabras ininteligibles.

Versos libres [¿1882?]

Todo el fuego magnífico y sonoro
Que mantiene la tierra!
                    Ven y toma
Esta mano que ha visto mucha pena!
Dicen que así verás lo que yo he visto.
¡Aprieta bien, aprieta bien mi mano!
Es bueno ir de la mano de los jóvenes!:
¡Así, de sombra a luz, crece la vida!
¡Déjame divagar: la mente vaga
Como las nubes, madres de la tierra!

Mozo, ven, pues: ase mi mano y mira:
Aquí están, a tus ojos, en hilera,
Frías y dormidas como estatuas, todas
Las que de amor el pecho te han movido:
¡Las llaves falsas, Jóveno, del cielo!
Una no más sencillamente lo abre
Como nuestro dominio: pero nota
Cómo estas barbas a la tierra llegan
Blancas y ensangrentadas, y aún no topo
Con la que me pudiera abrir el cielo.
En cambio, mira a mi redor: la tierra
Está amasada con las llaves rotas
Con que he probado a abrirlo: —y que éste es todo
El mundo dicen los bellacos luego!
¡Viene después un cierto olor de rosa,
Un trono en una nube, un vuelo vago,
Y un aire y una sangre hecha de besos!
¡Pompa de claridad la muerte miro!:
¡Palpa cuál, de pensarla, están calientes,
Finos, como si fuesen a una boda,
Ágiles como alas, y sedosos,
Como la mocedad después del baño,
Estos bucles de piedra! Gruñes, gruñes
De estas cosas de viejo...

                                            Ahí están todas
las mujeres que amaste; llaves falsas
Con que en vano echa el hombre a abrir el cielo.
Por la magia sutil de mi experiencia
Las miro como son: cáscaras todas,
Ésta de nácar, cual la Aurora brinda,
Humo como la Aurora; ésta de bronce;
Marfil ésta; ésa ébano; y aquella
De esos diestros barrillos italianos
De diversos colores... ¡cuenta! Es fijo...
¿Cuántos años cumpliste? Treinta? Es fijo
Que has amado, y es poco, a más de ciento:
¡Se hacen muy fácilmente, y duran poco,
Las estatuas de cieno! Gruñes, gruñes
De estas cosas de viejo...
                              A ver qué tienen
Las cáscaras por dentro! ¡Abajo, abajo
Esa hermosa de nácar! ¡qué riqueza
Viene al suelo de espalda y hombros finos!
¡Parece una onda de ópalo cuajada!
¡Sube un aroma que perfuma el viento,—
Que me enciende la carne, que me anubla
El juicio, a tanta costa trabajado!:
Pero vuélvela a diestra y a siniestra,
A la luna y el sol: no hay nada adentro!
Y en la de bronce ¿qué hallas? ¡con qué modo
Loco y ardiente buscas!: aún humea
Esa de bronce en restos: ¿qué has hallado
Que con espanto tal la echas en tierra?:
¡Ah, lo que corre el duende negro: un cerdo!

Y ésa? ¡una uña! Y ¿ésa? ¡ay! una piedra
Más dura que mis bucles: la más terrible
Es esa de la piedra! Y ¿esta moza
Toda de colorines? saca! saca!

¡Ésta por corazón tiene un vasillo
Hueco, forrado en láminas de modas!
Ésa? nada! Ésa? nada! Ésa? Una doble
Dentadura, y manchado cada diente
De una sangre distinta: ¡mata, mata!
¡Mata con el talón a esa culebra!
Y ésa? Una hamaca! Y ¿ésa, pues, la última,
La postrer de las cien, qué le has hallado
Que le besas los pies, que la rehaces
De prisa con tus manos, que la cubres
Con sus mismos cabellos, que la amparas
Con tu cuerpo, que te echas de rodillas?
¿Qué tienes? ¿qué levantas en las manos
Lentamente como una ofrenda al cielo?
¿Entrañas de mujer? No en vano el cielo
Con una luz tan suave se ilumina.
¡Eso es arpa: eso es sol: [.........][32]!
¿De cien mujeres, una con entrañas?
¡Abrázala! arrebátala! con ella
Vive, que serás rey, doquier que vivas:
Cruza los bosques, que los lobos mismos
Su presa te darán, y acatamiento:
Cruza los mares, y las olas lomo
Blando te prestarán; los hombres cruza
Que no te morderán, aunque te juro
Que lo que ven lo muerden, y si es bello
Lo muerden más; y dondequier que muerden
Lo despedazan todo y envenenan.
Ya no eres hombre, Jóveno, si hallaste
Una mujer amante! o no:— ya lo eres!

---

32. Verso incompleto en el manuscrito, aunque en este caso nada impide la comprensión racional del discurso.

CRIN HIRSUTA

Que como crin hirsuta de espantado
Caballo que en los troncos secos mira
Garras y dientes de tremendo lobo,
Mi destrozado verso se levanta...?
Sí, pero se levanta! —a la manera
Como cuando el puñal se hunde en el cuello
De la res, sube al cielo hilo de sangre:—
Sólo el amor engendra melodías.

A LOS ESPACIOS

A los espacios entregarme quiero
Donde se vive en paz, y con un manto
De luz, en gozo embriagador henchido,
Sobre las nubes blancas se pasea,—
Y donde Dante y las estrellas viven.
Yo sé, yo sé, porque lo tengo visto
En ciertas horas puras, cómo rompe
Su cáliz una flor,— y no es diverso
Del modo, no, con que lo quiebra el alma.
Escuchad, y os diré: —viene de pronto
Como una aurora inesperada, y como
A la primera luz de primavera
De flor se cubren las amables lilas...
Triste de mí: contároslo quería
Y en espera del verso, las grandiosas
Imágenes en fila ante mis ojos
Como águilas alegres vi sentadas.
Pero las voces de los hombres echan
De junto a mí las nobles aves de oro:
Ya se van, ya se van: ved cómo rueda
La sangre de mi herida.

Versos libres [¿1882?]

Si me pedís un símbolo del mundo
En estos tiempos, vedlo: un ala rota.
Se labra mucho el oro, el alma apenas!—
Ved cómo sufro: vive el alma mía
Cual cierva en una cueva acorralada:—
Oh, no está bien:
                   me vengaré, llorando!

PÓRTICO

Frente a casas ruines, en los mismos
Sacros lugares donde Franklin bueno
Citó al rayo y lo ató,— por entre truncos
Muros, cerros de piedras, boqueantes
Fosos, y los cimientos asomados
Como dientes que nacen a una encía
Un pórtico gigante se elevaba.
Rondaba cerca de él la muchedumbre
[............][33] que siempre en torno
De las fábricas nuevas se congrega:

Cuál, que ésta es siempre distinción de necios,
Absorto ante el tamaño: piedra el otro
Que no penetra el sol, y cuál en ira
De que fuera mayor que su estatura.
Entre el tosco andamiaje, y las nacientes
Paredes, el pórtico [.......][34]
En un cráneo sin tope parecía
Un labio enorme, lívido e hinchado.
Ruedas y hombres el aire sometieron:
Trepaban en la sombra: más arriba
Fueron que las iglesias: de las nubes

---

33. Verso incompleto.
34. Verso incompleto.

La fábrica magnífica colgaron:
Y en medio entonces de los altos muros
Se vio el pórtico en toda su hermosura.

MANTILLA ANDALUZA

Por qué no acaba todo, ora que puedes
Amortajar mi cuerpo venturoso
Con tu mantilla, pálida andaluza!—
No me avergüenzo, no, de que me encuentren
Clavado el corazón con tu peineta!

Te vas! Como invisible escolta, surgen
Sobre sus tallos frescos, a seguirte
Mis jazmines sin mancha y mis claveles:
Te vas! Todos se van! y tú me miras,
Oh perla pura en flor, como quien echa
En honda copa joya resonante,—
Y a tus manos tendidas me abalanzo
Como a un cesto de frutas un sediento.

De la tierra mi espíritu levantas
Como el ave amorosa a su polluelo.

POETA[35]

Como nacen las palmas en la arena,
Y la rosa en la orilla al mar salobre,
Así de mi dolor mis versos surgen

---

35. En el proyecto de índice escrito por Martí para los *Versos libres* aparece el título de «Poeta», que Gonzalo de Quesada y Aróstegui, pese a sus dudas, lo atribuyó a este poema en la primera edición, de 1913.

Convulsos, encendidos, perfumados.
Tal en los mares sobre el agua verde,
La vela hendida, el mástil trunco, abierto
A las ávidas olas el costado
Después de la batalla fragorosa
Con los vientos, el buque sigue andando.

Horror, horror! En tierra y mar no había
Más que crujidos, furia, niebla y lágrimas!
Los montes, desgajados, sobre el llano
Rodaban: las llanuras, mares turbios
En desbordados ríos convertidas,
Vaciaban en los mares; un gran pueblo
Del mar cabido hubiera en cada arruga:
Estaban en el cielo las estrellas
Apagadas: los vientos en jirones
Revueltos en la sombra, huían, se abrían
Al chocar entre sí, y se despeñaban:
En los montes del aire resonaban
Rodando con estrépito: en las nubes
Los astros locos se arrojaban llamas!

Rió luego el sol: en tierra y mar lucía
Una tranquila claridad de boda:
Fecunda y purifica la tormenta!
Del aire azul colgaban ya, prendidos
Cual gigantescos tules, los rasgados
Mantos de los crespudos vientos, rotos
En el fragor sublime. Siempre quedan
Por un buen tiempo luego de la cura
Los bordes de la herida, sonrosados!
Y el barco, como un niño, con las olas,
Jugaba, se mecía, traveseaba.

ODIO EL MAR

Odio el mar, sólo hermoso cuando gime
Del barco domador bajo la hendente
Quilla, y como fantástico demonio,
De un manto negro colosal tapado,
Encórvase a los vientos de la noche
Ante el sublime vencedor que pasa:—
Y a la luz de los astros, encerrada
En globos de cristales, sobre el puente
Vuelve un hombre impasible la hoja a un libro.—

Odio el mar: vasto y llano, igual y frío
No cual la selva hojosa echa sus ramas
Como sus brazos, a apretar al triste
Que herido viene de los hombres duros
Y del bien de la vida desconfía,
No cual honrado luchador, en suelo
Firme y seguro pecho, al hombre aguarda
Sino en traidora arena y movediza,
Cual serpiente letal.— También los mares,
El sol también, también Naturaleza
Para mover el hombre a las virtudes,
Franca ha de ser, y ha de vivir honrada.
Sin palmeras, sin flores, me parece
Siempre una tenebrosa alma desierta.

Que yo voy muerto, es claro: a nadie importa
Y ni siquiera a mí: pero por bella
Ígnea, varia, inmortal amo la vida.

Lo que me duele no es vivir: me duele
Vivir sin hacer bien. Mis penas amo,
Mis penas, mis escudos de nobleza.
No a la próvida vida haré culpable
De mi propio infortunio, ni el ajeno

Versos libres [¿1882?]

Goce envenenaré con mis dolores.
Buena es la tierra, la existencia es santa.
Y en el mismo dolor, razones nuevas
Se hallan para vivir, y goce sumo,
Claro como una aurora y penetrante.
Mueran de un tiempo y de una vez los necios
Que porque el llanto de sus ojos surge
Lo imaginan más grande y más hermoso
Que el cielo azul y los repletos mares!—

Odio el mar, muerto enorme, triste muerto
De torpes y glotonas criaturas
Odiosas habitado: se parecen
A los ojos del pez que de harto expira
Los del gañán de amor que en brazos tiembla
De la horrible mujer libidinosa:—
Vilo, y lo dije: —algunos son cobardes,
Y lo que ven y lo que sienten callan:
Yo no: si hallo un infame al paso mío,
Dígole en lengua clara: ahí va un infame,
Y no, como hace el mar, escondo el pecho.
Ni mi sagrado verso nimio guardo
Para tejer rosarios a las damas
Y máscaras de honor a los ladrones:

Odio el mar, que sin cólera soporta
Sobre su lomo complaciente, el buque
Que entre música y flor trae a un tirano.

NOCHE DE MAYO[36]

Con un astro la tierra se ilumina:
Con el perfume de una flor se llenan

---

36. Al igual que en el caso anterior, también es dudoso el título de este poema.

Los ámbitos inmensos: como vaga,
Misteriosa envoltura, una luz tenue
Naturaleza encubre, —y una imagen
Misma, del linde en que se acaba, brota
Entre el humano batallar. Silencio!
En el color, oscuridad! Enciende
El sol al pueblo bullicioso, y brilla
La blanca luz de luna! —En los ojos
La imagen va, —porque si fuera buscan
Del vaso herido la admirable esencia,
En haz de aromas a los ojos surge:—
Y si al peso del párpado obedecen,
Como flor que al plegar las alas plega
Consigo su perfume, en el solemne
Templo interior como lamento triste
La pálida figura se levanta!
Divino oficio!: el Universo entero,
Su forma sin perder, cobra la forma
De la mujer amada, y el esposo
Ausente, el cielo póstumo adivina
Por el casto dolor purificado.

BANQUETE DE TIRANOS

Hay una raza vil de hombres tenaces
De sí propio inflados, y hechos todos,
Todos, del pelo al pie, de garra y diente:
Y hay otros, como flor, que al viento exhalan
En el amor del hombre su perfume.
Como en el bosque hay tórtolas y fieras
Y plantas insectívoras y pura
Sensitiva y clavel en los jardines.
De alma de hombres los unos se alimentan:
Los otros su alma dan a que se nutran

Versos libres [¿1882?]

Y perfumen su diente los glotones,
Tal como el hierro frío en las entrañas
De la virgen que mata se calienta.

A un banquete se sientan los tiranos
Donde se sirven hombres: y esos viles
Que a los tiranos aman, diligentes
Cerebro y corazón de hombres devoran:
Pero cuando la mano ensangrentada
Hunden en el manjar, del mártir muerto
Surge una luz que les aterra, flores
Grandes como una cruz súbito surgen
Y huyen, rojo el hocico, y pavoridos
A sus negras entrañas los tiranos.

Los que se aman a sí: los que la augusta
Razón a su avaricia y gula ponen:
Los que no ostentan en la frente honrada
Ese cinto de luz que el yugo funde
Como el inmenso sol en ascuas quiebra
Los astros que a su seno se abalanzan:
Los que no llevan del decoro humano
Ornado el sano pecho: los menores
Y segundones de la vida, sólo
A su goce ruin y medro atentos
Y no al concierto universal.

Danzas, comidas, músicas, harenes,
Jamás la aprobación de un hombre honrado.
Y si acaso sin sangre hacerse puede
Hágase... clávalos, clávalos
En el horcón más alto del camino
Por la mitad de la villana frente.
A la grandiosa humanidad traidores,

Como implacable obrero
Que un féretro de bronce clavetea,
   Los que contigo
Se parten la nación a dentelladas.

COPA CON ALAS

Una copa con alas: quién la ha visto
Antes que yo? Yo ayer la vi! Subía
Con lenta majestad, como quien vierte
Óleo sagrado: y a sus dulces bordes
Mis regalados labios apretaba:—
Ni una gota siquiera, ni una gota
Del bálsamo perdí que hubo en tu beso!

Tu cabeza de negra cabellera
—Te acuerdas?— con mi mano requería,
Porque de mí tus labios generosos
No se apartaran.— Blanda como el beso
Que a ti me transfundía, era la suave
Atmósfera en redor: la vida entera
Sentí que a mí abrazándote, abrazaba!
Perdí el mundo de vista, y sus ruidos,
Y su envidiosa y bárbara batalla!
Una copa en los aires ascendía
Y yo, en brazos no vistos reclinado
Tras ella, asido de sus dulces bordes,
Por el espacio azul me remontaba!—

Oh amor, oh inmenso, oh acabado artista:
En rueda o riel funde el herrero el hierro:
Una flor o mujer o águila o ángel
En oro o plata el joyador cincela:
Tú sólo, sólo tú, sabes el modo
De reducir el Universo a un beso!

Versos libres [¿1882?]

ÁRBOL DE MI ALMA

Como un ave que cruza el aire claro
Siento hacia mí venir tu pensamiento
Y acá en mi corazón hacer su nido.
Ábrese el alma en flor: tiemblan sus ramas
Como los labios frescos de un mancebo
En su primer abrazo a una hermosura:
Cuchichean las hojas: tal parecen
Lenguaraces obreras y envidiosas,
A la doncella de la casa rica
En preparar el tálamo ocupadas:
Ancho es mi corazón, y es todo tuyo:
Todo lo triste cabe en él, y todo
Cuanto en el mundo llora, y sufre, y muere!
De hojas secas, y polvo, y derruidas
Ramas lo limpio: bruño con cuidado
Cada hoja, y los tallos: de las flores
Los gusanos del pétalo comido
Separo: oreo el césped en contorno
Y a recibirte, oh pájaro sin mancha!
Apresto el corazón enajenado!

LUZ DE LUNA

Esplendía su rostro: por los hombros
Rubias guedejas le colgaban: era
Una caricia su sonrisa: era
Ciego de nacimiento: parecía
Que veía: tras los párpados callados
Como un lago tranquilo, el alma exenta
Del horror que en el mundo ven los ojos,
Sus apacibles aguas deslizaba:—
Tras los párpados blancos se veían

Aves de plata, estrellas voladoras,
En unas grutas pálidas los besos
Risueños disputándose la entrada,
Y en el dorso de cisnes navegando
Del ciego fiel los pensamientos puros.

Como una rama en flor al sosegado
Río silvestre que hacia el mar camina,
Una afable mujer se asomó al ciego:
Tembló, encendióse, se cubrió de rosas,
Y las pálidas manos del amante
Besó cien veces, y llenó con ellas:—
En la misma guirnalda entrelazados
Pasan los dos la generosa vida:
Tan grandes son las flores, que a su sombra
Suelen dormir la prolongada siesta.

Cual quien enfrena un potro que husmeando
Campo y batalla, en el portal sujeto
Mira, como quien muerde, al amo duro,—
Así, rebelde a veces, tras sus ojos
El pobre ciego el alma sujetaba:—
—«Oh, si vieras! —los necios le decían
Que no han visto en sus almas —oh si vieras
Cuando sobre los trigos requemados,
Su ejército de rayos el sol lanza,
Cómo chispean, cómo relucen, cómo,
Asta al aire, el hinchado campamento
Los cascos mueve y el plumón lustrosos.
Si vieras cómo el mar, roto y negruzco
Vuelca al barco infeliz, y encumbra al fuerte;
Si vieses, infeliz, cómo la tierra
Cuando la luna llena la ilumina
Desposada parece que en los aires
Buscando va, con planta perezosa,

La casa florecida de su amado.
—Ha de ser, ha de ser como quien toca
La cabeza de un niño!—
                           —Calla, ciego:
Es como asir en una flor la vida».

De súbito vio el ciego; esta que esplende,
Dijéronle, es la luna; mira, mira
Qué mar de luz: abismos, ruinas, cuevas,
Todo por ella casto y blando luce
Como de noche el pecho de las tórtolas!
—Nada más? —dijo el ciego, y retornando
A su amada celosa los ya abiertos
Ojos, besóle la temblante mano
Humildemente, y díjole:
                           —No es nueva,
Para el que sabe amar, la luz de luna.

FLOR DE HIELO

Al saber que era muerto Manuel Ocaranza[37]

Mírala: Es negra! Es torva! Su tremenda
Hambre la azuza. Son sus dientes hoces;
Antro su frente; secadores vientos
Sus hálitos; su paso, ola que traga
Huertos y selvas; sus manjares, hombres.
Viene! escondeos, oh caros amigos,
Hijo del corazón, padres muy caros!
Do asoma, quema; es sorda, es ciega: —El hambre
Ciega el alma y los ojos. Es terrible
El hambre de la Muerte!

---

37. Pintor mexicano, amigo de Martí. Cultivó las escenas costumbristas y el paisaje, con notable influjo del impresionismo francés.

                        No es ahora
La generosa, la clemente amiga
Que el muro rompe al alma prisionera
Y le abre el claro cielo fortunado;
No es la dulce, la plácida, la pía
Redentora de tristes, que del cuerpo,
Como de huerto abandonado, toma
El alma adolorida, y en más alto
Jardín la deja, donde blanda luna
Perpetuamente brilla, y crecen sólo
En vástagos en flor blancos rosales:
No la esposa evocada; no la eterna
Madre invisible, que los anchos brazos,
Sentada en todo el ámbito solemne,
Abre a sus hijos, que la vida agosta;
Y a reposar y a reparar sus bríos
Para el fragor y la batalla nueva
Sus cabezas igníferas reclina
En su puro y jovial seno de aurora.
No: aun a la diestra del Señor sublime
Que envuelto en nubes, con sonora planta
Sobre cielos y cúspides pasea;
Aun en los bordes de la copa dívea
En colosal montaña trabajada
Por tallador cuyas tundentes manos
Hechas al rayo y trueno fragorosos
Como barro sutil la roca herían;
Aun a los lindes del gigante vaso
Donde se bebe al fin la paz eterna,
El mal, como un insecto, sus oscuros
Anillos mueve y sus antenas clava
Artero en los sedientos bebedores!

   Sierva es la Muerte: sierva del callado
Señor de toda vida: salvadora

Oculta de los hombres! Mas el ígneo
Dueño a sus siervos implacable ordena
Que hasta rendir el postrimer aliento
A la sombra feliz del mirto de oro,
El bien y el mal el seno les combatan;
Y sólo las eternas rosas ciñe
Al que a sus mismos ojos el mal torvo
En batalla final convulso postra.
Y pío entonces en la seca frente
Da aquél, en cuyo seno poderoso
No hay muerte ni dolor, un largo beso.
Y en la Muerte gentil, la Muerte misma,
Lidian el bien y el mal...! Oh dueño rudo,
A rebelión y a admiración me mueve
Este misterio del dolor, que pena
La culpa de vivir, que es culpa tuya,
Con el dolor tenaz, martirio nuestro!
¿Es tu seno quizá tal hermosura
Y el placer de domar la interna fiera
Gozo tan vivo, que el martirio mismo
Es precio pobre a la final delicia?
¡Hora tremenda y criminal —oh Muerte—
Aquella en que en tu seno generoso
El hambre ardió, y en el ilustre amigo
Seca posaste la tajante mano!
No es, no, de tales víctimas tu empresa
Poblar la sombra! De cansados ruines,
De ancianos laxos, de guerreros flojos
Es tu oficio poblarla, y en tu seno
Rehacer al viejo la gastada vida
Y al soldado sin fuerzas la armadura.
Mas el taller de los creadores sea,
Oh Muerte! de tus hambres reservado!
Hurto ha sido; tal hurto, que en la sola
Casa, su pueblo entero los cabellos

Mesa, y su triste amigo solitario
Con gestos grandes de dolor sacude,
Por él clamando, la callada sombra!
Dime, torpe hurtadora, di el oscuro
Monte donde tu recia culpa amparas;
Y donde con la selva seca en torno
Cual cabellera de tu cráneo hueco,
En lo profundo de la tierra escondes
Tu generosa víctima! Di al punto
El antro, y a sus puertas con el pomo
Llamaré de mi espada vengadora!
Mas, ay! que a do me vuelvo? Qué soldado
A seguirme vendrá? Capua[38] es la tierra,
Y de orto a ocaso, y a los cuatro vientos,
No hay más, no hay más que infames desertores,
De pie sobre sus armas enmohecidas
En rellenar sus arcas afanados.

    No de mármol son ya, ni son de oro,
Ni de piedra tenaz o hierro duro
Los divinos magníficos humanos.
De algo más torpe son: jaulas de carne
Son hoy los hombres, de los vientos crueles
Por mantos de oro y púrpura amparados,—
Y de la jaula en lo interior, un negro
Insecto de ojos ávidos y boca
Ancha y febril, retoza, come, ríe!
Muerte! el crimen fue bueno: guarda, guarda
En la tierra inmortal tu presa noble!

                          [1882]

---

38. *Capua:* ciudad de Italia, en la Campania. Fue cuartel general de Aníbal en el 216 a. C. Aquí la emplea el poeta como símbolo de campo de batalla.

Versos libres [¿1882?]

CON LETRAS DE ASTROS

Con letras de astros el horror que he visto
En el espacio azul grabar querría.
En la llanura, muchedumbre: —en lo alto
Mientras que los de abajo andan y ruedan
Y sube olor de frutas estrujadas,
Olor de danza, olor de lecho, en lo alto
De pie entre negras nubes, y en sus hombros
Cual principio de alas se descuelgan,
Como un monarca sobre un trono, surge
Un joven bello, pálido y sombrío.
Como estrella apagada, en el izquierdo
Lado del pecho vésele abertura
Honda y boqueante, bien como la tierra
Cuando de cuajo un árbol se le arranca.
Abalánzase, apriétanse, recógense,
Ante él, en negra tropa, toda suerte
De fieras, anca al viento, y bocas juntas
En una inmensa boca, —y en bordado
Plato de oro bruñido y perlas finas
Su corazón el bardo les ofrece.

MIS VERSOS VAN REVUELTOS Y ENCENDIDOS

Mis versos van revueltos y encendidos
Como mi corazón: bien es que corra
Manso el arroyo que en el fácil llano
Entre céspedes frescos se desliza:
Ay!: pero el agua que del monte viene
Arrebatada; que por hondas breñas
Baja, que la destrozan; que en sedientos
Pedregales tropieza, y entre rudos
Troncos salta en quebrados borbotones,

¿Cómo, despedazada, podrá luego
Cual lebrel de salón, jugar sumisa
En el jardín podado con las flores,
O en la pecera de oro ondear alegre
Para querer de damas olorosas?

Inundará el palacio perfumado
Como profanación: se entrará fiera
Por los joyantes gabinetes, donde
Los bardos, lindos como abates, hilan
Tiernas quintillas y romances dulces
Con aguja de plata en blanca seda.
Y sobre sus divanes espantadas
Las señoras, los pies de media suave
Recogerán, —en tanto el agua rota,—
Convulsa, como todo lo que expira,
Besa humilde el chapín abandonado,
Y en bruscos saltos destemplada muere!

POÉTICA

La verdad quiere cetro. El verso mío
Puede, cual paje amable, ir por lujosas
Salas, de aroma vario y luces ricas,
Temblando enamorado en el cortejo
De una ilustre princesa, o gratas nieves
Repartiendo a las damas. De espadines
Sabe mi verso, y de jubón violeta
Y toca rubia, y calza acuchillada.
Sabe de vinos tibios y de amores
Mi verso montaraz; pero el silencio
Del verdadero amor, y la espesura
De la selva prolífica prefiere:
¡Cuál gusta del canario, cuál del águila!

Versos libres [¿1882?]

LA POESÍA ES SAGRADA

La poesía es sagrada. Nadie
De otro la tome, sino en sí. Ni nadie
Como a esclava infeliz que el llanto enjuga
Para acudir a su inclemente dueña,
La llame a voluntad: que vendrá entonces
Pálida y sin amor, como una esclava.
Con desmayadas manos el cabello
Peinará a su señora: en alta torre,
Como pieza de gran repostería,
Le apretará las trenzas; o con viles
Rizados cubrirá la noble frente
Por donde el alma su honradez enseña;
O lo atará mejor, mostrando el cuello,
Sin otro adorno, en un discreto nudo.
¡Mas mientras la infeliz peina a la dama,
Su triste corazón, cual ave roja
De alas heridas, estará temblando
Lejos ¡ay! en el pecho de su amante,
Como en invierno un pájaro en su nido!
¡Maldiga Dios a dueños y a tiranos—
Que hacen andar los cuerpos sin ventura
Por do no pueden ir los corazones!—

CUENTAN QUE ANTAÑO

Cuentan que antaño,—y por si no lo cuentan,
Invéntolo,—un labriego que quería
Mucho a un zorzal, a quien dejaba libre
Surcar el aire y desafiar el viento—
De cierto bravo halcón librarlo quiso
Que en cazar por el ala adestró astuto
Un señorín de aquellas cercanías,—

Y púsole al zorzal el buen labriego
Sobre sus alas, otras dos, de modo
Que el vuelo alegre al ave no impidiesen.

    Salió el sol, y el halcón, rompiendo nubes,
Tras el zorzal, que a la querencia amable
Del labrador inquieto se venía:
Ya le alcanza: ya le hinca: ya estremece
En la mano del mozo el hilo duro:
Mas ¡guay del señorín!: el halcón sólo
Prendió al zorzal, que diestro se le escurre,
Por las alas postizas del labriego.
¡Así, quien caza por la rima, aprende
Que en sus garras se escapa la poesía!

CANTO RELIGIOSO

La fatiga y las sábanas sacudo:
Cuando no se es feliz, abruma el sueño.
A ver la luz que alumbra su desdicha
Resístense los ojos—y parece
No que en plumones mansos se ha dormido
Sino en los brazos negros de una fiera.
Al aire luminoso, como al río
El sediento peatón, dos labios se abren:
El pecho en lo interior se encumbra y goza
Como el hogar feliz cuando recibe
En Año Nuevo a la familia amada;—
Y brota, frente al Sol, el pensamiento!

    Mas súbito, los ojos se oscurecen,
Y el cielo, y a la frente va la mano
Cual militar que el pabellón saluda:
Los muertos son, los muertos son, devueltos
A la luz maternal: los muertos pasan.

Versos libres [¿1882?]

   Y sigo a mi labor, como creyente
A quien ungió en la sien el sacerdote
De rostro liso y vestiduras blancas.—
Practico: en el divino altar comulgo
De la Naturaleza: es mi hostia el alma humana.

NO, MÚSICA TENAZ, ME HABLES DEL CIELO!

No, música tenaz, me hables del cielo!
¡Es morir, es temblar, es desgarrarme
Sin compasión el pecho! Si no vivo
Donde como una flor al aire puro
Abre su cáliz verde la palmera,
Si del día penoso a casa vuelvo...
¿Casa dije? No hay casa en tierra ajena!...
Roto vuelvo en pedazos encendidos!
Me recojo del suelo: alzo y amaso
Los restos de mí mismo; ávido y triste,
Como un estatuador un Cristo roto:
Trabajo, siempre en pie, por fuera un hombre,
¡Venid a ver, venid a ver por dentro!
Pero tomad a que Virgilio os guíe...
Si no, estaos afuera: el fuego rueda
Por la cueva humeante: como flores
De un jardín infernal se abren las llagas:
Y boqueantes por la tierra seca
Queman los pies los escaldados leños!
¡Toda fue flor la aterradora tumba!
No, música tenaz, me hables del cielo!

EN TORNO AL MÁRMOL ROJO

En torno al mármol rojo en donde duerme
El corso vil, el Bonaparte infame,

Como manos que acusan, como lívidas
Desgreñadas cabezas, las banderas
De tanto pueblo mutilado y roto
En pedazos he visto, ensangrentadas!
Bandera fue también el alma mía
Abierta al claro sol y al aire alegre
En un asta, derecha como un pino.—
La vieron, y la odiaron: gerifaltes
Diestros pusieron, y ávidos halcones,
A traer el fleco de oro entre sus picos:
Oh! mucho halcón del cielo azul ha vuelto
Con un jirón de mi alma entre sus garras.
Y sus! yo a izarla! —y sus! con piedra y palo
La gente a arriarla! —y sus! el pino
Como en fuga alargábase hasta el cielo
Y por él mi bandera blanca entraba!
Mas tras ella la gente, pino arriba,
Éste el hacha, ése daga, aquél ponzoña,
Negro el aire en redor, negras las nubes,
Allí donde los astros son robustos
Pinos de luz, allí donde en fragantes
Lagos de leche van cisnes azules,
Donde el alma entra a flor, donde palpitan,
Susurran, y echan a volar, las rosas,
Allí, donde hay amor, allí en las aspas
Mismas de las estrellas me embistieron!—
Por Dios, que aún se ve el asta: mas tan rota
Ya la bandera está, que no hay ninguna
Tan rota y sin ventura como ella
En las que adornan la apagada cripta
Donde en su rojo féretro sus puños
Roe despierto el Bonaparte infame!—

Versos libres [¿1882?]

YO SACARÉ LO QUE EN EL PECHO TENGO

Yo sacaré lo que en el pecho tengo
De cólera y de horror. De cada vivo
Huyo, azorado, como de un leproso.
Ando en el buque de la vida: sufro
De náusea y mal de mar: un ansia odiosa
Me angustia las entrañas: quién pudiera
En un solo vaivén dejar la vida!
No esta canción desoladora escribo
En hora de dolor:
                      jamás se escriba
En hora de dolor!: el mundo entonces
Como un gigante a hormiga pretenciosa
Unce al poeta destemplado: escribo
Luego de hablar con un amigo viejo,
Limpio goce que el alma fortifica:—
Mas, cual las cubas de madera noble,
La madre del dolor guardo en mis huesos!
Ay! mi dolor, como un cadáver, surge
A la orilla, no bien el mar serena!
Ni un poro sin herida: entre la uña
Y la yema, estiletes me han clavado
Que me llegan al pie: se me han comido
Fríamente el corazón: y en este juego
Enorme de la vida, cupo en suerte
Nutrirse de mi sangre una lechuza.—
Así, hueco y roído, al viento floto
Alzando el puño y maldiciendo a voces,
En mis propias entrañas encerrado!

    No es que mujer me engañe, o que fortuna
Me esquive su favor, o que el magnate
Que no gusta de pulcros, me querelle:
Es ¿quién quiere mi vida? es que a los hombres

Palpo, y conozco, y los encuentro malos.—
Pero si pasa un niño cuando lloro
Le acaricio el cabello, y lo despido
Como el naviero que a la mar arroja
Con bandera de gala un barco blanco.

   Y si decís de mi blasfemia, os digo
Que el blasfemo sois vos: ¿a qué me dieron
Para vivir en un trigal, sedosa
Ala, y no garra aguda? o por acaso
Es ley que el tigre de alas se alimente?
Bien puede ser: de alas de luz repleto,
Daráse al fin de un tigre luminoso,
Radiante como el sol, la maravilla!—
Apresure el tigral el diente duro!
Nútrase en mí: coma de mí: en mis hombros
Clave los grifos bien: móndeme el cráneo,
Y, con dolor, a su mordida en tierra
Caigan deshechas mis ardientes alas!
Feliz aquel que en bien del hombre muere!
Bésale el perro al matador la mano!
¡Como un padre a sus hijas, cuando pasa
Un galán pudridor, yo mis ideas
De donde pasa el hombre, por quien muero,
Guardo, como un delito, al pecho helado!—

   Conozco al hombre, y lo he encontrado malo.
¡Así, para nutrir el fuego eterno
Perecen en la hoguera los mejores!
Los menos por los más! los crucifixos
Por los crucificantes! En maderos
Clavaron a Jesús: sobre sí mismos
Los hombres de estos tiempos van clavados:
Los sabios de Chichén[39], la tierra clara

---

39. *Chichén.* Véase nota 14 de este mismo libro, en la pág. 108.

Donde el aroma y el maguey se crían,
Con altos ritos y canciones bellas
Al hondo de cisternas olorosas
A su virgen mejor precipitaban:
Del temido brocal se alzaba luego
A perfumar el Yucatán[40] florido
Como en tallo negruzco rosa suave
Un humo de magníficos colores:—
Tal a la vida echa el Creador los buenos:
A perfumar: a equilibrar: ea! clave
El tigre bien sus garras en mis hombros:
Los viles a nutrirse: los honrados
A que se nutran los demás en ellos.—
Para el misterio de la Cruz, no a un viejo
Pergamino teológico se baje:
Bájese al corazón de un virtuoso.
Padece mucho un cirio que ilumina:
Sonríe, como virgen que se muere,
La flor cuando la siegan de su tallo!
Duele mucho en la tierra un alma buena!
De día, luce brava: por la noche
Se echa a llorar sobre sus propios brazos:
Luego que ve en el aire de la aurora
Su horrenda lividez, por no dar miedo
A la gente, con sangre de sus mismas
Heridas, tiñe el miserable rostro,
Y emprende a andar, como una calavera
Cubierta, por piedad, de hojas de rosa!

                                    Dbre. 14

---

40. Península de México, cercana a Cuba.

MI POESÍA

Muy fiera y caprichosa es la Poesía.
A decírselo vengo al pueblo honrado...
La denuncio por fiera. Yo la sirvo
Con toda honestidad: no la maltrato;
No la llamo a deshora, cuando duerme,
Quieta, soñando, de mi amor cansada,
Pidiendo para mí fuerzas al cielo;
No la pinto de gualda y amaranto
Como aquesos poetas; no le estrujo
En un talle de hierro el franco seno;
Ni el cabello a la brisa desparcido
Con retóricas bárbaras le aprieto:
No: no la pongo en lívidas vasijas
Que morirán; sino la vierto al mundo,
A que cree y fecunde; y ruede y crezca
Libre cual las semillas por el viento:
Eso sí: cuido mucho de que sea
Claro el aire en su torno; musicales
Las ramas que la amparan en el sueño,
Y limpios y aromados sus vestidos.—
Cuando va a la ciudad, mi Poesía
Me vuelve herida toda; el ojo seco
Como de enajenado, las mejillas
Como hundidas, de asombro: los dos labios
Gruesos, blandos, manchados; una que otra
Gota de cieno en ambas manos puras
Y el corazón, por bajo el pecho roto
Como un cesto de ortigas encendido:
Así de la ciudad me vuelve siempre:
Mas con el aire de los campos cura.
Baja del cielo en la severa noche
Un bálsamo que cierra las heridas.—
¡Arriba oh corazón!: quién dijo muerte?

Versos libres [¿1882?]

    Yo protesto que mimo a mi Poesía:
Jamás en sus vagares la interrumpo,
Ni de su ausencia larga me impaciento.
¡Viene a veces terrible! ¡Ase mi mano,
Encendido carbón me pone en ella
Y cual por sobre montes me la empuja!:—
Otras ¡muy pocas! viene amable y buena,
Y me amansa el cabello; y me conversa
Del dulce amor, y me convida a un baño!
Tenemos ella y yo, cierto recodo
Púdico en lo más hondo de mi pecho:
Envuelto en olorosa enredadera!—
Digo que no la fuerzo: y jamás la adorno,
Y sé adornar; jamás la solicito,
Aunque en tremendas sombras suelo a veces
Esperarla, llorando, de rodillas.
Ella ¡oh coqueta grande! en mi noche
Airada entra, la faz sobre ambas manos
Mirando cómo crecen las estrellas.
Luego, con paso de ala, envuelta en polvo
De oro, baja hasta mí, resplandeciente.
Viome un día infausto, rebuscando necio—
Perlas, zafiros, ónices,
Para ornarle la túnica a su vuelta.—
Ya de un lado, piedras tenía,
Cruces, y acicaladas en hilera,
Octavas de claveles; cuartetines
De flores campesinas; tríos, dúos
De ardiente lirio y pálida azucena.
¡Qué guirnaldas de décimas! qué flecos
De sonoras quintillas! qué ribetes
De pálido romance!,— qué lujosos
Broches de rima rara!: qué repuesto
De mil consonantillos serviciales
Para ocultar con juicios las junturas:

Obra, en fin, de suprema joyería!—
Mas de pronto una lumbre silenciosa
Brilla; las piedras todas palidecen,
Como muertas, las flores caen en tierra
Lívidas, sin color: es que bajaba
De ver nacer los astros mi Poesía!—
Como una cesta de caretas rotas
Eché a un lado mis versos. Digo al pueblo
Que me tiene oprimido mi Poesía:
Yo en todo la obedezco: apenas siento
Por cierta voz del aire que conozco
Su próxima llegada, pongo en fiesta
Cráneo y pecho; levántanse en la mente,
Alados, los corceles; por las venas
La sangre ardiente al paso se dispone;
El aire ansío, alejo las visitas,
Muevo el olvido generoso, y barro
De mí las impurezas de la tierra!
¡No es más pura que mi alma la paloma
Virgen que llama a su primer amigo!
Baja; vierte en mi mano unas extrañas
Flores que el cielo da: flores que queman,—
Como de un mar que sube, sufre el pecho,
Y a la divina voz, la idea dormida,
Royendo con dolor la carne tersa,
Busca, como la lava, su camino:
De hondas grietas el agujero queda,
Como la falda de un volcán cruzado:
Precio fatal de los amores con el cielo:
Yo en todo la obedezco: yo no esquivo
Estos padecimientos, yo le cubro
De unos besos que lloran sus dos blancas
Manos que así me acabarán la vida.
Yo ¡qué más! cual de un crimen ignorado
Sufro, cuando no viene: yo no tengo

Versos libres [¿1882?]

Otro amor en el mundo ¡oh mi poesía!
¡Como sobre la pampa el viento negro
Cae sobre mí tu enojo! ¡oh vuelve, vuelve,
A mí, que te respeto, el rostro amigo!
De su altivez me quejo al pueblo honrado:
De su soberbia femenil. No sufre
Espera. No perdona. Brilla, y quiere
Que como el limpio lustre del acero
Ya el verso al mundo cabalgando salga;—
Tal, una loca de pudor, apenas
Un minuto al artista el cuerpo ofrece
Para que esculpa en mármol su hermosura!—
¡Vuelan las flores que del cielo bajan,
Vuelan, como irritadas mariposas,
Para jamás volver las crueles vuelan!

Versos sencillos
(1891)

A Manuel Mercado[1],
de México

A Enrique Estrázulas[2],
de Uruguay

1. *Manuel Mercado* (1838-1909) fue un abogado y político mexicano que desempeñó importantes cargos públicos en su país. Martí lo conoció en su primera estancia en México, en 1875, y mantuvo con él una intensa amistad hasta el mismo día de su muerte, como demuestra la vastísima correspondencia epistolar con Mercado.
2. *Enrique Estrázulas* fue cónsul del Uruguay en Nueva York y gran amigo de Martí. Nuestro autor lo sustituyó en su cargo de mayo a octubre de 1884 y en abril de 1886 como vicecónsul. En abril de 1887 Martí fue nombrado cónsul general del Uruguay en Nueva York, cargo al que renunció en 1891.

Mis amigos saben cómo se me salieron estos versos del corazón. Fue aquel invierno de angustia, en que por ignorancia, o por fe fanática, o por miedo, o por cortesía, se reunieron en Washington, bajo el águila temible, los pueblos hispanoamericanos[3]. ¿Cuál de nosotros ha olvidado aquel escudo, el escudo en que el águila de Monterrey[4] y Chapultepec[5], el águila de López[6] y de Walker[7], apretaba en sus garras los

3. Alusión a la primera Conferencia de Naciones Americanas, celebrada en Washington durante el invierno de 1889-90. Aquí Martí confirmó sus recelos ante el emergente imperialismo de Estados Unidos sobre la América hispana.
4. *Monterrey:* ciudad del norte de México, fortificada y atacada más tarde, en 1846, durante la guerra con Estados Unidos.
5. *Chapultepec:* gran montaña situada al oeste de la ciudad de México, fortificada desde la dominación azteca. En 1847 fue asaltada por los norteamericanos.
6. Narciso López (1798-1851) fue un militar y político venezolano. Se trasladó a Cuba en 1843 y tomó contacto con los insurgentes contra la dominación española de la isla. En 1850 conquistó la ciudad cubana de Cárdenas, pero un año después fue apresado por el gobierno español y ejecutado en garrote vil.
7. William Walker (1824-1860) fue un aventurero norteamericano que, entre 1853 y 1857, sembró el terror en México y en varios países

pabellones todos de la América? Y la agonía en que viví, hasta que pude confirmar la cautela y el brío de nuestros pueblos; y el horror y vergüenza en que me tuvo el temor ilegítimo de que pudiéramos los cubanos, con manos parricidas, ayudar el plan insensato de apartar a Cuba, para bien único de un nuevo amo disimulado, de la patria que la reclama y en ella se completa, de la patria hispano-americana, —me quitaron las fuerzas mermadas por dolores injustos. Me echó el médico al monte: corrían arroyos, y se cerraban las nubes: escribí versos. A veces ruge el mar, y revienta la ola, en la noche negra, contra las rocas del castillo ensangrentado: a veces susurra la abeja, merodeando entre las flores.

¿Por qué se publica esta sencillez, escrita como jugando, y no mis encrespados *Versos libres,* mis endecasílabos hirsutos, nacidos de grandes miedos, o de grandes esperanzas, o de indómito amor de libertad, o de amor doloroso a la hermosura, como riachuelo de oro natural, que va entre arena y aguas turbias y raíces, o como hierro caldeado, que silba y chispea, o como surtidores candentes? ¿Y mis *Versos cubanos,* tan llenos de enojo que están mejor donde no se les ve?[8] ¿Y tanto pecado mío escondido, y tanta prueba nueva y rebelde de literatura? ¿Ni a qué exhibir ahora, con ocasión de estas flores silvestres, un curso de mi poética, y decir por qué repito un consonante de propósito, o los gradúo y agrupo de modo que vayan por la vista y el oído al sentimiento, o salto por ellos, cuando no pide rimas ni soporta

---

de América Central. Llegó a conquistar Nicaragua para los Estados Unidos.
8. De acuerdo con los autores de la edición crítica de *PC,* no existe ninguna colección ordenada por Martí con ese rótulo de *Versos cubanos.* Tal vez, y dado el *enojo* con que Martí habla de ellos, se refiere a gran parte de los poemas reunidos póstumamente como *Flores del destierro,* donde el dolor por la patria lejana es un motivo constante; además de que sí existe un prólogo que, por su contenido, podría encabezar tales poemas, tal como se realiza en la presente edición.

repujos la idea tumultuosa? Se imprimen estos versos porque el afecto con que los acogieron, en una noche de poesía y amistad, algunas almas buenas, los ha hecho ya públicos. Y porque amo la sencillez, y creo en la necesidad de poner el sentimiento en formas llanas y sinceras.

José Martí
Nueva York: 1891

I

Yo soy un hombre sincero
De donde crece la palma,
Y antes de morirme quiero
Echar mis versos del alma.

Yo vengo de todas partes,
Y hacia todas partes voy:
Arte soy entre las artes,
En los montes, monte soy.

Yo sé los nombres extraños
De las yerbas y las flores,
Y de mortales engaños,
Y de sublimes dolores.

Yo he visto en la noche oscura
Llover sobre mi cabeza
Los rayos de lumbre pura
De la divina belleza.

Alas nacer vi en los hombros
De las mujeres hermosas:
Y salir de los escombros
Volando las mariposas.

He visto vivir a un hombre
Con el puñal al costado,
Sin decir jamás el nombre
De aquella que lo ha matado.

Rápida, como un reflejo,
Dos veces vi el alma, dos:
Cuando murió el pobre viejo,
Cuando ella me dijo adiós.

Temblé una vez,—en la reja,
A la entrada de la viña,—
Cuando la bárbara abeja
Picó en la frente a mi niña.

Gocé una vez, de tal suerte
Que gocé cual nunca:—cuando
La sentencia de mi muerte
Leyó el alcaide llorando.

Oigo un suspiro, a través
De las tierras y la mar,
Y no es un suspiro,—es
Que mi hijo va a despertar.

Si dicen que del joyero
Tome la joya mejor,
Tomo a un amigo sincero
Y pongo a un lado el amor.

Yo he visto al águila herida
Volar al azul sereno,
Y morir en su guarida
La víbora del veneno.

Yo sé bien que cuando el mundo
Cede lívido al descanso,
Sobre el silencio profundo
Murmura el arroyo manso.

Yo he puesto la mano osada,
De horror y júbilo yerta,
Sobre la estrella apagada
Que cayó frente a mi puerta.

Oculto a mi pecho bravo
La pena que me lo hiere:
El hijo de un pueblo esclavo
Vive por él, calla, y muere.

Todo es hermoso y constante,
Todo es música y razón,
Y todo, como el diamante,
Antes que luz es carbón.

Yo sé que el necio se entierra
Con gran lujo y con gran llanto,—
Y que no hay fruta en la tierra
Como la del camposanto.

Callo, y entiendo, y me quito
La pompa del rimador:
Cuelgo de un árbol marchito
Mi muceta de doctor.

II

   Yo sé de Egipto y Nigricia[9],
Y de Persia y Xenophonte[10];
Y prefiero la caricia
Del aire fresco del monte.

   Yo sé las historias viejas
Del hombre y de sus rencillas;
Y prefiero las abejas
Volando en las campanillas.

   Yo sé del canto del viento
En las ramas vocingleras:
Nadie me diga que miento,
Que lo prefiero de veras.

   Yo sé de un gamo aterrado
Que vuelve al redil y expira,—
Y de un corazón cansado
Que muere oscuro y sin ira.

III

   Odio la máscara y vicio
Del corredor de mi hotel:
Me vuelvo al manso bullicio
De mi monte de laurel.

---

9. Nombre antiguo del Sudán.
10. Se refiere a Jenofonte (434-355 a. C.), el historiador y político griego, autor de las memorias militares recogidas en la *Anábasis,* así como de otras obras históricas y relatos de aventuras.

Versos sencillos (1891)

Con los pobres de la tierra
Quiero yo mi suerte echar:
El arroyo de la sierra
Me complace más que el mar.

Denle al vano el oro tierno
Que arde y brilla en el crisol:
A mí denme el bosque eterno
Cuando rompe en él el sol.

Yo he visto el oro hecho tierra
Barbullendo en la redoma:
Prefiero estar en la sierra
Cuando vuela una paloma.

Busca el obispo de España
Pilares para su altar;
¡En mi templo, en la montaña,
El álamo es el pilar!

Y la alfombra es puro helecho,
Y los muros abedul,
Y la luz viene del techo,
Del techo de cielo azul.

El obispo, por la noche,
Sale, despacio, a cantar:
Monta, callado, en su coche,
Que es la piña de un pinar.

Las jacas de su carroza
Son dos pájaros azules:
Y canta el aire y retoza,
Y cantan los abedules.

Duermo en mi cama de roca
Mi sueño dulce y profundo:
Roza una abeja mi boca
Y crece en mi cuerpo el mundo.

Brillan las grandes molduras
Al fuego de la mañana,
Que tiñe las colgaduras
De rosa, violeta y grana.

El clarín, solo en el monte,
Canta al primer arrebol:
La gasa del horizonte
Prende, de un aliento, el sol.

¡Díganle al obispo ciego,
Al viejo obispo de España
Que venga, que venga luego,
A mi templo, a la montaña!

IV

Yo visitaré anhelante
Los rincones donde a solas
Estuvimos yo y mi amante
Retozando con las olas.

Solos los dos estuvimos,
Solos, con la compañía
De dos pájaros que vimos
Meterse en la gruta umbría.

Y ella, clavando los ojos,
En la pareja ligera,

Deshizo los lirios rojos
Que le dio la jardinera.

La madreselva olorosa
Cogió con sus manos ella,
Y una manzana graciosa,
Y un jazmín como una estrella.

Yo quise, diestro y galán,
Abrirle su quitasol;
Y ella me dijo: «¡Qué afán!
¡Si hoy me gusta ver el sol!».

«Nunca más altos he visto
Estos nobles robledales:
Aquí debe estar el Cristo,
Porque están las catedrales.»

«Ya sé dónde ha de venir
Mi niña a la comunión;
De blanco la he de vestir
Con un gran sombrero alón.»[11]

Después, del calor al peso,
Entramos por el camino,
Y nos dábamos un beso
En cuanto sonaba un trino.

¡Volveré, cual quien no existe,
Al lago mudo y helado:
Clavaré la quilla triste:
Posaré el remo callado!

---

11. Sombrero de ala ancha.

V

    Si ves un monte de espumas
Es mi verso lo que ves:
Mi verso es un monte, y es
Un abanico de plumas.

    Mi verso es como un puñal
Que por el puño echa flor:
Mi verso es un surtidor
Que da un agua de coral.

    Mi verso es de un verde claro
Y de un carmín encendido:
Mi verso es un ciervo herido
Que busca en el monte amparo.

    Mi verso al valiente agrada:
Mi verso, breve y sincero,
Es del vigor del acero
Con que se funde la espada.

VI

    Si quieren que de este mundo
Lleve una memoria grata,
Llevaré, padre profundo,
Tu cabellera de plata.

    Si quieren, por gran favor,
Que lleve más, llevaré
La copia que hizo el pintor
De la hermana que adoré.

Si quieren que a la otra vida
Me lleve todo un tesoro,
¡Llevo la trenza escondida
Que guardo en mi caja de oro!

VII

Para Aragón, en España,
Tengo yo en mi corazón
Un lugar, todo Aragón,
Franco, fiero, fiel, sin saña.

Si quiere un tonto saber
Por qué lo tengo, le digo
Que allí tuve un buen amigo,
Que allí quise a una mujer.

Allá, en la vega florida,
La de la heroica defensa,
Por mantener lo que piensa
Juega la gente la vida.

Y si un alcalde lo aprieta
O lo enoja un rey cazurro,
Calza la manta el baturro
Y muere con su escopeta.

Quiero a la tierra amarilla
Que baña el Ebro lodoso:
Quiero el Pilar azuloso
De Lanuza y de Padilla[12].

---

12. *Lanuza:* Debe de referirse a Juan de Lanuza, Justicia Mayor de Aragón, decapitado en Zaragoza el de 20 de diciembre de 1591, por su defensa heroica de los fueros de Aragón ante el poder absorbente y centralizador de Felipe II.
Padilla: Debe de tratarse de Juan de Padilla (1490-1521), el máxi-

Estimo a quien de un revés
Echa por tierra a un tirano:
Lo estimo, si es un cubano;
Lo estimo, si aragonés.

Amo los patios sombríos
Con escaleras bordadas;
Amo las naves calladas
Y los conventos vacíos.

Amo la tierra florida,
Musulmana o española,
Donde rompió su corola
La poca flor de mi vida.

VIII

Yo tengo un amigo muerto
Que suele venirme a ver:
Mi amigo se sienta y canta;
Canta en voz que ha de doler.

«En un ave de dos alas
»Bogo por el cielo azul:
»Un ala del ave es negra,
»Otra de oro Caribú[13].»

mo jefe de los comuneros, que se rebelaron contra Carlos I por favorecer la intervención de extranjeros en el gobierno de Castilla. Fue derrotado por las tropas reales en la batalla de Villalar. El origen aragonés que le atribuye Martí constituye, a mi juicio, un error histórico del poeta.
13. *Caribú* es la adaptación castellana del nombre Cariboo, región de Canadá, en la provincia de la Colombia Británica, rica en minas de carbón, cobre y oro.

Versos sencillos (1891)

«El corazón es un loco
»Que no sabe de un color:
»O es su amor de dos colores,
»O dice que no es amor.»

«Hay una loca más fiera
»Que el corazón infeliz:
»La que le chupó la sangre
»Y se echó luego a reír.»

«Corazón que lleva rota
»El ancla fiel del hogar,
»Va como barca perdida,
»Que no sabe a dónde va.»

En cuanto llega a esta angustia
Rompe el muerto a maldecir:
Le amanso el cráneo: lo acuesto:
Acuesto el muerto a dormir.

IX[14]

Quiero, a la sombra de un ala,
Contar este cuento en flor:
La niña de Guatemala,
La que se murió de amor.

---

14. Este célebre poema se refiere a María García Granados, hija del general Miguel García Granados, que fue presidente de Guatemala. María fue alumna de Martí en la Escuela Normal Preparatoria de la Ciudad de Guatemala y, al parecer, se enamoró seriamente del poeta. Una vez que éste ha contraído matrimonio con Carmen Zayas Bazán, María padece unas fiebres muy intensas que pronto la conducen a la muerte, el 10 de mayo de 1878.

Eran de lirios los ramos,
Y las orlas de reseda
Y de jazmín: la enterramos
En una caja de seda.

...Ella dio al desmemoriado
Una almohadilla de olor:
El volvió, volvió casado:
Ella se murió de amor.

Iban cargándola en andas
Obispos y embajadores:
Detrás iba el pueblo en tandas,
Todo cargado de flores.

...Ella, por volverlo a ver,
Salió a verlo al mirador:
El volvió con su mujer:
Ella se murió de amor.

Como de bronce candente
Al beso de despedida
Era su frente ¡la frente
Que más he amado en mi vida!

...Se entró de tarde en el río,
La sacó muerta el doctor:
Dicen que murió de frío:
Yo sé que murió de amor.

Allí, en la bóveda helada,
La pusieron en dos bancos:
Besé su mano afilada,
Besé sus zapatos blancos.

Versos sencillos (1891)

    Callado, al oscurecer,
Me llamó el enterrador:
¡Nunca más he vuelto a ver
A la que murió de amor!

X

    El alma trémula y sola
Padece al anochecer:
Hay baile; vamos a ver
La bailarina española.

    Han hecho bien en quitar
El banderón de la acera;
Porque si está la bandera,
No sé, yo no puedo entrar.

    Ya llega la bailarina:
Soberbia y pálida llega:
¿Cómo dicen que es gallega?
Pues dicen mal: es divina.

    Lleva un sombrero torero
Y una capa carmesí:
¡Lo mismo que un alelí
Que se pusiese un sombrero!

    Se ve, de paso, la ceja,
Ceja de mora traidora:
Y la mirada, de mora:
Y como nieve la oreja.

    Preludian, bajan la luz,
Y sale en bata y mantón,

La virgen de la Asunción
Bailando un baile andaluz.

   Alza, retando, la frente;
Crúzase al hombro la manta:
En arco el brazo levanta:
Mueve despacio el pie ardiente.

   Repica con los tacones
El tablado zalamera,
Como si la tabla fuera
Tablado de corazones.

   Y va el convite creciendo
En las llamas de los ojos,
Y el manto de flecos rojos
Se va en el aire meciendo.

   Súbito, de un salto arranca:
Húrtase, se quiebra, gira:
Abre en dos la cachemira,
Ofrece la bata blanca.

   El cuerpo cede y ondea;
La boca abierta provoca;
Es una rosa la boca:
Lentamente taconea.

   Recoge, de un débil giro,
El manto de flecos rojos:
Se va, cerrando los ojos,
Se va, como en un suspiro...

   Baila muy bien la española;
Es blanco y rojo el mantón:
¡Vuelve, fosca, a su rincón
El alma trémula y sola!

XI

Yo tengo un paje muy fiel
Que me cuida y que me gruñe,
Y al salir, me limpia y bruñe
Mi corona de laurel.

Yo tengo un paje ejemplar
Que no come, que no duerme,
Y que se acurruca a verme
Trabajar, y sollozar.

Salgo, y el vil se desliza
Y en mi bolsillo aparece;
Vuelvo, y el terco me ofrece
Una taza de ceniza.

Si duermo, al rayar el día
Se sienta junto a mi cama:
Si escribo, sangre derrama
Mi paje en la escribanía.

Mi paje, hombre de respeto,
Al andar castañetea:
Hiela mi paje y chispea:
Mi paje es un esqueleto.

XII

En el bote iba remando
Por el lago seductor,
Con el sol que era oro puro
Y en el alma más de un sol.

Y a mis pies vi de repente,
Ofendido del hedor,
Un pez muerto, un pez hediondo
En el bote remador.

XIII

Por donde abunda la malva
Y da el camino un rodeo,
Iba un ángel de paseo
Con una cabeza calva.

Del castañar por la zona
La pareja se perdía:
La calva resplandecía
Lo mismo que una corona.

Sonaba el hacha en lo espeso
Y cruzó un ave volando:
Pero no se sabe cuándo
Se dieron el primer beso.

Era rubio el ángel; era
El de la calva radiosa,
Como el tronco a que amorosa
Se prende la enredadera.

XIV

Yo no puedo olvidar nunca
La mañanita de otoño
En que le salió un retoño
A la pobre rama trunca.

La mañanita en que, en vano,
Junto a la estufa apagada,
Una niña enamorada
Le tendió al viejo la mano.

XV

Vino el médico amarillo
A darme su medicina,
Con una mano cetrina
Y la otra mano al bolsillo:
¡Yo tengo allá en un rincón
Un médico que no manca
Con una mano muy blanca
Y otra mano al corazón!

Viene, de blusa y casquete,
El grave del repostero,
A preguntarme si quiero
O Málaga o Pajarete[15]:
¡Díganle a la repostera
Que ha tanto tiempo no he visto,
Que me tenga un beso listo
Al entrar la primavera!

XVI

En el alféizar calado
De la ventana moruna,
Pálido como la luna,
Medita un enamorado.

---

15. El *Málaga* es un vino dulce elaborado en la provincia española del mismo nombre. El *Pajarete* es un vino fino de Jerez (España).

Pálida, en su canapé
De seda tórtola y roja,
Eva, callada, deshoja,
Una violeta en el té.

XVII

Es rubia: el cabello suelto
Da más luz al ojo moro:
Voy, desde entonces, envuelto
En un torbellino de oro.

La abeja estival que zumba
Más ágil por la flor nueva,
No dice, como antes, «tumba»:
«Eva» dice: todo es «Eva».

Bajo, en lo oscuro, al temido
Raudal de la catarata:
¡Y brilla el iris, tendido
Sobre las hojas de plata!

Miro, ceñudo, la agreste
Pompa del monte irritado:
¡Y en el alma azul celeste
Brota un jacinto rosado!

Voy, por el bosque, a paseo
A la laguna vecina:
Y entre las ramas la veo,
Y por el agua camina.

La serpiente del jardín
Silba, escupe, y se resbala

Por su agujero: el clarín
Me tiende, trinando, el ala.

¡Arpa soy, salterio soy
Donde vibra el Universo:
Vengo del sol, y al sol voy:
Soy el amor: soy el verso!

XVIII

El alfiler de Eva loca
Es hecho del oro oscuro
Que le sacó un hombre puro
Del corazón de una roca.

Un pájaro tentador
Le trajo en el pico ayer
Un relumbrante alfiler
De pasta y de similor.

Eva se prendió al oscuro
Talle el diamante embustero:
Y echó en el alfiletero
El alfiler de oro puro.

XIX

Por tus ojos encendidos
Y lo mal puesto de un broche,
Pensé que estuviste anoche
Jugando a juegos prohibidos.

Te odié por vil y alevosa:
Te odié con odio de muerte:
Náusea me daba de verte
Tan villana y tan hermosa.

Y por la esquela que vi
Sin saber cómo ni cuándo,
Sé que estuviste llorando
Toda la noche por mí.

XX

Mi amor del aire se azora;
Eva es rubia, falsa es Eva:
Viene una nube y se lleva
Mi amor que gime y que llora.

Se lleva mi amor que llora
Esa nube que se va:
Eva me ha sido traidora:
¡Eva me consolará!

XXI

Ayer la vi en el salón
De los pintores, y ayer
Detrás de aquella mujer
Se me saltó el corazón.

Sentada en el suelo rudo
Está en el lienzo: dormido
Al pie, el esposo rendido:
Al seno el niño desnudo.

Sobre unas briznas de paja
Se ven mendrugos mondados:
Le cuelga el manto a los lados,
Lo mismo que una mortaja.

No nace en el torvo suelo
Ni una viola, ni una espiga:
¡Muy lejos, la casa amiga,
Muy triste y oscuro el cielo!...

¡Ésa es la hermosa mujer
Que me robó el corazón
En el soberbio salón
De los pintores de ayer!

XXII

Estoy en el baile extraño
De polaina y casaquín
Que dan, del año hacia el fin,
Los cazadores del año.

Una duquesa violeta
Va con un frac colorado:
Marca un vizconde pintado
El tiempo en la pandereta.

Y pasan las chupas rojas,
Pasan los tules de fuego.
Como delante de un ciego
Pasan volando las hojas.

XXIII

Yo quiero salir del mundo
Por la puerta natural:
En un carro de hojas verdes
A morir me han de llevar.

No me pongan en lo oscuro
A morir como un traidor:
Yo soy bueno, y como bueno
Moriré de cara al sol!

XXIV

Sé de un pintor atrevido
Que sale a pintar contento
Sobre la tela del viento
Y la espuma del olvido.

Yo sé de un pintor gigante,
El de divinos colores,
Puesto a pintarle las flores
A una corbeta mercante.

Yo sé de un pobre pintor
Que mira el agua al pintar,—
El agua ronca del mar,—
Con un entrañable amor.

XXV

Yo pienso, cuando me alegro
Como un escolar sencillo,

En el canario amarillo,—
Que tiene el ojo tan negro!

Yo quiero, cuando me muera,
Sin patria, pero sin amo,
Tener en mi losa un ramo
De flores,—y una bandera!

XXVI

Yo que vivo, aunque me he muerto,
Soy un gran descubridor,
Porque anoche he descubierto
La medicina de amor.

Cuando al peso de la cruz
El hombre morir resuelve,
Sale a hacer bien, lo hace, y vuelve
Como de un baño de luz.

XXVII

El enemigo brutal
Nos pone fuego a la casa:
El sable la calle arrasa,
A la luna tropical.

Pocos salieron ilesos
Del sable del español:
La calle, al salir el sol,
Era un reguero de sesos.

Pasa, entre balas, un coche:
Entran, llorando, a una muerta:

Llama una mano a la puerta
En lo negro de la noche.

  No hay bala que no taladre
El portón: y la mujer
Que llama, me ha dado el ser:
Me viene a buscar mi madre.

  A la boca de la muerte,
Los valientes habaneros
Se quitaron los sombreros
Ante la matrona fuerte.

  Y después que nos besamos
Como dos locos, me dijo:
«Vamos pronto, vamos, hijo:
La niña está sola: vamos!».

XXVIII

  Por la tumba del cortijo
Donde está el padre enterrado,
Pasa el hijo, de soldado
Del invasor: pasa el hijo.

  El padre, un bravo en la guerra,
Envuelto en su pabellón
Álzase: y de un bofetón
Lo tiende, muerto, por tierra.

  El rayo reluce: zumba
El viento por el cortijo:
El padre recoge al hijo,
Y se lo lleva a la tumba.

XXIX

La imagen del rey, por ley,
Lleva el papel del Estado:
El niño fue fusilado
Por los fusiles del rey.

Festejar el santo es ley
Del rey: y en la fiesta santa
¡La hermana del niño canta
Ante la imagen del rey!

XXX

El rayo surca, sangriento,
El lóbrego nubarrón:
Echa el barco, ciento a ciento,
Los negros por el portón.

El viento, fiero, quebraba
Los almácigos copudos:
Andaba la hilera, andaba,
De los esclavos desnudos.

El temporal sacudía
Los barracones henchidos:
Una madre con su cría
Pasaba, dando alaridos.

Rojo, como en el desierto,
Salió el sol al horizonte:
Y alumbró a un esclavo muerto,
Colgado a un seibo del monte.

Un niño lo vio: tembló
De pasión por los que gimen:
Y, al pie del muerto, juró
Lavar con su vida el crimen!

XXXI

Para modelo de un dios
El pintor lo envió a pedir:—
¡Para eso no! ¡para ir,
Patria, a servirte los dos!

Bien estará en la pintura
El hijo que amo y bendigo:—
¡Mejor en la ceja oscura,
Cara a cara al enemigo!

Es rubio, es fuerte, es garzón
De nobleza natural:
¡Hijo, por la luz natal!
¡Hijo, por el pabellón!

Vamos, pues, hijo viril:
Vamos los dos: si yo muero,
Me besas: si tú... ¡prefiero
Verte muerto a verte vil!

XXXII

En el negro callejón
Donde en tinieblas paseo,
Alzo los ojos, y veo
La iglesia, erguida, a un rincón.

¿Será misterio? ¿será
Revelación y poder?
¿Será, rodilla, el deber
De postrarse? ¿qué será?

   Tiembla la noche: en la parra
Muerde el gusano el retoño;
Grazna, llamando al otoño,
La hueca y hosca cigarra.

   Graznan dos: atento al dúo
Alzo los ojos, y veo
Que la iglesia del paseo
Tiene la forma de un búho.

XXXIII

   De mi desdicha espantosa
Siento, oh estrellas, que muero:
Yo quiero vivir, yo quiero
Ver a una mujer hermosa.

   El cabello, como un casco,
Le corona el rostro bello:
Brilla su negro cabello
Como un sable de Damasco.

   ¿Aquélla?... Pues pon la hiel
Del mundo entero en un haz,
Y tállala en cuerpo, y haz
Un alma entera de hiel!

   ¿Ésta?... Pues esta infeliz
Lleva escarpines rosados,

Y los labios colorados,
Y la cara de barniz.

   El alma lúgubre grita:
«¡Mujer, maldita mujer!».
¡No sé yo quién pueda ser
Entre las dos la maldita!

XXXIV

   ¡Penas! ¿quién osa decir
Que tengo yo penas? Luego,
Después del rayo, y del fuego,
Tendré tiempo de sufrir.

   Yo sé de un pesar profundo
Entre las penas sin nombres:
¡La esclavitud de los hombres
Es la gran pena del mundo!

   Hay montes, y hay que subir
Los montes altos; ¡después
Veremos, alma, quién es
Quien te me ha puesto al morir!

XXXV

   ¿Qué importa que tu puñal
Se me clave en el riñón?
¡Tengo mis versos, que son
Más fuertes que tu puñal!

   ¿Qué importa que este dolor
Seque el mar, y nuble el cielo?

El verso, dulce consuelo,
Nace alado del dolor.

XXXVI

Ya sé: de carne se puede
Hacer una flor: se puede,
Con el poder del cariño,
Hacer un cielo,— y un niño!

De carne se hace también
El alacrán; y también
El gusano de la rosa,
Y la lechuza espantosa.

XXXVII

Aquí está el pecho, mujer,
Que ya sé que lo herirás:
¡Más grande debiera ser,
Para que lo hirieses más!

Porque noto, alma torcida,
Que en mi pecho milagroso,
Mientras más honda la herida,
Es mi canto más hermoso.

XXXVIII

¿Del tirano? Del tirano
Di todo, ¡di más!: y clava
Con furia de mano esclava
Sobre su oprobio al tirano.

¿Del error? Pues del error
Di el antro, di las veredas
Oscuras: di cuanto puedas
Del tirano y del error.

¿De mujer? Pues puede ser
Que mueras de su mordida;
Pero no empañes tu vida
Diciendo mal de mujer!

XXXIX

Cultivo una rosa blanca,
En Julio como en Enero,
Para el amigo sincero
Que me da su mano franca.
Y para el cruel que me arranca
El corazón con que vivo,
Cardo ni oruga cultivo:
Cultivo una rosa blanca.

XL

Pinta mi amigo el pintor
Sus angelones dorados,
En nubes arrodillados,
Con soles alrededor.

Pínteme con sus pinceles
Los angelitos medrosos
Que me trajeron, piadosos,
Sus dos ramos de claveles.

XLI

Cuando me vino el honor
De la tierra generosa,
No pensé en Blanca ni en Rosa
Ni en lo grande del favor.

Pensé en el pobre artillero
Que está en la tumba, callado:
Pensé en mi padre, el soldado:
Pensé en mi padre, el obrero.

Cuando llegó la pomposa
Carta, en su noble cubierta,
Pensé en la tumba desierta,
No pensé en Blanca ni en Rosa.

XLII

En el extraño bazar
Del amor, junto a la mar,
La perla triste y sin par
Le tocó por suerte a Agar[16].

Agar, de tanto tenerla
Al pecho, de tanto verla
Agar, llegó a aborrecerla:
Majó, tiró al mar la perla.

Y cuando Agar, venenosa
De inútil furia, y llorosa,

---

16. Agar, como relata el Génesis, fue la mujer esclava de Abraham, con quien tuvo un hijo, Ismael. Cuando Abraham parte hacia la tierra prometida, abandona a ésta y a su hijo.

Pidió al mar la perla hermosa,
Dijo la mar borrascosa:

«¿Qué hiciste, torpe, qué hiciste
De la perla que tuviste?
La majaste, me la diste:
Yo guardo la perla triste».

XLIII

Mucho, señora, daría
Por tener sobre tu espalda
Tu cabellera bravía,
Tu cabellera de gualda:
        Despacio la tendería,
        Callado la besaría.

Por sobre la oreja fina
Baja lujoso el cabello,
Lo mismo que una cortina
Que se levanta hacia el cuello.
        La oreja es obra divina
        De porcelana de China.

Mucho, señora, te diera
Por desenredar el nudo
De tu roja cabellera
Sobre tu cuello desnudo:
        Muy despacio la esparciera,
        Hilo por hilo la abriera.

XLIV

    Tiene el leopardo un abrigo
En su monte seco y pardo:
Yo tengo más que el leopardo,
Porque tengo un buen amigo.

    Duerme, como en un juguete,
La mushma[17] en su cojinete
De arce del Japón: yo digo:
«No hay cojín como un amigo».

    Tiene el conde su abolengo:
Tiene la aurora el mendigo:
Tiene ala el ave: ¡yo tengo
Allá en México un amigo!

    Tiene el señor presidente
Un jardín con una fuente,
Y un tesoro en oro y trigo:
Tengo más, tengo un amigo.

XLV

    Sueño con claustros de mármol
Donde en silencio divino
Los héroes, de pie, reposan:
¡De noche, a la luz del alma,
Hablo con ellos: de noche!
Están en fila: paseo
Entre las filas: las manos

---

17. *mushma:* adaptación castellana de la palabra japonesa *musume,* que significa 'muchacha joven'.

De piedra les beso: abren
Los ojos de piedra: mueven
Los labios de piedra: tiemblan
Las barbas de piedra: empuñan
La espada de piedra: lloran:
¡Vibra la espada en la vaina!:
Mudo, les beso la mano.

   Hablo con ellos, de noche!
Están en fila: paseo
Entre las filas: lloroso
Me abrazo a un mármol: «Oh mármol,
Dicen que beben tus hijos
Su propia sangre en las copas
Venenosas de sus dueños!
Que hablan la lengua podrida
De sus rufianes! que comen
Juntos el pan del oprobio,
En la mesa ensangrentada!
Que pierden en lengua inútil
El último fuego!: ¡dicen,
Oh mármol, mármol dormido,
Que ya se ha muerto tu raza!».

   Échame en tierra de un bote
El héroe que abrazo: me ase
Del cuello: barre la tierra
Con mi cabeza: levanta
El brazo, ¡el brazo le luce
Lo mismo que un sol!: resuena
La piedra: buscan el cinto
Las manos blancas: del soclo[18]
Saltan los hombres de mármol!

---

18. *soclo:* galicismo derivado de *socle,* 'zócalo o pedestal'.

XLVI

Vierte, corazón, tu pena
Donde no se llegue a ver,
Por soberbia, y por no ser
Motivo de pena ajena.

Yo te quiero, verso amigo,
Porque cuando siento el pecho
Ya muy cargado y deshecho,
Parto la carga contigo.

Tú me sufres, tú aposentas
En tu regazo amoroso,
Todo mi amor doloroso,
Todas mis ansias y afrentas.

Tú, porque yo pueda en calma
Amar y hacer bien, consientes
En enturbiar tus corrientes
Con cuanto me agobia el alma.

Tú, porque yo cruce fiero
La tierra, y sin odio, y puro,
Te arrastras, pálido y duro,
Mi amoroso compañero.

Mi vida así se encamina
Al cielo limpia y serena,
Y tú me cargas mi pena
Con tu paciencia divina.

Y porque mi cruel costumbre
De echarme en ti te desvía
De tu dichosa armonía
Y natural mansedumbre;

Porque mis penas arrojo
Sobre tu seno, y lo azotan,
Y tu corriente alborotan,
Y acá lívido, allá rojo,

Blanco allá como la muerte,
Ora arremetes y ruges,
Ora con el peso crujes
De un dolor más que tú fuerte,

¿Habré, como me aconseja
Un corazón mal nacido,
De dejar en el olvido
A aquel que nunca me deja?

¡Verso, nos hablan de un Dios
Adonde van los difuntos:
Verso, o nos condenan juntos,
O nos salvamos los dos!

Flores del destierro
[1878-1895]

A mi tierra
A una mujer buena
A mis amigos

Estas que ofrezco, no son composiciones acabadas: son, ay de mí! notas de imágenes tomadas al vuelo, y como para que no se escapasen, entre la muchedumbre antiática de las calles, entre el rodar estruendoso y arrebatado de los ferrocarriles, o en los quehaceres apremiantes e inflexibles de un escritorio de comercio —refugio cariñoso del proscripto.

Por qué las publico, no sé; tengo un miedo pueril de no publicarlas ahora. Yo desdeño todo lo mío: y a estos versos, atormentados y rebeldes, sombríos y querellosos, los mimo, y los amo.

Otras cosas podría hacer: acaso no las hago, no las intento acaso, robando horas al sueño, únicas horas mías, porque me parece la expresión la hembra del acto, y mientras hay qué hacer, me parece la mera expresión indigno empleo de las fuerzas del hombre. Cada día, de tanta imagen que viene a azotarme las sienes, y a pasearse, como buscando forma, ante mis ojos, pudiera hacer un tomo como éste, pero el buey no ara con el arpa de David, que haría sonora la tierra, sino con el arado, que no es lira! ¡Y se van las imágenes, llorosas y torvas, desvanecidas como el humo: y yo me quedo, congojoso y triste, como quien ha faltado a su deber o no ha hecho bien los honores de la visita a una dama benévola y hermosa: y a mis solas, y donde nadie lo sospeche, y sin lágrimas, lloro.

De estos tormentos nace, y con ellos se excusa, este libro de versos.

Pudiera surgir de él, como debiera surgir de toda vida, rumbo a la muerte consoladora, un águila blanca!

Ya sé que están escritas en ritmo desusado, que por esto, o por serlo de veras, va a parecer a muchos duro. ¿Mas con qué derecho puede quebrar la mera voluntad artística, la vulgar sujeción a tradiciones extrañas e infecundas, la forma natural y sagrada, en que, como la carne de la idea, envía el alma los versos a los labios? Ciertos versos, pueden hacerse en toda forma: otros, no. A cada estado del alma, un metro nuevo. Da el amor versos claros y sonoros, y no sé por qué, en esas horas de florescencia, vertimiento, grata congoja, vigor pujante y generoso rebose del espíritu, recuerdo esas gallardas velas blancas que en mar sereno cruzan por frente a playas limpias bajo un cielo bruñido. Del dolor, saltan los versos, como las espadas de la vaina, cuando las sacude en ellas la ira, o como las negras olas, de turbia y alta cresta, que azotan los ijares fatigados de un buque formidable en horas de tormenta.

Se encabritan los versos, como las olas: se rompen con fragor o se mueven pesadamente, como fieras en jaula y con indómito y trágico desorden, como las aguas contra el barco. Y parece como que se escapa de los versos, escondiendo sus heridas, un alma sombría, que asciende velozmente por el lúgubre espacio, envuelta en ropas negras. ¡Cuán extraño que se abrieran las negras vestiduras y cayera de ellas un ramo de rosas!

¡Flores del destierro![1]

---

1. Estas tres últimas palabras se hallan escritas a mano en el texto mecanografiado de este supuesto prólogo.

CONTRA EL VERSO RETÓRICO...

Contra el verso retórico y ornado
El verso natural. Acá un torrente:
Aquí una piedra seca. Allá un dorado
Pájaro, que en las ramas verdes brilla,
Como una marañuela entre esmeraldas.—
Acá la huella fétida y viscosa
De un gusano: los ojos, dos burbujas
De fango, pardo el vientre, craso, inmundo.
Por sobre el árbol, más arriba, sola
En el cielo de acero una segura
Estrella; y a los pies el horno,
El horno a cuyo ardor la tierra cuece.
Llamas, llamas que luchan, con abiertos
Huecos como ojos, lenguas como brazos,
Saña como de hombre, punta aguda
Cual de espada: la espada de la vida
Que incendio a incendio gana al fin la tierra!
Trepa: viene de adentro: ruge: aborta:
Empieza el hombre en fuego y para en ala.

Y a su paso triunfal, los maculados,
Los viles, los cobardes, los vencidos,
Como serpientes, como gozques[2], como
Cocodrilos de doble dentadura
De acá, de allá, del árbol que le ampara,
Del suelo que le tiene, del arroyo
Donde apaga la sed, del yunque mismo
Donde se forja el pan, le ladran y echan
El diente al pie, al rostro el polvo y lodo,
Cuanto cegarle puede en su camino.
Él, de un golpe de ala, barre el mundo
Y sube por la atmósfera encendida
Muerto como hombre y como sol sereno.
Así ha de ser la noble poesía:
Así como la vida: estrella y gozque;
La cueva dentellada por el fuego,
El pino en cuyas ramas olorosas
A la luz de la luna canta un nido,
Canta un nido a la lumbre de la luna.

VINO DE CHIANTI[3]

      Hay un derecho
Natural al amor: ¿reside acaso,
Chianti, en tu áspera gota, en tu mordente
Vino, que habla y engendra, o en la sabia
Unión de la hermosura y el deseo?
Cuanto es bello, ya es mío: no cortejo,
Ni engaño vil, ni mentiroso adulo:
De los menores es el amarillo
Oro que entre las rosas serpentea,

---

2. *gozque:* perro pequeño, nervioso y ladrador.
3. Vino de mesa, muy apreciado, que se elabora en la región italiana de Chianti, en la Toscana.

De los menores: para mí es el oro
Del vello rubio y de la piel trigueña.
Mi título al nacer puso en mi cuna,
El sol que al cielo consagró mi frente.
Yo sólo sé de amor. Tiemblo espantado
Cuando, como culebras, las pasiones
Del hombre envuelven tercas mi rodilla;
Ciñen mis muslos, y echan a mis alas,—
Lucha pueril, las lívidas cabezas:—
Por ellas tiemblo, no por mí, a mis alas
No llegarán jamás: antes las cubro
Para que ni las vean: el bochorno
Del hombre es mi bochorno: mis mejillas
Sufren de la maldad del Universo:
Loco es mi amor, y, como el sol, revienta
En luz, pinta la nube, alegra la onda,
Y con suave calor, como la amiga
Mano que el tigre tempestuoso aquieta,
Doma la sombra, y pálido difunde
Su beldad estelar en las negruzcas
Sirtes, tremendas abras, alevosos
Despeñaderos, donde el lobo atisba,
Arropado en la noche, al que la espanta
Con el fulgor de su alba vestidura.

ÁRABE

Sin pompa falsa ¡oh árabe! saludo
Tu libertad, tu tienda y tu caballo.
Como se ven desde la mar las cumbres
De la tierra, tal miro en mi memoria
Mis instantes felices: sólo han sido
Aquéllos en que, a solas, a caballo
Vi el alba, salvé el riesgo, anduve el monte,

Y al volver, como tú, fiero y dichoso
Solté las bridas, y apuré sediento
Una escudilla de fragante leche.

   Los hombres, moro mío,
Valen menos que el árbol que cobija
Igual a rico y pobre, menos valen
Que el lomo imperial de tu caballo.

   Oh, ya no viene el verso cual solía
Como un collar de rosas, o a manera
Del caballero de la buena espada
Toda de luz vestida la figura:
Viene ya como un buey, cansado y viejo
De halar de la pértiga en tierra seca.

LA NOCHE ES LA PROPICIA

         La noche es la propicia
Amiga de los versos. Quebrantada,
Como la mies bajo la trilla, nace
En las horas ruidosas la Poesía.
A la creación la oscuridad conviene—
Las serpientes, de día entrelazadas
Al pensamiento, duermen: las vilezas
Nos causan más horror vistas a solas.
Deja el silencio una impresión de altura:—
Y con imperio pudoroso, tiende
Por sobre el mundo el corazón sus alas.
¡Noche amiga [...][4], noche creadora!:
Más que el mar, más que el cielo, más que el ruido

---

4. Verso incompleto, como evidencia el metro notoriamente desigual. Lo mismo sucede casi al final de la composición.

Flores del destierro [1878-1895]

De los volcanes, más que la tremenda
Convulsión de la tierra, tu hermosura
Sobre la tierra la rodilla encorva.
A la tarde con paso majestuoso
Por su puerta de acero entra la altiva
Naturaleza, calla, y cubre al mundo,
La oscuridad fecunda de la noche.
Surge el vapor de la fragante tierra,
Pliegan sus bordes las cansadas hojas;
Y en el ramaje azul tiemblan los nidos.
Como en un cesto de coral, sangrientas,
En el día, las bárbaras imágenes
Frente al hombre se estrujan: tienen miedo:
Y en la taza del cráneo adolorido
Crujen las alas rotas de los cisnes
Que mueren del dolor de su blancura.
¡Oh, cómo pesan en el alma triste
Estas aves crecidas que le nacen
Y mueren sin volar!
                    ¡Flores de plumas
Bajo los pobres versos, estas flores,
Flores de funeral! ¿Dónde lo blanco
Podrá, segura el ala, abrir el vuelo?
¿Dónde no será crimen la hermosura?

   Óleo sacerdotal unge las sienes
Cuando el silencio de la noche empieza:
Y como reina que se sienta, brilla
La majestad del hombre acorralada.
Vibra el amor, gozan las flores, se abre
Al beso [...] de un creador que cruza
La sazonada mente: el frío invita
A la divinidad; y envuelve al mundo
La casta soledad, madre del verso.

CUAL DE INCENSARIO ROTO...

Cual de incensario roto huye el perfume
Así de mi dolor se escapa el verso:
Me nutro del dolor que me consume.
De donde vine, ahí voy: al Universo.

Cirio soy encendido en la tormenta:
El fuego con que brillo, me devora
Y en lugar de apagarme me alimenta
El vendaval que al temeroso azora.

Yo nunca duermo: al despertarme, noto
En mí el cansancio de una gran jornada.
A dónde voy de noche, cuando, roto
El cuerpo, hundo la faz en mi almohada?

Quién, cuando a mal desconocido postro
Mis fuerzas, me unge con la estrofa blanda,
Y de lumbre de amor me baña el rostro
Y abrir las alas y anunciar me manda?

Quién piensa en mí? Quién habla por mis labios
Cosas que en vano detener intento?
¿De dónde vienen los consejos sabios?
¿A dónde va sin rienda el pensamiento?

Ya no me quejo, no, como solía,
De mi dolor callado e infecundo:
Cumplo con el deber de cada día
Y miro herir y mejorarse el mundo.

Ya no me aflijo, no, ni me desolo
De verme aislado en la difícil lucha.
Va con la eternidad el que va solo,
Que todos oyen cuando nadie escucha.

Flores del destierro [1878-1895]

Qué fue, no sé: jamás en mí di asiento
Sobre el amor al hombre, a amor alguno,
Y bajo tierra, y a mis plantas siento
Todo otro amor, menguado e importuno.

La libertad adoro y el derecho.
Odios no sufro, ni pasiones malas:
Y en la coraza que me viste el pecho
Un águila de luz abre sus alas.

Vano es que amor solloce o interceda,
Al limpio sol mis armas he jurado
Y subiré en la sombra hasta que pueda
Mi acero en pleno sol dejar clavado.

Como una luz la férvida palabra
A los temblantes labios se me asoma:
Mas no haya miedo que las puertas le abra
Si antes el odio y la pasión no doma.

Qué fue, no sé: pero yo he dado un beso
A una gigante y bondadosa mano
Y desde entonces, por donde hablo, impreso
Queda en los hombres el amor humano.

Ya no me importa que la frase ardiente
Muera en silencio, o ande en casa oscura,
Amo y trabajo: así calladamente
Nutre el río a la selva en la espesura.

ANTES DE TRABAJAR

Antes de trabajar, como el cruzado
Saludaba a la hermosa en la arena,
La lanza de hoy, la soberana pluma

Embrazo; a la pasión, corcel furioso,
Con mano ardiente embrido, y de rodillas,
Pálido domador, saludo al verso.

Después, como el torero, al circo salgo
A que el cuerno sepulte en mis entrañas
El toro enfurecido. Satisfecho
De la animada lid, el mundo amable
Merendará, mientras expiro helado,
Pan blanco y vino rojo, y los esposos
Nuevos se encederán con las miradas.

En las playas el mar dejará en tanto
Nuevos granos de arena: nuevas alas
Asomarán ansiosas en los huevos
Calientes de los nidos: los cachorros
Del tigre echarán diente: en los preñados
Árboles de la huerta, nuevas hojas
Con frágil verde poblarán las ramas.

Mi verso crecerá: bajo la yerba
Yo también creceré: ¡Cobarde y ciego
Quien del mundo magnífico murmura!

DOS PATRIAS

Dos patrias tengo yo: Cuba y la noche.
¿O son una las dos? No bien retira
Su majestad el sol, con largos velos
Y un clavel en la mano, silenciosa
Cuba cual viuda triste me aparece.
¡Yo sé cuál es ese clavel sangriento
Que en la mano le tiembla! Está vacío
Mi pecho, destrozado está y vacío

En donde estaba el corazón. Ya es hora
De empezar a morir. La noche es buena
Para decir adiós. La luz estorba
Y la palabra humana. El universo
Habla mejor que el hombre.
                              Cual bandera
Que invita a batallar, la llama roja
De la vela flamea. Las ventanas
Abro, ya estrecho en mí. Muda, rompiendo
Las hojas del clavel, como una nube
Que enturbia el cielo, Cuba, viuda, pasa...

DOMINGO TRISTE

Las campanas, el sol, el cielo claro
Me llenan de tristeza, y en los ojos
Llevo un dolor que todo el mundo mira,
Un rebelde dolor que el verso rompe
Y es ¡oh mar! la gaviota pasajera
Que rumbo a Cuba va bajo tus olas!

Vino a verme un amigo, y a mí mismo
Me preguntó por mí, ya en mí no queda
Más que un reflejo mío, como guarda
La sal del mar la concha de la orilla.
Cáscara soy de mí, que en tierra ajena
Gira, a la voluntad del viento huraño,
Vana, sin fruta, desgarrada, rota.
Miro a los hombres como montes; miro
Como paisajes de otro mundo, el bravo
Codear, el mugir, el teatro ardiente
De la vida en mi torno: Ni un gusano
Es ya más infeliz: suyo es el aire
Y el lodo en que muere es suyo.

Siento la coz de los caballos, siento
Las ruedas de los carros; mis pedazos
Palpo: ya no soy vivo: ni lo era
Cuando el barco fatal levó las anclas
Que me arrancaron de la tierra mía!

AL EXTRANJERO

I

Hoja tras hoja de papel consumo:
Rasgos, consejos, iras, letras fieras
Que parecen espadas: Lo que escribo,
Por compasión lo borro, porque el crimen,
El crimen es al fin de mis hermanos.
Huyo de mí, tiemblo del Sol; quisiera
Saber dónde hace el topo su guarida,
Dónde oculta su escama la serpiente,
Dónde sueltan la carga los traidores,
Y dónde no hay honor, sino ceniza:
¡Allí, mas sólo allí, decir pudiera
Lo que dicen y viven!: que mi patria
Piensa en unirse al bárbaro extranjero!

II

Yo callaré: yo callaré: que nadie
Sepa que vivo: que mi patria nunca
Sepa que en soledad muero por ella:
Si me llaman, iré: yo sólo vivo
Porque espero a servirla: así, muriendo,
La sirvo yo mejor que husmeando el modo
De ponerla a los pies del extranjero!

Flores del destierro [1878-1895]

¡HALA, HALA!

¡Hala, hala!
¡Da vueltas a la noria, arrastra el ala!

Rosa que alegra el aire al sol que asoma
De aires te deja ¡estúpida conseja!
Y ven en la olla negra a echar tu aroma.

Alma, que dulcemente te consumes,
Y en esta muerte ves sabrosa suerte,
¡Almas abajo,— abajo los perfumes!

La vida es un molino:
Hay que ganar el pan y hacer el vino.—

Ya sé que vas sangrando y malherida,
Y a cada gota de tu sangre brota
Una cruz de jacinto florecida.

Ya sé que a cada noche alzas el vuelo
A las estrellas y que bajas de ellas
Con un dolor tan grande como el cielo.

Morir es un deleite:
Pero un tirano nos echó a la vida,
Y a la terrible lámpara encendida,
¡Alma infeliz! hay que nutrir de aceite.

¡Hala, alma, hala!
¡Da vueltas a la noria, arrastra el ala!

FUERA DEL MUNDO...

Fuera del mundo que batalla y luce
Sin recordar a su infeliz cautivo,
A un trabajo servil sujeto vivo
Que a la muerte temprano me conduce.

Mas hay junto a mi mesa una ventana
Por donde entra la luz; y no daría
Este rincón de la ventana mía
Por la mayor esplendidez humana!—

                              28 de En.

¡DIOS LAS MALDIGA!...

¡Dios las maldiga! Hay madres en el mundo
Que apartan a los padres de sus hijos:
Y preparan al mal sus almas blancas
Y les derraman odio en los oídos!
     ¡Dios las maldiga! ¡oh cielo, ¿no tendrás
     Un Dios más cruel que las maldiga más?

¡Dios las maldiga! Frívolas e impuras
Guardan tal vez el cuerpo con recato,
Como un tazo de Sèvres donde humean
Hidras ardientes y espantosos trasgos.
     ¡Dios las maldiga, y sin piedad sepulte
     Todo rostro que el alma real oculte!

¡Dios las maldiga! Ciegas, y sensibles
Del mundo sólo a los ligeros goces,
Odian, como a un tirano, al que a sus gustos
La majestad de la pureza opone!
     ¡Dios las maldiga, y cuanta hacerse quiera
     De las joyas de Dios aro y pulsera!

¡Dios las maldiga! Untadas las mejillas,
Frente y manos cubiertas de albayalde;
Con la mano pintada, al justo acusan
Que de su amor artero se deshace!
      ¡Dios las maldiga, y a la ruin caterva
      De esclavas que el honor del hombre enerva!

¡Dios las maldiga! En las temblantes manos
Los pedazos del pecho recogidos,
El justo irá do la piedad lo llame,
O alguien lo quiera, o se vislumbre un nido:
      ¡Dios las maldiga!

¡Dios las maldiga! ¡Yo te he visto el pecho
Horrible como un cáncer animado!
¡Sufre, que es bueno, y llora, amigo mío,
Llora muriendo en mis cansados brazos!
      ¡Dios las perdone! ¿No se ve a este lloro
      Otro clavo en la Cruz y otro astro de oro?

                                                          4 de Feb.

OH NAVE, OH POBRE NAVE

Oh nave, oh pobre nave:
Pusiste al cielo el rumbo; engaño grave!—
Y andando por mar seco
Con estrépito horrendo, diste en hueco!
Castiga así la tierra a quien la olvida
Y a quien la vida burla, hunde en la vida:
Bien solitario estoy, y bien desnudo,
Pero en tu pecho, oh niño, está mi escudo.

A BORDO

Vela abajo, mozo arriba,
Acá el roto, allá el peñasco,
Ido el sol, recio el chubasco,
Y el barco, no barco, criba:

   Gigante el viento derriba
El hombre de las escalas;
Desatadas van las balas
Rodando por la cubierta,—
Y yo, en medio a la obra muerta,
Vivo, de mi hijo en las alas!—

BIEN VENGAS, MAR!...

Bien vengas, mar! De pie sobre la roca
Te espero altivo: si mi barba toca
Tu ola voraz, ni tiemblo ni me aflijo:
Alas tengo, y huiré: las de mi hijo!

ME HAN DICHO, BUEN FLORENCIO...

Me han dicho, buen Florencio,—que deseas
Ver un grano de trigo,
Luego que sobre él cruza y recruza
La rueda corpulenta del molino:

Pues, ven! ábreme el pecho:
Que traigo en él un grano bien deshecho.

Flores del destierro [1878-1895]

A UN CLASICISTA QUE HABLÓ DE SUICIDARSE

A un anciano abatido—
Avive el buen cristiano
El seso adormecido,
Ponga al hierro mortífero la mano,
Mas no a la sien insano
Sino a tierra, en arado convertido.—

Mírese por el suelo—
El vasto cráneo roto,
Tinto en su sangre el pudoroso velo
De sus hijas, y al soto
El cuerpo echado, el alma opaca al cielo.

Y mire al reluciente
Señor, de ira vestido,
Y de luz de relámpagos, la frente
Nublar de oro encendido
Y cielo abajo echar al impaciente.

Y como desraigado
Roble del alto Erebo[5]
Mírese por los vientos arrastrado
Y deshecho, y de nuevo
Por prófugo a la vida condenado.

Pues ¿cómo en el remanso
Sabroso de la muerte
Derecho igual al plácido descanso
Tendrán el alma fuerte
Y la cobarde, el réprobo y el manso?

---

5. *Erebo:* en la mitología griega, infierno, averno.

TÁLAMO Y CUNA

«Deja ¡oh mi esposo! la labor cansada
Que tus hermosas fuerzas aniquila,
Y ven bajo la bóveda tranquila
De nuestro lecho azul, con tu adorada.»
Y alcé los ojos de mi libro, y vila
De susto y de dolor enajenada.
«Secos y rojos del trabajo al peso,
Tus ojos mira»,—pálida me dijo:
«¡Duerme!» —y me puso en la mirada un beso.

Hacia la cuna trémulo dirijo
Mi vista ansiosa, y vuelvo al tosco impreso:
¡No ha derecho a dormir quien tiene un hijo!

EN UN CAMPO FLORIDO...

En un campo florido en que retoñan
Al Sol de Abril las campanillas blancas,
Un coro de hombres jóvenes espera
    A sus novias gallardas.

Tiembla el ramaje, cantan y aletean
Los pájaros: las silvias de su nido
Salen, a ver pasar las lindas mozas
    En sus blancos vestidos.

Ya se van en parejas por lo oscuro
Susurrando los novios venturosos:
Volverán, volverán dentro de un año
    Más felices los novios.

Sólo uno, el más feliz, uno sombrío,
Con un traje más blanco que la nieve,

Para nunca volver, llevaba al brazo
        La novia que no vuelve.

                    12 Mayo, 87

TONOS DE ORQUESTA

Tonos de orquesta y música sentida
Tiene mi voz: ¿qué céfiro ha pasado
Que el salterio sangriento y empolvado
Con soplo salvador vuelve a la vida?

Te lo diré: La arena de colores
Del páramo sediento
Tiembla, sube revuelta, y cae en flores
Nuevas y extrañas cuando pasa el viento.

En las teclas gastadas y frías
Del clave en el desván arrimado
Con sus manos de luz toca armonías
Sublimes un querube enamorado.

ENVILECE, DEVORA...

Envilece, devora, enferma, embriaga
La vida de ciudad: se come el ruido,
Como un corcel la yerba, la poesía.
Estréchase en las casas la apretada
Gente, como un cadáver en su nicho:
Y con penoso paso por las calles
Pardas, se arrastran hombres y mujeres
Tal como sobre el fango los insectos,
Secos, airados, pálidos, canijos.

Cuando los ojos, del astral palacio
De su interior, a la ciudad convierte
El alma heroica, no en batallas grandes
Piensa, ni en templos cóncavos, ni en lides
De la palabra centelleante: piensa
En abrazar, como en un haz, los pobres
Y adonde el aire es puro, y el sol claro
Y el corazón no es vil, volar con ellos.

DENTRO DE MÍ...

Dentro de mí hay un león enfrenado:
De mi corazón he labrado sus riendas:
Tú me lo rompiste: cuando lo vi roto
Me pareció bien enfrenar a la fiera.

Antes, cual la llama que en la estera prende,
Mi cólera ardía, lucía y se apagaba:
Como del león generoso en la selva
La fiebre se enciende; lo ciega, y se calma.

Pero, ya no puedes: las riendas le he puesto
Y al juicio he subido en el león a caballo:
La furia del juicio es tenaz: ya no puedes.
Dentro de mí hay un león enfrenado.

EN LOS TIEMPOS...

En los tiempos de la maravilla
Hubo una crueldad sumamente grande:
Claváronle a un hombre
        Un hierro encendido
        Junto a la tetilla
        Y dijéronle: ¡ande!

Él anduvo una vida asombrosa:
Si se erguía, el hierro humeante
En el calor de su dolor nutrido
Por los ambos costados se salía
Y en los brazos clavábase triunfante:
Si reclinarse y reposar quería
De las artes de los hombres
          Sorprendentes y extrañas,
Con todo su peso el hierro oprimía
En sus..., en sus nobles, en sus castas entrañas.

SÓLO EL AFÁN...

Sólo el afán de un náufrago podría
Compararse a mi afán:
Lejos el cielo y hondo el mar, [...][6]
A un alma sin amor, que en el tumulto
De rostro en rostro, por su tarda amante
En vano inquiere, y lívida jadea.
¡Yo sé, madres sin hijos, la tortura
De vuestro corazón! ¡yo sé del triste
Sediento, y del hambriento; y del que lleva
Un muerto en las entrañas! Asgo el aire;
Suplico en alta voz, desesperado
Gimo, a la sorda sombra pido un beso:
De mí no sé. Me olvido. Me recoge
La desesperación: y entre los brazos
Del hambre, a tanto el plato, me despierto!

        Yo sé que de las rosas
Holladas al morir brota un gemido:
Yo he visto el alma pálida que surge

---

6. Verso incompleto.

De la yerba que troncha el casco duro
Cual lágrima con alas: yo padezco
De aquel dolor del agua cristalina
Que el sol ardiente desdeñoso seca.
Sé de náuseas mortales y el deseo
De vaciar de una vez el pecho ansioso,
Como en la mesa el bebedor cansado
Vuelca la copa del inútil vino.

TENGO UN HUÉSPED...

Tengo un huésped muy inquieto
Del lado del corazón.—
Muy celoso, muy celoso!—
Dormir no sabe mi huésped: no.—

Como una sierpe, se enrosca,
Mas no como sierpe, no:—
Como hoguera que consume
El lado donde está mi corazón!—

¡VIVIR EN SÍ, QUÉ ESPANTO!

¡Vivir en sí, qué espanto!
Salir de sí desea
El hombre, que en su seno no halla modo
De reposar, de renovar su vida,
En roerse a sí propia entretenida.—
La soledad ¡qué yugo!
Del aire viene al árbol alto el jugo:—
De la vasta, jovial naturaleza
Al cuerpo viene el ágil movimiento
Y al alma la anhelada fortaleza.—

Cambio es la vida! Vierten los humanos
De sí el fecundo amor: y luego vierte
La vida universal entre sus manos
Modo y poder de dominar la Muerte.
Como locos corceles,
En el cerebro del poeta vagan,
Entre muertos y pálidos laureles,
Ansias de amor que su alma recia estragan.
De anhelo audaz de redimir repleto,
Busca en el aire bueno a su ansia objeto
Y vive el triste, pálido y sombrío,
Como gigante fiero
A un negro poste atado,
Con la ración mezquina de un jilguero
Por mano de un verdugo alimentado.—
¡Fauce hambrienta y voraz, un alma amante!
Y aquí, enredado con sus hierros, rueda
Y el polvo muerde, el aire tasca y queda
Atado al poste el mísero gigante.

PATRIA EN LAS FLORES

Por qué os secáis, violetas generosas,
Que me dio en hora amarga mano pía?
Pues patria al alma dais, flores medrosas,
¡No os secaréis en la memoria mía!

3 de Marzo

A LA PALABRA

Alma que me transportas:
Voz desatada
Que a las almas ajenas

Llevas mi alma:—
Cinta, cinta de fuego—
Que pura y rauda
A los sueltos humanos
Alegras y atas;—
Pastora, pastorcilla
Enamorada,
Que junto al blanco y húmedo
Rebaño canta;—
Árabe, árabe fiero—
Que en su dorada
Hacanea parece
Volante llama;—
León, león rugiente
De la montaña
Que como alud de oro
Al valle baja,—
Y en el villano impuro
La garra clava,—
Y en el dormido alumbra
El sol del alma;—
Lira, lira imponente
En la más alta
Cúspide de la tierra
Serena, alzada,—
En dos troncos de robles
Corvos las blandas
Cuerdas mordiendo, y trenzas
De rosas blancas
De los hilos sonoros
Sueltas al aura,
Cantando con pasmosas
Hercúleas cántigas,
De los dioses del cielo
Y tierra hazañas,

Y en himnos sin medida,
Como las almas,
Esparciendo a la nubes
La esencia humana,
Que en lento giro asciende
De la batalla;—[7]

SEÑOR: EN VANO INTENTO

   Señor: en vano intento
Contener el león que me devora:
Hasta a escribir mi amargo pensamiento
La pluma recia se me niega ahora.—
   Señor: mi frente fría
Prenda clara te da de mi agonía.—
Cual seiba desraigada
Mi trémula armazón cruje espantada:
No dejes que así cimbre
Como a recio huracán delgado mimbre:
Señor! Señor! yo siento
Que esta alta torre se derrumba al viento.
A la pasión, al tigre que me muerde
El poder de embridar el alma pierde.

   Señor, Señor! no quieras
Mi pobre corazón dar a las fieras.

12 de marzo

SEÑOR, AÚN NO HA CAÍDO

Señor, aún no ha caído
El roble, a padecer por ti elegido;

---

[7]. Aquí se interrumpe el texto manuscrito, aunque en sí mismo ha dado lugar a un poema ciertamente completo.

Aún suena por su fibra
Rota el eco del golpe: aún tiembla y vibra
Dentro el tronco el acero, al aire el cabo:
Aún es por la raíz del suelo esclavo:
Señor, el hacha fiera
Blande y retiemble, y este roble muera.

A ELOY ESCOBAR[8]

A Orestes—
Pílades[9]

No sabe el sol cuando asoma
Cuántas tristezas alumbra;
Ni el amigo cuando pasa
Callado por mi vetusta
Puerta —cuánta devorante
Pena recia mi alma enluta,—
Ni cuánta del mar revuelto
Viene al labio larga espuma.

No tiene su querellosa
Flautilla cuando modula

---

8. Eloy Escobar (1824-1889) fue un poeta venezolano que viajó por varios países europeos y animó notablemente la vida literaria de Caracas. Gran amigo y colaborador de Martí.
9. *Orestes:* en la mitología griega, hijo de Agamenón (rey de Micenas y de Argos) y de Clitemnestra. Condenado a morir como su padre, fue salvado por su hermana Electra. Después de muchas vicisitudes heredó el reino de su padre. Personaje muy admirado por Martí, cuyo nombre adoptó como seudónimo en numerosas colaboraciones publicadas en la *Revista Universal* de México.

Pílades, hijo del rey de Fenicia, era íntimo amigo de Orestes y compañero de sus aventuras. Rememorando esta sincera amistad, Martí escribe bajo el nombre de Pílades a su amigo Eloy Escobar, que aquí representa a Orestes.

Flores del destierro [1878-1895]

Más que quejas de la tierra,
Memorias del cielo augustas.
Son más triste que el que mueven
Dentro del ánima turbia
Remembranzas del pasado
Bien, que en ruinas se sepulta,
Y la tibia frente orean
Con el aire de las tumbas.

Ni sabe Orestes ingrato
Cómo a Pílades conturban
De una niña que se queja
Cerca de él, las voces puras,—
Cuando las pálidas manos
De las que amantes las buscan,
—Temerosa de que el vuelo
Al cielo le estorben, hurta!—

Oh! no sabe el excelente
Varón que el solar ilustra
Donde en el cráter de un mundo
Otro mundo se derrumba,—
Cuánto el que a la falda llega
Del monte verde, en penurias
De alma se aflige, y solloza
Con voces de fiera angustia,
Que muerde más, por callada,
Y por sola, más asusta.

No de bellaco injuicioso
El triste Pílades cura;—
Ni de cabos, ni de condes,
Que el hado resuelto encumbra;
Ni de esas aves viajeras
Que con blanda estrofa arrullan,

Cuando al casto sol de gloria
O al vivo sol de fortuna—
Cual en torno al mástil suelen
En los mares blancos sulas[10]—
Del glorioso o rico entorno
En corte espesa se juntan,
Para volar con los soles
Donde nuevas albas luzcan.
Mas si de *Petrus in cunctis*[11]
Y de fascinables turbas,
Y de máximos señores
Vivo en venturosa incuria,
No así de la noble estima
Del varón de ánima justa
Que con alta lengua y hechos
El solar nativo ilustra.—

   Llegue el triste, del más triste
A alegrar la casa oscura:
Llegue con su barba luenga
Y su rica fabla culta,
Que va mansa, cual de öro
Arroyo en cuyas espumas
Rozasen las pintadillas
Alas mariposas fúlgidas.

   Suelta den al padre hidalgo
El coro alegre de puras
Hijas que con invisibles
Besos, le cercan y escudan,—

---

10. *sula*: pescado de bahía, pequeño y de color plateado.
11. Locución latina que, literalmente, significa 'Pedro en todas las cosas'. Se usa para motejar al que alardea de saber sobre muchas materias sin poseer conocimiento sólido de ninguna.

Flores del destierro [1878-1895]

Y a su paso atentas vierten
De melancólicas urnas,
Blandas esencias de flores
Que la atmósfera perfuman.

Deje la jaula dorada:
Venga a la de hierro dura:
Entienda las que no salen
A la faz lágrimas turbias:
Bridas tráigase de seda
Con su rica fabla culta,
Que el rebelde tigre embriden
Que en mí clava garra ruda.

Y cuando el zaguán estrecho
Trasponga de la vetusta
Casa que de Dios lo ha sido
Y del Dios que hoy priva y cura,
Y de tristes bardos muertos,
Y bardos, de muerte en busca,
Se abrirán de los naranjos
Del patio añejo en la cúpula
Blancos jazmines, gemelos
De los que adornan mi pluma,
Ora que el alma encamino
Al varón de tierra fúlgida.

A UN JOVEN MUERTO

Para no sé qué corona fúnebre

Vedle! En la seca garganta
Apagada está la nota:
El brazo ya no levanta
La copa de oro, que rota

Por la mística muerte,
En la pálida mano mal huida
Sus myosotis y sus violetas vierte
Mustias al pie del luchador sin vida.
   Niños, que vais con el arma
   Cargada y luciente al hombro,—
   Al soldado que desarma
   Muerte importuna, al escombro
De un águila aposento
Ayer, y hueco ahora,
Interrogad, y osado cumplimiento
A su obra rota dad: así se llora!

CRUJE LA TIERRA, RUEDA HECHA PEDAZOS [12]

Cruje la tierra, rueda hecha pedazos
La ciudad, urge el miedo a la concordia,
Siervo y señor confúndense en abrazos:
Bosques las calles son, bosques de brazos
Que piden al Señor misericordia.

La soberana espira bambolea,
El pórtico corintio tiembla luego,
Vota y jura la gente, el suelo humea
Y sobre el llanto y el pavor pasea
De torre en torre el misterioso fuego.

---

12. Este poema describe la conmoción física y espiritual que produjo el terremoto de la ciudad de Charleston, acontecido el 31 de agosto de 1886. Martí, que no presenció los hechos, también escribió una crónica magistral para *La Nación* de Buenos Aires. El lector la encontrará en la asequible edición de *Ensayos y crónicas* de José Martí (ed. de José Olivio Jiménez, Madrid, Eds. Cátedra, 2004, págs. 244-258).

Quién es, quién es? ¿quién puede en un minuto
Revolcar en su polvo a las ciudades,
Trocar al hombre en espantoso bruto,
Echar la tierra sobre el mar enjuto,
Aventar como arena las edades?

Ya vuelve, ya adelanta, crece, oscila
El suelo como un mar, se encrespa, ruge,
Hincha el lomo, entreabre la pupila,
Cuanto quedaba en pie rueda o vacila:
Ya se apaga, se extingue, ronca, muge.

La ciudad, como un árbol, se deshoja,
Cortados a cercén vuelan los techos,
Se abre la tierra blanda en cuenca roja
Y a las madres, del mundo en la congoja
Se les seca la leche de los pechos!

Salta una novia de la alcoba nueva
Donde el naranjo fresco florecía:
Muerta a su espalda el novio se la lleva:
Párase, ve el horror, en negra cueva
Rompe el suelo a sus pies, y a ella se fía.

Abatido el poder, pálido el mando,
El más bravo es allí trémulo ejemplo
De pavura inmortal: huye llorando
Un clérigo infeliz: danzan temblando
Sobre el altar los santos en el templo.

Al lívido reflejo de las luces
Vese allí a un pueblo orando por sus vidas,
Unos a rastras van, otros de bruces
Piden merced a Dios, junto a las cruces
De las torres magníficas caídas.

Todos quieren vivir: ¡mas se ha notado
Que hay uno allí que ve de más la vida;—
Uno en el pueblo entero! —un desterrado
Que a anonadar su cuerpo quebrantado
A las torres y pórticos convida.

Setiembre [1886]

MARZO

Vuelvo a ti, pluma fiel. De la desdicha
Más que de la ventura nace el verso.
Marzo fatal sobre la tierra cruza,
Marzo envidioso: corta la erizada
Ala la nube que al encuentro boga
De su rival, Abril: y el riego mismo
Que el flotante vapor, del flanco abierto
Echa a raudales, con mayor frescura
Adorna a Abril: así con lo que hiere,
Gloria mayor da a su rival la envidia!

Vibra el aire y retumba. Desaladas
Huyen las nubes. Adereza la honda
El rápido granizo. Sus caballos
Negros desboca el huracán. Sacude
El invierno la barba... ¡Inflama el fuego
Los cráteres dormidos!: en los cauces
Rompiendo su cristal el agua asoma
A ver pasar el sol!: renace el mundo!
Se oye a lo lejos galopar la nieve...
Batalla es el espacio: perseguida
Por el viento brutal, a mis ventanas
Temblando llama y trémula la lluvia.

De la fealdad del hombre a la belleza
Del Universo asciendo: bien castiga

El hombre a quien lo busca: bien consuela
Del hombre y de su influjo pasajero
La tristeza sublime. En sus radiantes
Alas levanta el alma la tristeza
Con majestad de reyes no salida!
De codos en mi mesa hundirse miro
Bajo el capuz del aire, como artesa
De aguas turbias el mundo: alas y brazos
Flotan acá y allá, revueltos luego
En la creciente oscuridad: resbalan
Sobre las crestas erizadas, como
Chispas de luz, las almas de los niños!

De la fealdad del hombre a la belleza
Del Universo asciendo: el hombre pasa
Y queda el Universo: no me duele
La mordida del hombre: más triunfante
Muestra el alma su luz por la hendidura.
Quien el vaso de fuego muerde airado
Nuevas lenguas le da: la llama herida
Revienta en flor de llama: a cada diente,
Un pétalo de luz: esos florones
De fuego inmaculado, en la armoniosa
Sombra, la marcha mística del cielo
Con sus llamas dolientes iluminan.

El dolor es la fuerza: la hermosura
Perfecta es el dolor: como de un crimen
Se sufre de gozar: como una mancha
Queda en el cuerpo el beso victorioso
De la mujer astuta: triste y vano
Es el aplauso con que el hombre premia
Al que lo halaga o doma: y cuando el mundo,
Cual Mesalina[13] de gozar cansada,

13. *Mesalina* (15-48 d. C.) fue emperatriz de Roma, esposa de Claudio.

Revela su fealdad, el alma en fuga
Crece y luce al volar, abre el espanto
Claridades magníficas, el gozo
Corrompe el alma, —y el dolor la eleva!
Hoy es Marzo, dolor ¡y Abril mañana!

ABRIL[14]

Juega el viento de Abril gracioso y leve
Con la cortina azul de mi ventana:
Da todo el Sol de Abril sobre la ufana
Niña que pide al Sol que se la lleve.

En vano el Sol contemplará tendidos
Hacia su luz sus brazos seductores,
Estos brazos donde cuelgan las flores
Como en las ramas cuelgan los nidos.

También el Sol, también el Sol ha amado
Y como todos los que amamos, miente:
Puede llevar la luz sobre la frente,
Pero lleva la muerte en el costado.

ERA SOL

Era sol: caballero en un potro,
Con la rienda tendida al acaso,

Cometió verdaderas atrocidades en el gobierno, aprovechando la debilidad de su marido, y protagonizó numerosos escándalos en su vida amorosa, tratando con honda crueldad a sus amantes.

14. Este título no figura en el manuscrito original. Lo mantengo debido a su inclusión en las ediciones anteriores y con el objeto de que el poema pueda ser más fácilmente reconocido.

Fui testigo de un drama de amores:—
¡Qué volar! ¡Qué caer! ¡Qué dolores!...
        Aprieto el paso...

Era sol. El fragor de la tierra
Celebrar tanto amor parecía:—
Y el potente amador fulguraba
Como un astro encendido, y volaba,
        Y los aires hendía.—

El amor, como un águila, vuela
Sobre el cráneo poblado del hombre,
Y tal aire en sus alas encierra
Que lo empuja por sobre la tierra
        Con vuelo sin nombre.

Y a tal punto el amor transfigura
Que la atónita tierra no sabe
Si aquel astro que vuela es ave
        O humana criatura.

HERVOR DE ESPÍRITU

Cielo, mi amor! —en vano sobre el libro
La vista fijo y la atención reclamo:
Tu luz enciendo, con tus rayos vibro,
¡Y expulsado de ti, perdón te clamo!
Si te merezco ¡oh padre! si te adoro
¿Qué delito filial he cometido?
¡Puesto que llanto sobrehumano lloro
Delito alguno sobrehumano ha sido!
En vano apago el férvido gemido;
La voladora idea
La frente en vano hacia la tierra inclina:

La sien desenfrenada me golpea,—
¡El cerebro revuelto se ilumina
Y el ojo enardecido centellea!
Cierto corcel intrépido y fogoso
De raudo giro irregular y eterno
Rebelde piafa, rápido circula,
Detiénese, se lanza
Del cráneo en torno en veloz carrera,
¡Y de polvo divino
Llena, y de nube, la revuelta esfera!
La ciencia, el cerco, el mísero detalle,
El número, la clase, la doctrina;
¡Y bullendo en el mar de mi cerebro
La impaciencia y la cólera divina!
Sentir que sobre el monte
Sol fuera, luminar del horizonte,
Y frente a una ventana,
Doble prisión sobre la interna mía
¡Plegar al libro el alma sobrehumana
Y el alma ardiente a la cadena fría!
Así, encerrada un águila
En un místico cuerpo de paloma
La garra ruda ciega movería
Y en el círculo estrecho,
Del golpe propio desgarrado el pecho
Con el ala enclavada moriría.

TIENES EL DON...

Tienes el don, tienes el verso, tienes
Todo el valor de ti, tienes la altiva
Resolución que arrostra y que cautiva
Y llama las coronas a las sienes.

Tienes la fuga, el verbo, los desdenes
Divinos de quien es, y el habla viva
De quien cruza la tierra cielo arriba
Y ni adula al feliz, ni aguarda bienes.

—¡Pero no tengo el impudor odioso
De enseñar mis entrañas derretidas
En estuche de verso recamado!

Viva mi nombre oscuro y en reposo
Si he de comprar las palmas perseguidas
Sacando al viento mi dolor sagrado.

Mayo 7

YO PUEDO HACER

Yo puedo hacer, puedo hacer
De esta desdicha una joya;
¡Pero me la habrán de ver!—
　No, vive Dios: paso atrás!
Mi pena es mi hija: ¡mi hija
No me la han de ver jamás!
　Son cómicos del dolor,
Son llorones de su entierro,
Son mercaderes de amor,
　Son indignos del placer
　De sufrir y de querer
Los que enseñan y venden
　En libros y salas
　Su goce o dolor.

(A los poetas a lo Grilo[15]*)*

---

15. *Antonio Fernández Grilo* (1845-1906), poeta español nacido en Córdoba y perteneciente al romanticismo tardío. Acentuó las cualida-

QUIEREN, OH MI DOLOR...

Quieren, oh mi dolor, que a tu hermosura
De su ornamento natural despoje,
Que el árbol pode, que la flor deshoje,
Que haga al manto viril broche y cintura:

Quieren que al verso arrebatado en dura
Cárcel sonante y apretada aherroje,
Cual la espiga deshecha en la alta troje
O en el tosco lagar la vid madura.

No, vive Dios! La cómica alquilada
El paso ensaye, y el sollozo en donde,
Betunosa la faz, gime e implora:—

El gran dolor, el alma desolada,
Ni con carmín su lividez esconde,
Ni se trenza el cabello cuando llora.

BIEN: YO RESPETO

Bien: yo respeto
A mi modo brutal, un modo manso
Para los infelices e implacable
Con los que el hambre y el dolor desdeñan,
Y el sublime trabajo; yo respeto
La arruga, el callo, la joroba, la hosca

---

des sensoriales del verso, especialmente el ritmo y el color. Martí le reprocha el excesivo sentimentalismo que ostenta en sus poemas, los cuales carecen de grandes ideales o de cuestiones trascendentes que den motivo a ese lamento personal (cfr. el artículo de Martí titulado «Poetas españoles contemporáneos», de 1880, recogido en sus *Obras completas,* tomo XV).

Y flaca palidez de los que sufren.
Respeto a la infeliz mujer de Italia,
Pura como su cielo, que en la esquina
De la casa sin sol donde devoro
Mis ansias de belleza, vende humilde
Piñas dulces o pálidas manzanas.
Respeto al buen francés, bravo, robusto,
Rojo como su vino, que con luces
De bandera en los ojos, pasa en busca
De pan y gloria al Istmo donde muere.

DE MIS TRISTES ESTUDIOS

De mis tristes estudios, de mis sombras
Nauseabundas y bárbaras, resurjo
Lleno el pecho jovial de un amor loco
Por la mujer hermosa y la poesía:
¡Siempre juntas las dos! Dos ojos negros,
A mí, que no ando en cuerpos, o ando apenas,
Como una antorcha en las tinieblas, vuelven
A mi aterrado espíritu la vida:
¡Dos ojos negros, que entreví, pasando,
Ya hacia la noche, ante una puerta oscura!

SIEMPRE QUE HUNDO LA MENTE
EN LIBROS GRAVES

Siempre que hundo la mente en libros graves
La saco con un haz de luz de aurora:
Yo percibo los hilos, la juntura,
La flor del Universo: yo pronuncio
Pronta a nacer una inmortal poesía.
No de dioses de altar ni libros viejos,

No de flores de Grecia, repintadas
Con menjurjes de moda, no con rastros
De rastros, no con lívidos despojos
Se amasará de las edades muertas:
Sino de las entrañas exploradas
Del Universo, surgirá radiante
Con la luz y las gracias de la vida.
Para vencer, combatirá primero:
E inundará de luz, como la aurora.—

POR DIOS QUE CANSA[16]

Por Dios que cansa
Tanto poetín que su dolor de hormiga
Al Universo incalculable cuenta.—
¿Qué al mar, qué a los pilares de alabastro
Que sustentan la tierra, qué a las cumbres
Que echan el hombre al cielo, qué a la mole
Azul que enrubia el Sol, qué al orbe puro
Donde se extingue en pensamiento el hombre
Y el mundo acaba, acrisolado, en ala,
Qué al festín de los astros doler puede
Que porque a Francisquín prefiere Antonia
Un recio Capitán, Francisco, llore?
Que engaña Antonia? ¡Antonia siempre engaña!

A trabajar! a iluminar! piqueta
Y pilón, astro y llama, y obelisco

---

16. Los siete poemas siguientes no figuran en la edición original de *Flores del destierro* (1933) ni en las que se han realizado de este volumen con tal título. Se añaden aquí bajo el mismo rótulo por su semejanza emocional y estilística con otras de las composiciones que he reproducido en esta misma sección. Así también lo reconocen los autores de la edición crítica de *PC*.

De fuego, y guía al Sol, el verso sea!
Ya las mieles de amor llegan al cuello.
Con la mujer del brazo, ámese al hombre.
Quien pida amor ha de inspirar respeto.
Y si una pena bárbara, ceñuda,
Y vasta como el mar, te invade y come,
Muere, muere en silencio, como muere,
Sorbida por el mar, una montaña.

Julio 27/85

LA SELVA ES HONDA...

La selva es honda. Corpulenta flora,
Como densa muralla, el aire fresco
Con sus perfumes penetrantes carga,—
Y el tronco gris, y el ramo verde vierten
Guirnaldas de moradas hipomeas[17].
Lamiendo el tronco,
Luengas raíces, de la azul laguna
Las anchas ondas perezosas besan,
Como mujer que, en ademán de sueño,
Los senos recios adelante echando
Los brazos tiende al amador tardío.
Las verdes hojas prometiendo amores,
Murmuran; y en las ondas se reflejan,
Como los vivos que en la tierra corren
La dicha viendo, sin hallarla nunca;
Y las raíces, de su tronco esclavas,
Como el espíritu el carnal arreo,
Con desperado aliento se sacuden;
Y, como el alma en los espacios mueve

---

17. *hipomea*: planta trepadora de jardín, cuyas flores, en forma de campanilla, se abren por la mañana y se cierran definitivamente al atardecer.

Un ala, en tanto que en el tronco gime
El ala esposa, gemidora esclava,—
Al árbol alto reciamente juntos
Los blandos hilos en las ondas flotan.

LLUVIA DE JUNIO

    Como al frescor de un baño,
Mis miembros resucitan. De mis ojos
Como manto imperial caen las miradas.
Sacúdense las ramas, como potros
Al sentir el jinete: otras, negruzcas,
Tienden, cual brazos míseros, las púas
Colgadas de hipomeas.
Sobre el parral, acorralado, el tierno
Follaje vuelve el dorso,
Como tropel de mariposas blancas
Que del viento y la lluvia se refugia.

    El heno, entre los claros
Del verde fresco parece oro.—
Como penacho solitario ondea
Un gajo erguido: cual guerreros
Que al volar a la lid
El mejor modo de morir consultan,
Múevense aquellas ramas: cual vecinas
Locas, bajo los árboles, sacuden
Las yerbas sus espigas. Por sus cantos
Se sabe de los pájaros ocultos
Donde se ama sin luz.

    Las nubes majestuosas
Cruzan, a paso lento, el cielo vago.
Huele a vida la tierra, pitorrean

Flores del destierro [1878-1895]

Los pájaros, de arriba
Cae la lluvia a lanzazos, cual si viendo
Pasar los ángeles despiertos una fiera
Tan bella como la tierra, disparasen
Desde las nubes todos sus saetazos.

  Bajo el roble magnífico, se anida
Una casita blanca, techada
De plata por la lluvia:

      Saber no quiero
De la pompa del mundo: el amor cabe
En un grano de anís: la gloria apenas
Es un ojo de hormigas: la grandeza
Del corazón, el hombre envenenado
Antes la muerde que la aplaude: el verso
Es el último amigo. Así en mi mesa,
Solos los dos, mientras el hombre aspira
Y engaña la mujer, mientras consume
La virtud su prisión agonizante,
Solos, mi verso y yo, nos contemplamos.—

  De este Junio lluvioso al dulce frío
Quisiera yo morir: ¡ya Junio acaba!
Morir también en Mayo amable quise,
Cuando acababa Mayo. Saborea
Su dulce el niño, y con igual regalo
En noches solas y en febriles días
Cual ardilla ladrona a ocultas mimo
El pensamiento de morir. Del libro
Huyen los ojos ya, buscando en lo alto
Otro libro mayor: pero no quiero
Ni en tierra esclava reposar, ni en esta
Tierra en que no nací: la lluvia misma
Azote me parece, y extranjeros

Sus árboles me son: sí, me conmueve
Mi horror al frío: ¡oh patria amada!
¡Como mi corazón, mi cuerpo es tuyo!
Que los gusanos que me coman sean
Los que tu suelo mísero fabrican!
¡Mi cadáver al fin, patria adorada,
Te servirá, ya que no te pude servir!
Así seré sustento de tus hijos
Y tizón de tus tiranos!—
¡No se lo digas, no: negarme asilo
Aun en mi cuerpo mísero podrían!

※

No como ayer el vendaval me invita
A arrostrar su furor: pláceme ahora,
Vecino de la muerte, entre cristales
Ver su noble hermosura. Es el silencio
Lo que mi alma apetece. El hombre honrado
Huye del mundo. Esquiva el decoroso
Enfermo el cuadro donde el sol se vea.
Yo, por fuera, estoy bien: adentro es donde
Come la enfermedad: ¡siempre el gusano
En pleno corazón muerde la fruta!
¿Qué preguntáis mi mal? ¿pues no he querido
Ser bueno? Di monedas de oro puro
Y me las dieron falsas. Callo y muero:
¡Ya el vendaval, cuando a sus crenchas ciñe
La corona de roble, cuando el tronco
De encino nuevo vigoroso empuña,
No, como ayer, a caminar de amigos
Sobre la tierra trémula me invita!

Flores del destierro [1878-1895]

TODO SOY CANAS YA...

Todo soy canas ya, y aún no he sabido
Colmar mi corazón: como una copa
Sin vino, o cráneo [........][18], rechazo
La beldad insensata;—y el sentido
Ay! no lo es sin la beldad! El sumo
Sentido es la beldad: ¿en qué soñadas
Cárceles, nubes, rosas, joyas vive
La que me rinda el corazón y dome
Con doble encanto mi ansia de hermosura?
Con su bondad me obliga la que en vano
Quiere mi mente acompañar: la astuta
Que con ágil belleza y luces de oro
Llega volando, y en mis labios secos
Bebe la última miel, y en mis entrañas
Con el ala triunfante se abre un nido,—
Antes que el sol que me la trajo abroche
Su cinto rojo al mundo, antes que muera
El insecto que vive sólo un día,
Ya me enseñó la máscara, y la horrenda
Desnudez y flacura de los huesos.
Como vapor, como visión, como humo
Ya la beldad de las mujeres miro.
Velos de carne que el tablado esconden
Donde siega cabezas el verdugo
O al más alto postor, cual bestia en cueros
Vende el rematador la mercancía.
Feria es el mundo: aquélla en blando encaje
Como un cesto de perlas recogida;
Aquélla en sus cojines reclinada
Como un zafiro entre ópalos; aquélla

---

18. Verso incompleto en el manuscrito.

Donde el genio sublime resplandece
En el alma inmoral, cual vaga el fuego
Fatuo entre las hediondas sepulturas,
Ni fuego son, ni encaje, ni zafiro
Sino piara de cerdos.

        ¡Flor oscura,
A ti, para morir, el alma ansiosa
Tras sus jornadas negras se encamina!
Tú no te pintas, flor del campo, el rostro
Ni el corazón: no sepas, ay, no sepas
Que no aplacas mi sed, pero tu seno
Honrado es sólo de ampararme digno.
Mancha el vicio al poeta, o la locura
De amar lo vil: con la coraza entera
Ha de morir el hombre: me lastima
Ya la coraza!: endulza, novia, endulza
El dolor de dejarte: luego, luego
Será el festín: no ves que donde muere
El hueso nace el ala?: tú de estrellas
Sabes y de la muerte: tú en las ruinas
Reinas, flor de bondad, dulce señora
Del páramo candente, o el fragoso
Campo de lava en que el jardín expira!
En las luchas de amor las palmas rindo
A la virtud constante y silenciosa.

ENTRE LOS HOMBRES...

Entre los hombres, viénese manchado
Cual del lagar hediondo en donde estrujan
Los labriegos las uvas generosas.—
Tiemblen los que amen, que a puñadas duras,
Como a la gente limpia los rufianes

Le engallarán el alma enloquecida!—
Y perseguido, como a fiera, sólo
En su lecho de luz caerá de bruces!
Echaba al tigre el bárbaro romano
A los fieles a Cristo: —y a los hombres
Se echa los nuevos mártires ahora!
Pues como si a árbol fuerte la semilla
Crece, y a pompa umbrosa, y fructifica,
El alma amante, que sin darse muere
Ni aire ha de hallar, ni tierra, luz y empleo.
Para alumbrar la tierra el sol esplende:
Frutece en poma suave la semilla,
Y hoy, o después, o alguna vez, el goce
De amar sin sonrojarse hallará el alma.
¡Ya yo he sentido, ya, cómo se mece
Libre del cuerpo, así como una nube
En el divino espacio el alma humana!

¡QUÉ SUSTO! QUÉ TEMOR!...

¡Qué susto! qué temor! qué delicado
Gozo, que el pecho inunda, cárcel breve,
Alza aroma abundante que le llena!
¡Qué negarse la pluma al pensamiento!
¡Y qué tender el pensamiento el ala!
Un verso, que es viviente, un ángel muerto
Ya sin vida y color: su extraña esencia
Como un perfume al vago viento escapa!
Este miedo sabroso, esta ternura
Inefable, esta alarma, esto es poesía!
Los ojos, de luz llenos, acarician;
La sierva mano como un ala tiembla,
Y a la frente de llamas coronada,
Como un vaso de bálsamo rebosa.

DE FORMA EN FORMA, Y DE ASTRO EN ASTRO...

De forma en forma, y de astro en astro vengo:
Viejo nací: ¿Quién soy? Lo sé. Soy todo:—
El animal y el hombre, el árbol preso
Y el pájaro volante: evangelista
Y bestia soy: me place el sacrificio
Más que el gozo común: con esto sólo
Sé ya quién soy: ya siento do mi mano
Ceder las puertas fúlgidas del cielo.

OBRA Y AMOR

La obra —delante, y el amor —adentro:—
Y el amor, remolino avaricioso,
El alma entera arrastra al hondo centro;
La obra perece —y el amor celoso,
Luego que por su culpa el hombre yerra,
Con culpa y sin vigor lo deja en tierra.

PUES A VIVIR VENIMOS...

Pues a vivir venimos—y es la ofrenda
Esta existencia que los hombres hacen
A su final pureza—aunque el veneno
De un cruel amor la ardiente sangre encienda,
—Aunque a indómita bestia arnés echemos
De ricas piedras persas recamado,—
—Aunque de daga aguda el pecho sea
Con herida perenne traspasado—
Vengan daga, y corcel, y amor que mate:—
Eso es al fin vivir!—

El bardo, como un pájaro, recoge
Pajas para su nido—de las voces
Que pueblan el silencio, de la triste
Vida común, en que las almas luchan
Como animadas perlas en los senos
Enclavadas de un monte lucharían.

LA MADRE ESTÁ SENTADA

La madre está sentada
Junto a la cuna:—
Por la ventana gótica calada
Entran risueños quiebros de luna.

La madre está espantada,
La cuna junto,
Más blanco que la sábana calada
Brilla a la luna su hijo difunto.—

¿Sombra... por qué te llevas
Mi serafín?
—Yo necesito de flores nuevas
En mi jardín.—

Ahí murió la madre, arrodillada
Junto a la cuna:
Por la ventana gótica calada
Entraba quieta la mansa luna:—
¡Loco el que al cielo o a los astros fía
Su pena o su alegría!—
Se es en la vida —leño abandonado,
Al capricho del mar alborotado:—
Y flor, húmeda o seca, que los vientos
Arrebatan violentos;—

O respetan y halagan caprichosos;—
Juguetes ¡ay! de locos poderosos!—
Corderos ¡ay! nacidos
A manchar su vellón, y a andar perdidos!—
Sin más mentor, desde la blanda cuna
Que la razón vendada, y la fortuna!—

Música? Si es un hurto: si la muerte
A esa edad infantil no tiene derecho;—
Si el pesar no se ahorra,
Si la sentencia es fiera,
Si volverá aunque corra,
Si volverá a vivir, aunque se muera!—

Verdad que no es perdido
El tiempo ya vivido—
Y como de la tierra lo arrebata
La muerte en su sencilla edad de plata:
Cuando torne ese espíritu en forma nueva,
Volverá con la edad que ahora se lleva!—

No hay muerto, por bien muerto
Que en las entrañas de la tierra yazga,
Que en otra forma, o en su forma misma,
Más vivo luego y más audaz no salga.

COMO FIERA ENJAULADA

Como fiera enjaulada
Mi asiento dejo—empujo la entornada
Puerta, vuelvo a mi libro,
Los anchos ojos en sus letras clavo,
Como cuerdas heridas, tiemblo y vibro,—
Y ruge, y muerde el alma atormentada,
Como cuerpo de mármol encerrada.—

Flores del destierro [1878-1895]

MONTE ABAJO

Allá va, las entrañas encendidas,
La mole gemidora,—
Y esclava colosal, por hierros duros
Por selvas y por cráteres se lanza;—
Mas si torpe o rebelde el hierro olvida
Y de los rieles fuera altiva avanza,
Monte abajo deshecha se abalanza.—

Del vapor del espíritu movida
Va así, por entre hierros, nuestra vida:
Si el camino vulgar audaz desdeña
Monte abajo quebrada se despeña.—

Poesía dispersa

Primeras poesías[1]
[hasta 1870]

A MI MADRE

Madre del alma, madre querida,
Son tus natales, quiero cantar;
Porque mi alma, de amor henchida,
Aunque muy joven, nunca se olvida
De la que vida me hubo de dar.

Pasan los años, vuelven las horas
Que yo a tu lado no siento ir,
Por tus caricias arrobadoras
Y las miradas tan seductoras
Que hacen mi pecho fuerte latir.

A Dios yo pido constantemente
Para mis padres vida inmortal;
Porque es muy grato, sobre la frente
Sentir el roce de un beso ardiente
Que de otra boca nunca es igual.

---

1. Como podrá intuirse, muchos de estos primeros poemas fueron escritos por Martí como dedicatoria para un retrato suyo, especialmente los compuestos durante su presidio en San Lázaro.

A MICAELA [2]

En la muerte de Miguel Ángel [3]

I

Cuando en la noche del duelo
Llora el alma sus pesares,
Y lamenta su desgracia,
Y recuerda sus afanes,
Tristes lágrimas se escapan
Como perlas de los mares;
Y por eso, Micaela,
Triste lloras sin que nadie
Tu dolor consolar pueda
Y tus sollozos acalle;
Y por eso, Micaela,
Triste en tu dolor de madre,
Lloras siempre, siempre gimes
La muerte de Miguel Ángel.

II

Allí está! Cual fresca rosa,
Blanco lirio de la tarde,
Sentado en el verde musgo,
Yace tu Miguel, tu *ángel,*
La imagen de tus delirios;
La noche de tus afanes,

---

2. Segunda esposa de Rafael María de Mendive, maestro inolvidable de la primera juventud de Martí e importante poeta del segundo romanticismo cubano.
3. *Miguel Ángel*: Primer hijo de Mendive con Micaela.

El alma de tus amores,
Consuelo de tus pesares,
Pura gota de rocío
Que al blando beso del aire
Casta brotó de tu seno
Convertida en Miguel Ángel.

III

Allí está! Lágrimas tristes
Anublan tu faz de madre,
Porque les falta a tus ojos
Algo bello, algo tan suave
Como las nubes de oro,
Rosa y grana de la tarde;
Y en el aire que respiras,
Y en las hojas de los árboles
Ves cruzar cual misteriosa
Sombra, de tu amor imagen,
A la perla de tus sueños,
Al precioso Miguel Ángel.

IV

¿Pero no ves, Micaela,
Esa nube y esos ángeles?
Mira! No ves cómo suben?
¿Los ves? ¿Los ves? ¡Triste madre,
Ya se llevan a tu hijo,
De tus delirios la imagen,
El alma de tus amores,
La noche de tus afanes,
Pura gota de rocío,

Linda perla de los mares!...
¡Llora! llora, Micaela,
Porque se fue Miguel Ángel!

[Abril de 1868]

CARTA DE MADRUGADA A SUS HERMANAS ANTONIA Y AMELIA

Me han dicho que hay dos ángeles
Estremecidos,
Que habitan de pasada
Un pobre nido.
Me han dicho que a la puerta
Del caserío,
Asoman los lobeznos
De los caminos.
Me han dicho que los ángeles,
Desfallecidos,
Tristes de no ver cielo,
Lloran impíos.
¡No se corten las alas
Los angelillos,
Que cuando el cielo luzca
No podrían ya volar del pobre nido!

[1868?]

LINDA HERMANITA MÍA[4]

Linda hermanita mía:
Feliz es el momento en que recibo
Carta tuya; feliz es este día

---

4. Dedicado a su hermana Ana (Mariana Matilde), que falleció en 1875, a los dieciocho años.

Porque en ti pienso y de mi amor te escribo.
Versos esperas tú que te anunciaba
Allá por la pasada noche-buena:
En el revuelto mar de mis papeles
No se sabe posar la paz serena
Y, pues que soy doncel, obro sin pena
Como obran desde antaño los donceles:
Escribo, guardo, pierdo,
Te quiero mucho, y luego me perdonas,
Y si a mi loco juicio fuera cuerdo
Pensar un triste ornarse con coronas,
Las más bellas serían
Las que tus lindas manos me darían,
Los más consoladores tus laureles
Al perdonarme por haber perdido
Aquel que, por ser tuyo, hubiera sido
El más bello papel de mis papeles.
Impaciente y estúpido el correo,
Lucha y vence mi amor y mi deseo.
Corta es mi carta, mas si bien la peso,
Me une a tu imagen tan estrecho lazo,
Que es cada frase para ti, un abrazo
Y cada letra que te escribo, un beso.

¡10 DE OCTUBRE! [5]

No es un sueño, es verdad: grito de guerra
Lanza el cubano pueblo, enfurecido;
El pueblo que tres siglos ha sufrido
Cuanto de negro la opresión encierra.

---

5. El 10 de octubre de 1868 comienza la guerra de los Diez Años, con el grito de Yara, alzamiento del ejército independentista de Cuba contra el gobierno español en la isla.

Del ancho Cauto[6] a la Escambraica[7] sierra,
Ruge el cañón y al bélico estampido,
El bárbaro opresor, estremecido,
Gime, solloza, y tímido se aterra.

De su fuerza y heroica valentía
Tumbas los campos son, y su grandeza
Degrada y mancha horrible cobardía.

Gracias a Dios que ¡al fin con entereza
Rompe Cuba el dogal que la oprimía
Y altiva y libre yergue su cabeza!

A FERMÍN VALDÉS DOMÍNGUEZ[8]

En mis desgracias, noble amigo, viste
¡Ay! mi llanto brotar;—si mi tirano
Las arrancó de mi alma, tú supiste
Noble enjugarlas con tu amiga mano,
Y en mis horas de lágrimas, tú fuiste
El amigo mejor, el buen hermano:—
Recibe, pues, con el afecto mío,
Este pobre retrato que te envío.

12 junio/69

---

6. *Cauto*: el mayor río de Cuba, que nace en la sierra del Cobre, se dirige al nordeste de la Isla y avanza hacia el oeste, para desembocar en el golfo de Guacanayabo.
7. Sierra del centro de Cuba, en la actual provincia de las Villas.
8. Íntimo amigo de Martí desde su adolescencia. Fundó y publicó el único número de *El Diablo Cojuelo,* comprometido con la guerra de independencia cubana de 1868. En ese número colaboró Martí y ambos sufrieron condena por parte de la justicia española.

A PAULINA[9]

Si es un símbolo el nombre de Paulina
De paz y de ventura,
De religión divina,
De amor filial y de la fe más pura,
Como un testigo a su virtud le envío
Mi pobre canto y el retrato mío.

12 junio/69

AUNQUE JUZGUE V. SIN CALMA

I

Aunque juzgue V. sin calma
Que no es nada para mí,
Esta ofrenda baladí,
Luisa, me sale del alma.

II

En ese horrible *cliché*
Que vea V. sólo deseo,
Si bien un mozo muy feo,
Un buen amigo de V.

III

Y en escribir no me ensancho
Ni pretendo hacer el oso:

---

9. Hija de su maestro Rafael Mendive.

Como soy... respetuoso
Le tengo... respeto... a Pancho[10].

LA MUJER IDEAL

Yo vi, cuando era muy niño,
En un camino desierto,
Una niña junto a un muerto
Orando al cielo por él:
Y la vi cómo en su angustia
La pobre niña decía,
«Ámalo, Virgen María,
Tanto como yo lo amé».

Pasó un año y en la Iglesia
Meditabundo entré un día,
Y vi que la Iglesia decía
¡Téngala en paz el Señor!
Pregunté por qué lloraba
Aquel pueblo del desierto
Y me dijeron: «ha muerto
Nuestra Virgen, nuestro sol».

Y al pie del féretro triste
En que a una mujer veía
En una imagen había
La Virgen de la Salud.
Pero nada eternizaba
Del muerto la augusta calma:
No había en el templo ni un alma
Ni una rosa en su ataúd.

---

10. Marido de Luisa Mendive, a quien va dedicado el poema.

Hoy hace ya mucho tiempo
Que murió la niña hermosa,
Y en su tumba hay una rosa
Rebosando siempre amor.
Y es que la adoran ya muerta
Como la adoraron viva,
Y un alma caritativa
Cuida siempre de la flor!

[¿1869?]

EL ÁNGEL

Ayer una voz del cielo
en mi pecho resonó:
—«¿Viste algún ángel en el triste suelo?»
y respondí que no.

Más tarde te he conocido,
y al conocerte, te amé,
y en raudales de amor se han embebido
mi esperanza y mi fe.

También una voz del cielo
hoy ha resonado en mí:
—«¿Viste algún ángel en el triste suelo?»
¡y respondí que sí!

EN TI ENCERRÉ MIS HORAS DE ALEGRÍA

En ti encerré mis horas de alegría
Y de amargo dolor;
Permite al menos que en tus horas deje
Mi alma con mi adiós.

Voy a una casa inmensa en que me han dicho
Que es la vida expirar.
La patria allí me lleva. Por la patria,
Morir es gozar más.

4 de abril de 1870

A FERMÍN VALDÉS DOMÍNGUEZ

Si en un retrato el corazón se envía
Toma mi corazón, y cuando llores
Lágrimas de dolor, con ellas moja
La copia fiel de tu doliente amigo.

Presidio, 9 Junio 1870

I BRIGADA—113[11]

Mírame, madre, y por tu amor no llores:
Si esclavo de mi edad y mis doctrinas,
Tu mártir corazón llené de espinas,
Piensa que nacen entre espinas flores.
Presidio, 28 de agosto de 1870

A FERMÍN VALDÉS DOMÍNGUEZ

Hermano de dolor,—no mires nunca
En mí al esclavo que cobarde llora;—
Ve la imagen robusta de mi alma
Y la página bella de mi historia.

Presidio, 28 de agosto de 1870

---

11. En el presidio de San Lázaro, Martí tenía el número 113 de la Brigada I.

Poemas escritos en España
[1871-1874]

VENID! VENID; —MI SANGRE BULLIDORA

Venid! venid; —mi sangre bullidora
Hierve al clamor de gloria y de venganza,
Y ya escucho una voz en mis oídos
Que me dice con cántico sublime:
«Alentad, corazones decididos,
Que para el pueblo que cautivo gime
Brilla siempre la luz de la esperanza!».

Harto tiempo la patria con menguado
Llanto y gemidos importuna al cielo:—
¡Desnude al fin la espada vengadora!
¡Encienda ya la fulminante tea!
Cuando hay un brazo que al combate guíe
Es pueblo infame el que cautivo llora.
¡A luchar! ¡a luchar! que allá en el monte
El Dios de la esperanza nos sonríe!

¿Qué esperan los valientes y esforzados
Jóvenes arrojados?

¿Qué esperan, pues, que al campo no se lanzan
E indomables guerreros
Por la patria a morir no se abalanzan?
Corred! luchad!, venced! y ante las aras
De la patria oprimida,
Despedazad el yugo que la infama
O dejad a sus plantas vuestra vida!
No alcéis para mi patria los palacios
Un tiempo gala del lujoso asirio:
Alzad en ella templos a la gloria,
Y, si os niega su brazo la Victoria,
Alcanzaréis la palma del martirio!

En el cielo de América anchuroso
Cubre el crespón la estrella de la patria.—
¿Y habrá quien ya no luche?
¿Y habrá quien otra voz que la doliente
Del pueblo esclavo y mancillado escuche?
¿Y habrá quien torpe sienta
Saltar su corazón entre cadenas
Y busque sólo en el mezquino llanto
Alivio infame a las comunes penas?

¡Despierta, oh pueblo mísero, cobarde!
¡La frente altiva que en el polvo hundiste
Lauros arranque a la memoria triste!
¡Para morir luchando nunca es tarde!
¡Morir! La patria gime!
¡Morir! La patria nuestro esfuerzo clama!
Si un torrente de llanto nos infama,
Una gota de sangre nos redime!

Empuñe el hierro y el acero blanda
Quien en menguada ociosidad se enerva;

El arma embrace, y muera
Con el ánima enérgica y entera!
Morir, morir nos manda
En sangre tinta nuestra patria sierva!
¿Por qué tanto temor, cuidado tanto?
¿Es por ventura la enemiga gente,
Rayo de Dios que fulminando airado
Así nos suma en pavoroso espanto?
Al hierro muera y al acero caiga,
Y la nueva feliz de su ignominia
Rápido el viento con placer nos traiga!

Ruja, ruja el cañón, el llano alumbre
El fulgor de la espada valerosa
Por tanto tiempo tímida e incierta!
El fuego de la horrible servidumbre,
En nuestra patria extinga, flor hermosa
A la esperanza y al amor abierta!

Cadáver ya la patria parecía
En cuyos labios cárdenos la muerte
Su sed de sangre férvida calmaba,—
Sobre el que pavorosa se cernía
La noche de la infamia,—y lo envolvía
Nube de inmundas aves que graznaba
Con hórrida y frenética alegría.—
Y el cadáver soberbio se levanta
Y a los ciclópeos golpes de su brazo
En tierra el opresor vencido rueda;—
Y la avarienta muerte
En vida exuberante se convierte:—
Claro, espléndido día
De aquella tenebrosa noche queda:
Lauros la frente destrozada adornan
De esta tierra de siervos,

Y en varones enérgicos se tornan
Las fatídicas alas de los cuervos:
A luchar! a luchar! luzca el acero
E iluminen sus rayos la pelea
Y a su fulgor el déspota impotente
Vencido incline la manchada frente!
De nuestra indignación víctima sea,
Y quien osó llamarnos siervos suyos
A los nuestros les sirva de presea!—
Y cuando el padre Sol sus rayos vibre,
Surcando el viento en las rizadas olas
Lleve presto a las playas españolas
El bravo despertar de Cuba libre!—
Madrid, octubre 1871

DOLOR! DOLOR! ETERNA VIDA MÍA

Dolor! dolor! eterna vida mía,
Ser de mi ser, sin cuyo aliento muero!

༒

Goce en buen hora espíritu mezquino
Al son del baile animador, y prenda
Su alma en las flores que el flotante lino
De mujeres bellísimas engasta:—

Goce en buen hora, y su cerebro encienda
En la rojiza lumbre de la incasta
Hoguera del deseo:—

Yo,—embriagado en mis penas,—me devoro,
Y mis miserias lloro,

Y buitre de mí mismo me levanto,
Y me hiero y me curo con mi canto,
Buitre a la vez que altivo Prometeo.—

ZENEA[1]

«¿Por qué cantáis a la memoria mía?
Guardad para el dolor vuestros gemidos,
Los hijos de la Fe, los nobles vates:—
Guardad de vuestra lira los sonidos
Para el bélico ardor de los combates!
No.— No vistáis de lágrimas mi historia.
Infortunios mayores
Alcen en vuestro pecho los dolores.
¿Por qué gemís dolor a mi memoria,
Si es mi dolor mi suspirada gloria?

»No me cantéis así. Los que en mi muerte
Sentís el corazón despedazado
¿Dónde vendréis a dar la despedida?
¿Sobre qué tumba posaréis los ojos?
¿Sobre qué losa os postraréis de hinojos
A llorar los azares de mi vida?
Guardad, guardad el llanto,
Y truéquese en placeres vuestro canto!
No fue bastante el mundo
Para guardar consigo eternamente

---

1. Juan Clemente Zenea (1832-1871): Poeta cubano de la segunda generación romántica, que apuesta por una acendrada depuración retórica, como se evidencia en sus *Cantos de la tarde* (1860). Debido a sus ideales independentistas, fue fusilado en 1871 por el gobierno español.

Estas nevadas canas de mi frente,
Y este poema del perdón profundo!—
Secad de vuestras lágrimas la fuente.—
Aquel a quien fue estrecha sepultura
La extensión limitada de la tierra,
El infinito espacio, el cielo inmenso
En su gigante corazón encierra!—

                        ⚜

»Oh! no lloréis así por mi partida!
Si clamaba mi sangre la balanza
De mi patria querida,
¿Qué queréis que yo hiciera con la vida?
Osado peregrino,
Han ahogado en mi sangre mi carrera:
Ansiad para vosotros mi destino,
Que libro vivo en la infinita esfera.
Con mis mismas espinas me corono,
Y al recordar el pueblo que violento
Robó el cabello de mi sien al viento
Para quemarlo en su terrible trono,—
Su desastroso fin claro presiento,
Lo miro con dolor,—¡y lo perdono!»

                        ⚜

  Calló la excelsa voz que así decía,
Y a mi alma embelesada
En perfume suavísimo envolvía:
Pasaron las arrugas de mi frente;
Secaron ya sus lágrimas mis ojos!
Cantad, cantad, poetas,

Con entusiasta son alegre loa
Al inmenso Señor de los planetas!—
Cantad como yo canto
Y en el ansia inmortal truéquese el llanto!—
Vuelvan, vuelvan las flores al desierto—
De nuestro corazón! Suene la lira!
El noble genio del perdón no ha muerto!
El cantor de las lágrimas respira!

7 Diciembre 1871
Madrid

MI MADRE, —EL DÉBIL RESPLANDOR TE BAÑA

Mi madre,—el débil resplandor te baña
De esta mísera luz con que me alumbro.—
Y aquí desde mi lecho
Te miro, y no me extraña
Si tú vives en mí, que venga estrecho
A mi gigante corazón mi pecho!

✥

El sueño esquivan ya los ojos míos,
Porque fueran, si al sueño se cerraran,
Ojos sin luz de Dios, ojos impíos.
Te miro, oh madre, y en la vida creo!
¿Cómo cerrar al plácido descanso
Los agitados ojos, si te veo?

✥

Se me llenan de lágrimas. ¿Es cierto
Que vivo aún como los otros viven?

Que al placer de la vida no me he muerto?
Lloro ¡oh mi santa madre! yo creía
Que por nada en el mundo lloraría!
Los goces de la Tierra despreciaba
Y lenta, lentamente me moría:—
Yo no pensaba en ti—yo me olvidaba
De que eras sola tú la vida mía!
Tú estás aquí. La sombra de tu imagen
Cuando reposo baña mi cabeza:—
No más—no más tu santo amor ultrajen
Pensamientos de bárbara fiereza:—
Una vida acabó:—mi vida empieza!—

༄

La luz alumbra ahora
Tus ojos, y me miras:
¡Cuán dulcemente me hablas! Me parece
Que todo ríe plácido a mi lado,—
Y es que mi alma, si me miras, crece,
Y no hay nada después que me has mirado!

༄

Huya el sueño de mí. ¡Cuán poco extraño
Las horas estas que al descanso robo!—
Oh!—Si siento la muerte
Es porque, muerto ya, no podré verte!—

༄

Ya vienen a través de mi ventana
Vislumbres de la luz de la mañana:

No trinan como allá los pajarillos,
Ni aroman como allá las frescas flores,
Ni escucho aquel cantar de los sencillos
Cubanos y felices labradores;—
Ni hay aquel cielo azul que me enamora,
Ni verdor en los árboles, ni brisa,
Ni nada del Edén que mi alma llora
Y que quiero arrancar de tu sonrisa.—
Aquí no hay más que pavoroso duelo
En todo aquello que en mi patria ríe,
Negruzcas nubes en el pardo cielo—
Y en todas partes el eterno hielo,
Sin un rayo de Sol con que te envíe
La expresión inefable de mi anhelo!—

○○○

Pero no temas, madre,—que no tengo
En mí esta nieve yo. Si la tuviera,
Una mirada de tus dulces ojos
Como un rayo del Sol la deshiciera.—
¿Nieve viviendo tú? Pedirme fuera
Que en tu amor no creyeses ¡oh, madre mía!
Y si en él no creyera,
La serie de las vidas viviría,
Y como alma perdida vagaría,—
Y eterno loco en los espacios fuera!—
Ámame! ámame siempre, madre mía!

30 Diciembre 1871

FRAGMENTO

A bailar! a bailar! las turbas gritan
Y ebrias y palpitantes las mujeres

En brazos de un galán se precipitan.
Oh! qué dulce es vivir entre placeres
Vida febril, fascinadora, loca!—
Verdad que a veces algún alma cae
Y al santo hogar inmaculado trae
Un miserable corazón de roca,
U oscuras manchas de negruzco lodo
En el virgíneo manto;—
Cuerpos sin alma,—almas sin honra,—todo
Es verdad.

    —Es verdad! maldito canto!
A bailar! a bailar! Ahogue la fiesta
Esa terrible voz! Presto las damas!
A mí los del placer! Suene la orquesta.
—Bailemos, pues.—La fiebre del deseo
Mal contenido en el mundano pecho,
Desbordada se lanza
Fuera del cuerpo que le viene estrecho
En brazos absorbentes de la danza.—
Baila, mujer! Un hombre te comprime
Con tembloroso abrazo y tu inocencia
En vano el fuego de tu ardor reprime!
Rojo color enciende tus mejillas!
Mustia la flor de tus cabellos cae!
Adiós! Un paso más!...

        ¡Ay! las sencillas
Vírgenes del hogar ¿no se os alcanza
Que así cual se marchitan esas flores,
Se marchita la flor de la esperanza
Y la más bella flor de los amores?—

Como arrastra terrible al remolino
El equilibrio roto de las aguas,

Así arrastra al confuso torbellino
El vértigo fatal. Queman mi frente
Los feminiles brazos que la rozan;—
Arde en los ojos luz fosforecente;—
Los aéreos vestidos se destrozan
Y dentro este volcán de lava hirviente
Todo en aquellos que bailando gozan
De su existencia natural se exalta:—
Oh! no bailéis así!—Si todo falta
A la ley previsora de la vida,—
Si el equilibrio natural se rompe,—
Si todo en brazos de ese Dios se olvida,—
¿Qué terrible poder os da derecho
Para decirnos con razón mentida
Que en medio a esa carrera sin medida
No se os escapa el corazón del pecho?
—Es verdad! Es verdad! Maldito canto!
A bailar! a bailar! ahogue la fiesta
Esa terrible voz! presto las damas!
A mí los del placer! Suene la orquesta!—

~

—Bailemos, pues. Suavísima es la danza.—
Dulce el calor del tembloroso seno
Que estrecho contra mí;—flexible ondea
El talle de mi dama,
Como la fresca y amorosa grama
Al fecundante soplo de la brisa;—
Bella es la vida en mágico embeleso!—
A mí los del placer! —Una sonrisa!—
A mí las hijas del Amor!—un beso!
A bailar! a bailar! Ah! ya no quiero
Verte lejos de mí: verte es mi vida!—

Deja, mujer, que en tus miradas beba
La fiebre del placer;—deja que estreche
Este nido de amor que me arrebata;—
Deja que aspire entre tus labios rojos
El almíbar sabroso que me anuncia
La languidez divina de tus ojos;—
Amemos y murámonos... ¿qué es esto
Con que mis pies tropiezan?—
                      Esto? Nada.
La honra de una mujer que se ha caído
Y que anda por ahí pisoteada.—

Resonó entonces cerca de mi oído
Lúgubre y cavernosa carcajada.
—Ya sabes qué es bailar: aquí ¿qué vemos?
Y mi demonio y yo nos enlazamos,—
Y ellos dijeron otra vez:—*bailemos!*
Y yo le dije una vez más:—*riamos!*
                            Madrid-1 Enero 1872

FRAGMENTO

Acabo de soñar. Porque es mi empeño
Imaginar que infamias y miserias
Fantasmas son de un borrascoso sueño.
No faltará quien diga y apoyado
Por la recta razón de que me alejo
Que tengo yo un soñar muy dilatado
Y a la región de un mundo no probado
Arrebatar por mi ilusión me dejo.—

No tengo yo la ley de la medida
Ni las sendas hollé de la materia
Ni obedecí la historia empobrecida
Que hace del mundo miserable feria;
Pero siento otras leyes y otra vida
Y no es ley de la vida la miseria!—
Ni enseño yo sentencia demostrada,
Ni exactas leyes de la ciencia enseño,
Mas huyo horrorizado de la nada
Y en la fe de otro ser asegurada
Las leyes dejo de este ser, y sueño;
Que tengo para mí que así soñando
Mientras otros de mí se van riendo,
Ellos detrás de mí se van quedando
Y yo la cierta vida voy viviendo.—

LAS CAMPANAS! SU FÚNEBRE SONIDO

Las campanas! Su fúnebre sonido
Llega súbitamente hasta mi oído,—
Y si otro henchido de tremendo espanto
Al fardo de la vida se asiría,
Yo,—dueño infausto de la vida mía—
Oigo el convite de la muerte y canto.

Abrumado una vez, como solía
Cuando de torpe idea enamorado,
A solas con mi infernal amor me embebecía
Una mañana horrible me moría
Y fuimos ambos al vecino prado.

Y como el cuerpo del dolor vencido
Rápido surge de letal desmayo
Hijo del rayo al fin surgí atrevido

Y me sentí potente como el rayo,
Y al águila robé las fuertes alas
Y al viento su correr, y al sol sus galas,
Y al esfuerzo afanoso de mi vuelo
Dejé la tierra y me subí hasta el cielo.
Y al henchir de altura, la vista mía
Augusta voz oí que me decía:—
Por qué de tanta brillantez armado
A mi sencillo trono te presentas?
Acaso tú, mortal encadenado,
Romper la serie de mis obras cuentas?—
Y atónito la faz volví a mi lado
Y no vi a mi redor más que una alfombra
De césped y algún rústico cayado
Y un álamo robusto a cuya sombra
A un anciano modesto vi sentado.

Haz un árbol, un mar, un continente
Y luego que hayas hecho [.........][2]
Tiende a mis plantas la soberbia frente,
Que si fuiste capaz de hacerlo un día
Antes que tú lo hicieses, yo lo hacía.

NOCHE. EN LA TIERRA DORMIDA

Noche. En la tierra dormida
Y en el alma combatida
Y en el ser, y en el dolor.—
Noche, sombra, y en la frente
Claridad de lava hirviente
Que me quema el corazón.—

---

2. Verso incompleto en el manuscrito.

Tierra; tierra en cuanto alcanza
La mirada que se lanza
A las entrañas del ser
Y en el camino si apenas
Mezcla en sangre de sus venas
La sangre de una mujer.

No es que sufra: no es que llore:
No es que tema: no es que adore:
Es que no sé sufrir ya:
Y en la paz adormecida
Arrastrando voy la vida
Sin sufrir y sin llorar.

CESE, SEÑORA, EL DUELO...

Cese, señora, el duelo en vuestro canto,
¿Qué fuera nuestra vida sin enojos?
¡Vivir es padecer! ¡sufrir es santo!
¿Cómo fueran tan bellos vuestros ojos
Si alguna vez no los mojara el llanto?

Romped las cuerdas del amargo duelo.
Quien sufre como vos sufrís, señora:
Es más que una mujer, algo del cielo,
Que de él huyó y entre nosotros mora.

REDENCIÓN

Mujer, mujer, en vano es que la vida
Sin ti vertiendo sangre de dolores
Como una virgen pálida y herida
La tierra cruce deshojando flores.

Mujer, en vano es que la vida encienda
La abrasadora lengua de los sabios
Sin que este pobre corazón entienda
El lenguaje de amor vivo en tus labios.

Ni ser sin ser; ni noche sin aurora
Ni joven corazón sin bien amada
Ni sin ángel el ánimo que llora
Ni sin amor el alma enamorada.

Mujeres son las lágrimas perdidas
De esas pobres estrellas amorosas
Que cruzan por el cielo de las vidas
Augurio y sombra de almas misteriosas.

Mujeres son las lágrimas lloradas
En el mundo de vírgenes creadoras
Que de su vil creación avergonzadas
El [...][3] ablandan de las férreas horas;

Porque el tropel de lágrimas divinas
Sobre este mundo de las almas muertas
Levante las dormidas peregrinas
Al *resurrexit* del dolor despiertas!

En vano, en vano, que la vida loca
Contemple en sí cadáveres impresos
Mientras sin voluntad [...][4]
El fuego redentor que arde en tus besos.

Sobre el horrible lecho de la calma
Mi descarnada mano reunía
Sin fuerza el brazo, sin amor el alma
El bárbaro laúd de la agonía.

---

3. Palabra ininteligible.
4. Palabra ininteligible.

Y mis enjutos ojos golpeaba
Y esta infame inquietud que el alma obceca
En vano, en vano: el alma se me ahogaba,
La peña de Moisés estaba seca.

Cuanto fui; cuanto soy: cuanto se encierra
En esta alma en la tierra encadenada
Que rota por el peso de la tierra
Sin vivir ni morir vive enclavada,

Cuanto en mis horas de mayor locura
La locura de un Dios en mí germina
Y rompe el alma con audaz bravura
Su forma vil y mísera y mezquina.

Sueños, flores, ardor, infierno, mundo.
Cuanto forja al afán el devaneo,
Cuanto en el mar de la ansiedad profundo
Hierve luchando el hambre del deseo:—

Todo; todo, mi mano descarnada
Lo deja; vida, luz, mi sol, mi canto;
Por sentir mi mejilla calcinada
Por una gota mísera de llanto.

Una gota no más; gota encendida
En el volcán de un corazón potente,
Engendrado en el seno de mi vida
Por un rayo soberbio de mi frente.—

Y Dios! Y Dios! y en mí se condensaba
Y en mí lo redimido presentía
Si en mi rostro la lágrima cruzaba
Y la lágrima aquella no venía:
Y el alma se me ahogaba
Y abrasado de llanto me moría.—

Te vi: te amé: te vi sobre la [...]⁵
De [...] tú; y al dulce peso
De tus amantes sueños de fortuna
En tus labios la flor se abrió en un beso.

Y nívea ya la blonda cabellera
Te he visto en oropéndola trocada
Aquella roja flor de primavera
En tus mejillas albas deshojada.

De nuevo alzar el alma valerosa
Y del materno amor fortalecida
Brazo a brazo arranca a la rugosa
Muerte fatal el hijo de tu vida.

Y cuando el sol de iluminar cansado
Su frente oculta en el azul del cielo,—
La frente vi del hombre fatigado
Y ocultábase en ti, luz de consuelo—

Y cuando vi que el alma en las mujeres
Es un germen vivífico de flores,
Ora se abre germinando seres,
Ora se cierra en acallar dolores,

Sentí que aquella lágrima esperada
Que dentro de mi ser se estremecía
Por mi mejilla pálida abrasada
Como brotar de redención corría.—

---

5. Palabra ininteligible, como en el verso siguiente.

A EMMA[6]

No sientas que te falte
el don de hablar que te arrebata el cielo,
no necesita tu belleza esmalte
ni tu alma pura más extenso vuelo.

No mires, niña mía,
en tu mutismo fuente de dolores,
ni llores las palabras que te digan
ni las palabras que te faltan llores.

Si brillan en tu faz tan dulces ojos
que el alma enamorada se va en ellos,
no los nublen jamás tristes enojos,
que todas las mujeres de mis labios,
no son una mirada de tus ojos...

Villaviciosa (Madrid), 10 de julio, 1872

A MIS HERMANOS MUERTOS EL VEINTISIETE DE NOVIEMBRE[7]

Cadáveres amados, los que un día
Ensueños fuisteis de la patria mía,
¡Arrojad, arrojad sobre mi frente

---

6. *Emma Campuzano:* muchacha muda que Martí conoció en Madrid.
7. El suceso histórico en que se basa el poema fue el fusilamiento de ocho estudiantes de primer curso de Medicina de la Universidad de La Habana el 27 de noviembre de 1871, por la administración española, acusados de la presunta profanación de la tumba de Gonzalo Castañón, periodista español. El poema de Martí fue compuesto al cumplirse el primer aniversario de este trágico suceso.

Polvo de vuestros huesos carcomidos!
¡Tocad mi corazón con vuestras manos!
¡Gemid a mis oídos!
Cada uno ha de ser de mis gemidos
Lágrimas de uno más de los tiranos!
¡Andad a mi redor; vagad, en tanto
Que mi ser vuestro espíritu recibe,
Y dadme de las tumbas el espanto,
Que es poco ya para llorar el llanto
Cuando en infame esclavitud se vive!

꼬꼬

   Y tú, la muerte, hermana del martirio,
Amada misteriosa
Del genio y el delirio,
Mi mano estrecha, y siéntate a mi lado:
¡Os amaba viviendo, mas sin ella
No os hubiera tal vez idolatrado!

꼬꼬

   En lecho ajeno y en extraña tierra
La fiebre y el delirio devoraban
Mi cuerpo, si vencido, no cansado,
Y de la patria gloria enamorado,
El brazo de un hermano recibía
Mi férvida cabeza,
Y era un eterno inacabable día
De sombras y letargos y tristeza!

꼬꼬

De pronto vino, pálido el semblante
Con la tremenda palidez sombría
Del que ha aprendido a odiar en un instante,
Un amigo leäl[8], antes partido
A buscar nuevas vuestras decidido.
La expresión de la faz callada y dura,
Los negros ojos al mirar inciertos,
Algo como de horror y de pavura,
La boca contraída de amargura,
Los surcos del dolor recién abiertos
Mi afán y mi ansiedad precipitaron.
—¿Y ellos? ¿y ellos? mis labios preguntaron:
—¡Muertos! me dijo: ¡muertos!
Y en llanto amargo prorrumpió mi hermano,
Y se abrazó llorando con mi amigo,
Y yo mi cuerpo alcé sobre una mano,
Viví en infierno bárbaro un instante,
Y amé, y enloquecí, y os vi, y deshecho
En iras y en dolor, odié al tirano,
Y sentí tal poder y fuerza tanta
Que el corazón se me saltó del pecho,
Y lo exhalé en un ¡ay! por la garganta.

❧

Y vime luego en el ajeno lecho,
Y en la prestada casa, y en sombría
Tarde que no es la tarde que yo amaba,
Y quise respirar, y parecía
Que un aire ensangrentado respiraba!
Vertiendo sin consuelo
Ese llanto que llora al patrio suelo,

---

8. Este *amigo leal* es el mismo Fermín Valdés Domínguez, que le da a Martí, en Madrid, la sangrienta noticia.

Lágrimas que después de ser lloradas
Nos dejan en el rostro señaladas
Las huellas de una edad de sombra y duelo,—
Mi hermano cuidadoso
Vino a darme la calma generoso.
Una lágrima suya,
Gruesa, pesada, ardiente,
Cayó en mi faz; y así cual si cayera
Sangre de vuestros cuerpos mutilados
Sobre mi herido pecho, y de repente
En sangre mi razón se oscureciera,
Odié, rugí, luché; de vuestras vidas
Rescate halló mi indómita fiereza...
¡Y entonces recordé que era impotente,
Cruzó la tempestad por mi cabeza
Y hundí en mis manos la cobarde frente!

⚘

   Y luché con mis lágrimas, que hervían
En mi pecho agitado y batallaban
Con estrépito fiero,
Pugnando todas por salir primero.
Y así como la tierra estremecida
Se siente en sus entrañas removida,
Y revienta la cumbre calcinada
Del volcán a la horrenda sacudida,
Así el volcán de mi dolor, rugiendo,
Se abrió a la par en abrasados ríos,
Que en rápido correr se abalanzaron,
Y que las iras de los ojos míos
Por mis mejillas pálidas y secas
En tumulto y tropel precipitaron.

⚘

Lloré, lloré de espanto y de amargura:
Cuando el amor o el entusiamo llora
Se siente a Dios, y se idolatra, y se ora;
¡Cuando se llora como yo, se jura!

༄

Y yo juré! Fue tal mi juramento,
Que si el fervor patriótico muriera,
Si Dios puede morir, nuevo surgiera
Al soplo arrebatado de su aliento!
Tal fue que si el honor y la venganza
Y la indomable furia
Perdiera su poder y su pujanza,
Y el odio se extinguiese, y de la injuria
Los recuerdos ardientes se extraviaran,
De mi fiera promesa surgirían,
Y con nuevo poder se levantaran,
E indómita pujanza cobrarían!

༄

Sobre un montón de cuerpos desgarrados
Una legión de hienas se desata,
Y rápida y hambrienta,
Y de seres humanos avarienta,
La sangre bebe y a los muertos mata.
Hundiendo en el cadáver
Sus garras cortadoras,
Sepulta en las entrañas destrozadas
La asquerosa cabeza; dentro el pecho
Los dientes hinca agudos, y con ciego
Horrible movimiento se menea,
Y despidiendo de los ojos fuego,
Radiante de pavor, levanta luego

La cabeza y el cuello en sangre tintos:
Al uno y otro lado
Sus miradas estúpidas pasea,
Y de placer se encorva, y ruge, y salta,
Y respirando el aire ensangrentado
Con bárbara delicia se recrea.
Así sobre vosotros,
—Cadáveres vivientes,
Esclavos tristes de malvadas gentes,—
Las hienas en legión se desataron,
Y en respirar la sangre enrojecida
Con bárbara fruición se recrearon!

❧

Y así como la hiena desparece
Entre el montón de muertos,
Y al cabo de un instante reaparece
Ebria de gozo, en sangre reteñida,
Y semeja que crece,
Y muerde, y ruge, y rápida desgarra,
Y salta, y hunde la profunda garra
En un cráneo saliente,
Y, al fin, allí se para triunfadora,
Rey del infierno en solio omnipotente,—
Así sobre tus restos mutilados,
Así sobre los cráneos de tus hijos,
Hecatombe inmortal, puso sedienta,
Despiadada legión, garra sangrienta!
Así con contemplarte se recrea!
Así a la patria gloria te arrebata!
Así ruge, así goza, así te mata!
Así se ceba en ti! —¡maldita sea!

❧

Pero ¿cómo mi espirítu exaltado,
Y del horror en alas levantado,
Súbito siente bienhechor consuelo?
¿Por qué espléndida luz se ha disipado
La sombra infausta de tan negro duelo?
¿Ni qué divina mano me contiene,
Y sobre la cabeza del infame
Mi vengadora cólera detiene?...

❧

Campa! Bermúdez! Álvarez!... ¡Son ellos,
Pálido el rostro, plácido el semblante;
Horadadas las mismas vestiduras
Por los feroces dientes de la hiena!
¡Ellos los que detienen mi justicia!
¡Ellos los que perdonan a la fiera!—
¡Déjame ¡oh gloria! que a mi vida arranque
Cuanto del mundo mísero recibe!
¡Deja que vaya al mundo generoso,
Donde la vida del perdón se vive!

❧

Ellos son! Ellos son! Ellos me dicen
Que mi furor colérico suspenda,
Y me enseñan sus pechos traspasados,
Y sus heridas con amor bendicen,
Y sus cuerpos estrechan abrazados!
Y favor por los déspotas imploran!
Y siento ya sus besos en mi frente,
Y en mi rostro las lágrimas que lloran!

Aquí están, aquí están! En torno mío
Se mueven y se agitan...
—Perdón!
　　　—Perdón!
　　　　　　—¿Perdón para el impío?
—Perdón! Perdón! me gritan,
Y en un mundo de ser se precipitan!

⁂

¡Oh! gloria, infausta suerte:
Si eso inmenso es morir, dadme la muerte!

⁂

—Perdón! —así dijeron
Para los que en la tierra abandonada
Sus restos esparcieron!—
¡Llanto para vosotros, los de Iberia
Hijos en la opresión y en la venganza!—
Perdón! Perdón! esclavos de miseria!—
Mártires que murieron, bienandanza!—
La Virgen sin honor del Occidente,
El removido suelo que os encubre
Golpea desolada con la frente,
Y al no hallar vuestros nombres en la tierra
Que más honor y más mancilla encierra,
Del vértigo fatal de la locura
Horrible presa ya, su vestidura
Rasga y emprende la veloz carrera,
Y, mesando su ruda cabellera,
—¡Oh, —clama— pavorosa sombra oscura!
Un mármol les negué que los cubriera
Y un mundo tienen ya por sepultura!

⁂

Y más que un mundo, más! Cuando se muere
En brazos de la patria agradecida
La muerte acaba, la prisión se rompe;
Empieza, al fin, con el morir la vida!

※

Oh! más que un mundo, más! Cuando la gloria
A esta estrecha mansión nos arrebata,
El espíritu crece,
El cielo se abre, el mundo se dilata
Y en medio de los mundos se amanece!

※

Déspota: mira aquí cómo tu ciego
Anhelo ansioso contra ti conspira:
Mira tu afán y tu impotencia, y luego
Ese cadáver que venciste mira,
Que murió con un himno en la garganta,
Que entre tus brazos mutilado expira
Y en brazos de la gloria se levanta!
No vacile tu mano vengadora;
No te pare el que gime y el que llora:
¡Mata, déspota, mata!
¡Para el que muere a tu furor impío
El cielo se abre, el mundo se dilata!

Madrid, 1872

SÍNTESIS

Doce años, doce flores
En este, Inés gentil, nido de amores;
Doce años, doce vidas

En las almas al yugo férreo uncidas.
Doce años, doce puntos
En la vida feliz de los difuntos.

❦

Pusiéronle una flor en los cabellos:
¡De vergüenza murió la flor en ellos!

❦

¿Ves el césped al margen de los ríos?
Radiante de verdor: así a la margen
Del casto amor, los pensamientos míos.

❦

Tres hijas; tres simientes
De vida universal: tres aureolas
Para tres nobles varoniles frentes;
Y en el correr del mar, tres pobres olas
Tranquilas, melancólicas, dolientes!

❦

La semilla,—que en árbol se convierte,
La flor,—que fecundada se entreabre,
La rama,—luego altivo tronco fuerte,
Y la madre—mujer que en hijos se abre
Y, dando vida, marcha hacia la muerte.
Por eso nada acaba,

Y queda la existencia repartida
Cuando, cansado el cuerpo de la vida,
Piensa al fin en dormir, se dobla y cava.

❦

...A veces
Los ojos rompen en sabroso llanto
Y el corazón en inefables preces!

❦

...¡Qué claro he visto
En esta oscuridad, y qué misterio
De armónicos efluvios en los átomos
De mi ex-humano seno se han cumplido!

❦

Juventud, sueño audaz! ¡La sed empieza
Cuando acaba la fuente de belleza,
Como empieza la vida
Cuando el aura vital desvanecida
Se pierde en su maldad o en su flaqueza!

❦

Pues cierro yo los ojos a la Tierra
Y me repliego en mí, y el alma mía,
Su envejecida cárcel sacudiendo,
Por espacios magníficos pasea,
Y con la brisa universal me orea!

❦

¡Verdad es! De mi vil carne la mano
¡Impotente verdad! no llega al cielo;
Pero dentro del ser medido humano
¡Hay otro ser sin forma y sin medida
Que toca y ve, —post-vida y ante-vida!

⁂

El alma universal dos hijos tuvo:
Cada ser en mitad viene a la tierra:
¡Así es toda la vida del humano
Buscar, siempre buscar su ser hermano!

⁂

Escucha. ¿La memoria
Es barbarie fatal, o cierta gloria?
—Memoria es un taller de la existencia
Que en sangre cobra el precio de su ciencia.

⁂

—¿Que me quieres? El brillo me lastima
De tus ardientes ojos encendidos!
—¿Que me olvidas? Ya laten presurosos,
Libres de la serpiente mis sentidos!

⁂

¿Viste jamás el sol de la Inglaterra?
¡Mísero sol inglés! Pretende en vano,

La bruma hendiendo, iluminar la tierra:
¡El espíritu humano
Lucha así con la cárcel que lo encierra!
El sol, globo sin rayos encendido
Por la cólera luce enrojecido:
¡Como la bruma al sol inglés airado,
El cuerpo para el hombre aprisionado!

⚜

Raro suceso! ¡Extraña simpatía
Del hombre, el sol y el año!
Principió de aquel hombre la agonía
En medio del crepúsculo de un día
Del octubre pluvial; ¡suceso extraño!
¡Cayendo al par en grave sepultura
El año, el sol, la frágil envoltura!

Oscuros, pesarosos y sombríos
Hallas, al verlos hoy, los ojos míos:
¡Ay! cuando se copiaban, presentían
Que alguna vez de verte dejarían!
España, —1873

Poemas escritos en México y en Guatemala
[1875-1877]

MIS PADRES DUERMEN

Mis padres duermen
Mi hermana ha muerto[1]

Es hora de pensar. Pensar espanta
Cuando se tiene el alma en la garganta.

¡Oh, sueño de los pobres,
Los ignorados héroes de la vida,
Los que han sólo en la ruta sin medida
Cielo negro, sol puesto, aguas salobres!
¡Oh, sueño acongojado,
Por el futuro mal interrumpido,
Por el presente mal sobresaltado!—
Pues tu víctima soy, mi cuerpo toma:
Allá se van los miembros al verdugo;
Envilécelos tú, —tú me los doma,
Y pues—cobarde al fin—acepto un yugo,

---

1. Su hermana Mariana Matilde había fallecido un mes antes de escribir este poema; concretamente, el 5 de enero de 1875.

Sólo digno de mí, sélo tan fuerte
Que llegue pronto, por tu peso hundido,
Al más lejano yugo de la muerte!—
Y tal puedas en mí, que—escarnecido
Por mi impotencia vil, hazme tu imbécil,
Pues hacerlos de paz aún no he podido.

   Ellos tienen las canas en la frente,
La noche del amor en la memoria,
Y en la faz una lágrima caliente
Y un caliente cadáver por historia.—
   Ellos la oyen gemir, con ese extraño
Oído paternal, que oye y escucha
Más allá de las tierras del engaño
Donde el espíritu con el cuerpo lucha;
   ¡Ellos saben la voz que se levanta
En los misterios de la noche breve,
Y conocen el árbol en que canta
Y adivinan la rama en que se mueve!
   ¡Ellos la ven de la apartada huesa
Alzarse blanca, embellecer la vida
Y sienten el instante en que los besa,
Y en que en su corazón está dormida!
   ¡También es noche ahora—
   Y ella riega la tierra que la cubre
   Con el llanto de amor que por mí llora!

No está! no está! Las hojas que gimiendo
Grabé en dolor,—por sus miradas, bellas—
Abiertas miro aquí, como diciendo
Que el ángel que las vio partióse dellas!
   Y el pensamiento mismo que en una hora
Amarga le envié, cabe el vacío
Libro amarillo y pálido está ahora,
Como el desierto pensamiento mío!

Ella el lenguaje hablaba misterioso
Del sueño y la oración: —ella tañía
En el arpa del ángel silencioso
El canto aquel que el ángel prefería!—
    ¡Y allá en la paz en que la vida es bella
Y luna y sol alumbran la fortuna,
Yo un rayo de aquel sol sentíme, y ella
Otro rayo también de aquella luna!
    Ella nació con flores en la frente;
Ella brotaba luz de su cabeza,
Y en sus labios dormía blandamente
La Virgen sin color de la pureza.
    ¿Dónde es la Virgen ida
    Si ella, su dulce hermana, es ya partida?
Yo vi cómo arrancada
Por mano vil del tallo, y deshojada,
Murió de desconsuelo
Y de perdido amor una flor blanca;
¡Así mueren los ángeles del cielo
Cuando al cielo la tierra los arranca!

    Aquella rosa pálida encendida
En su mejilla en que la paz se jura;—
Aquella claridad suave esparcida
En el tenue redor de su figura;—
Y aquel párpado azul en que dormían
Las alas del amor—eran de duelo
Lágrimas y de luz, que en sí vertían.
Memorias de su amor perdido al cielo!
    De su perdido amor.—
                        Ella sabía
Las mañanas de sol,—tardes azules,—
Noches en que la madre tierra fría
Con reflejos del Sol la amante Luna
Acaricia y esplende todavía.

Y supo bien los cantos del martirio
Y las hirientes trovas de la pena,
Y la manera con que gime el lirio
Y el modo con que llora la azucena!

   Y cuando en el misterio de la tarde
La madre-flor su seno al aire abría
Al beso postrimer del Sol que aún arde,—
¡Ellos la amaban,—ella lo sabía!

   La tierra la quería
   Como quiere a los niños la mañana:
   Era hermana del Sol, y era mi hermana;—
   ¡Pero en la tierra vil se me moría!—

   ¡Oh, cómo está lo vivo
De muerto y agotado!
Y oscuro el Padre-Sol, y yo cautivo
Del más mezquino afán, de ella alejado!
   ¿Verdad que tú me besas
En las que amaste míseras mejillas?—
   ¿Verdad que están impresas,—
En este altar inmenso de la tierra,—
Tus rodillas al par que mis rodillas?

   Pues nos vimos los dos en aquel rayo
De una luna y de un Sol, y el mismo día...
Y eras tú del crepúsculo el desmayo
Y el vigor era yo del mediodía;—

   Pues tu ser y mi ser tan juntos fueron
Que cuando no alentamos,
Con unas mismas lágrimas lloramos
Y en una misma fosa se cayeron;—

   Pues es verdad que al punto en que moriste
Contigo yo morí,—y a ti la tierra
   Atmósfera formó y a mí más triste
Atmósfera fatal, cubre y encierra,—
   O vuelve tú a mi lado,

O llévame a tu mundo en ti encendido!—
¡O mucho tú has dormido
O mucho tiempo ha ya que he despertado!

¡Oh, madre, que la ves de la honda huesa
Alzarse blanca, embellecer la vida,
Y sientes el instante en que te besa
Y en que en tu corazón está dormida!—
¡Oh, labios que el postrer aire gozaron
Que sus vírgenes labios respiraron!—
　¡Oh, brazos de mi padre,—todo aquello
Que la palpó y la vio,—cuanto por verla
Para mi corazón es ya tan bello!—
　¡Oh, rayo de la luz, que a aquella perla
De divino dolor, al cielo abriste!—
　¡Oh, destello del Sol, que en ti tuviste
Con su postrer Adiós, mejor destello!
　Decidme cómo ha muerto;
　Decid cómo logró morir sin verme;—
　Y—puesto que es verdad que lejos duerme—
　¡Decidme cómo estoy aquí despierto!—

México, 28 de febrero de 1875

SIN AMORES

I

¿Que cante? Espera, espera todavía!
Yo vivo sin amor: ¿quién sin amores
Su soledad doliente cantaría?
Alma sin besos, sol sin esplendores.

Si me quisieras tú! Pero amo tanto
Que, aun queriéndome tú, perdón si creo

Que un límite de amor no diera encanto
A la grave ambición de mi deseo.

Tu amor no es el amor! Amor de tierra
Dentro la cárcel corporal se encierra!
Hay otro, hay otro más: ése no acaba,
Ni en la corpórea seducción se graba,

Ni en un mísero cuerpo se limita:
¡Amor extraterreno!
¡Allá el Padre Creador sabe su seno!
¡Allá me sé yo bien dónde palpita!

Pero también ¡si vieras
Cómo forjo yo en ti dulces quimeras!
Vivir es una culpa: en ti yo un día
Olvidado de culpas viviría!

II

He sido. La memoria,
Dócil al fin un hora a la ventura,
Me dice los secretos de esa gloria
Un tiempo habida, eterna en cuanto pura.

Eternidades tiene la Pureza:
Ella eterna, yo eterno, eterno todo,
Desde el rayo que enciendo en mi cabeza
Hasta el átomo mísero de lodo!

Buena senda, buen lecho, buena alfombra
De la vida el amor: ¡cuán bella sombra,
El sueño breve del amar de un día
Que muerto ya calienta todavía!

III

¡Oh, luz pura de amor, casta delicia
Por mi pobre dolor tan bien gozada
Que la pálida hoguera abandonada
Aún lanza, aún acaricia
De vida su postrera llamarada!
¡Oh, cuán triste verdad que en las memorias
Fugaces del amor,—en que el olvido
Con repugnante página de cieno
Del pecho de la muerte recogido,
Cierra tantas bellísimas historias
De cielo azul y resbalar sereno,—
Entre tanto galán y tanto amante
Es el dolor el único constante!
¡Ella y yo, ser y ser, ráfagas idas
De aquella luz más blanca que las nieves
Que de la tierra vil compadecidas
Llorando cubren las espaldas leves!
Ida! ¡la que amó tanto aquel destello
Del claro sol, que fecundó en su falda
Jardines que adornaron su cabello,
Uno cabe su seno, otro más bello
De flores de oro en su desnuda espalda!
Ida! En cuántos crepúsculos hermosos,
De gérmenes de amor llené sus labios
Más rojos que el coral, y más sabrosos
Que las paces después de los agravios!
Y ¡cuál sueño de paz en el caliente
Seno de mi doncella enamorada,
Más puro que los lirios de su frente
De su mismo color ruborizada!
¡Y allá en su pensamiento, cuántas horas!
¡Y aquí, cuántas vacías!
¡Y allá en la soledad, cuántas auroras

De indefinible luz, y cuántos días
Sin noche y sin mañana,
Principio y colmo de la dicha humana!

¡Oh, cómo la quería!
Le dije adiós: morí desde aquel día!

IV

Amor: ¡es más que amar! ¡Aún se ama, luego
Que se ha apagado de la vida el fuego!

Se ama cuando en el ser fortalecido
Por besos de mujer, el Sol se enciende;
Cuando en cielos de paz, la luna esplende;
Cuando en el corazón está dormido
De dolor el dolor, que, a veces, tanto
Sufre mi corazón que llora el llanto,
Y hasta el dolor se siente adolorido!
Y cuando en brazos de la muerte hermosa,
De la humana existencia la medida
Dicen los miserables que reposa
Y sé yo que prosigue allí la vida,
El musgo, la oropéndola, las flores
Que brotan de esta tierra nunca fría,
Son besos, son suspiros, son amores:
Muertos que están amando todavía!

México, 9 de marzo de 1875

MAGDALENA

Magdalena era pálida, y lloraba
Con dos ojos tan negros y tan bellos,

Que al antro su cabello envidia daba
Y más negros los vi que sus cabellos.

　Aurora y Magdalena se querían
Como quiere a las lágrimas la pena:
¡Oh, benditos los bardos que pedían
Auroras para cada Magdalena!

　La orfandad llora mucho, y lloró tanto
En aquella hermosura peregrina,
Que aquel pan que miraba con espanto
Tuvo siempre más lágrimas que harina.

　Aquel cuello gentil se doblegaba,
Aquella alta cabeza no se erguía;
Y en los valles el lirio sollozaba,
Y el nelumbio[2] en los lagos se moría!

　Hogar de caridad su seno abierto
A las miserias de la suerte tuvo,
Y, una vez el hogar amante muerto,
El seno de la triste al aire anduvo.

　Y las míseras alas de un tejado,
Más que un hombre a las veces compasivo,
Cobijaron su cuerpo anodadado,
Muerto ya que solloza que está vivo.

　Luz de amores al alma le faltaba,
Pan de cuerpo su boca no tenía;
Y en los valles el lirio sollozaba,
Y el nelumbio en los lagos se moría.

---

2. *nelumbio:* planta acuática de flores blancas o amarillas y de hojas aovadas.

II

   Virgen era sin duda Magdalena,
Pero, de la miseria vil esposa,
El implacable viento de la pena
De su virginidad secó la rosa.

   ¡Cuántas almas infames y manchadas
En no tocados cuerpos cristalinos!
¡Cuántas almas de virgen perfumadas
En cuerpos comerciados y mezquinos!

   Hambre tuvo, que es hambre: pan y galas
El buitre le ofreció, galas muy bellas.
¡Y la Vergüenza al fin abrió sus alas
Y a Magdalena cobijó con ellas!

   Con pan, pero sin luz, el nuevo día
En el jardín de sus primicias llora,
¡Y como tanto Aurora la quería,
En el Ocaso aquel lloró la Aurora!

   Ida la noche, el sol enamorado
Con sus rayos innúmeros calienta,
Pero una vez en el confín alzado
El sol del deshonor más rayos cuenta.

   Es rojo como sangre, sangre roja
Que en raudales escápase que espantan
Y en cada gota que a la tierra arroja,
Un sauce y una lápida levantan!

   ¡Oh, concepto de honor! balanza dura
Que de un pan con el queso al mal se inclina,
Sin pensar que en la madre sepultura
Todo pan a la Nada se avecina!

¡Oh, villano concepto, que así entiende
Que el hambre el nudo cuerpo no disculpa,
Y al cuerpo sin vestir ropas no tiende
Que aparten las miradas de la culpa!

¡Oh, honor convencional, que así rehúsa
Su mal de desnudez con brazo rudo,
Sin pensar que a la tierra que lo acusa
El cuerpo el Hacedor lanzó desnudo!

Nadie jamás inculpe a los sedientos
Sin calmar con el agua sus afanes:
Nadie inculpe jamás a los hambrientos
Sino acabando de ofrecerles panes.

III

Y entonces, ya sin hambre, cuán distinta
La triste y sin ventura Magdalena,
Que aquella flor de su pasado pinta
Tan hermosa, tan púdica, tan buena!

Uno más; otro más... ¡cuántos desmayos
Del ángel del pudor! ¡cuántos dolores
De la flor de su ayer!; y cuántos rayos
Del sol del deshonor sobre estas flores!

Mas, puesto que a través de los cristales
Sin mancha suya, el Sol la alcoba llena,
¿Quién sabe si—cristal y cuerpo iguales—
Así cruza este Sol por Magdalena?

¿Quién sabe si la mano que comprime
La miserable mano que la paga
No siente a veces un dolor sublime
Que avecina los bordes de su llaga?

¿Quién sabe en los placeres lo que llora?
¿Quién conoce la sangre en la sonrisa,
Y el odio en el amor, y la dolora
En el bullente fondo de la risa?

¡Bien lo sabe el que oyó—cuando hubo impreso
Su labio en otro labio, preguntando:
¿Por qué lloras, mujer?—¡Porque te beso!
¡Oh, vil de mí! ¡por eso estoy llorando!—

Y lloraba en verdad, y el que la oía,
Sin darse cuenta de llorar, lloraba;
Y en los valles el lirio renacía,
Y el nelumbio en los lagos despertaba!

IV

Mujer, y flor, y llano se fecundan
En hijos, en aroma, en musgo, en flores,
Y el universo terrenal inundan
Con la savia vital de los amores.

Por la ley de la tierra aquella altiva
Doncella de oropéndola trocada,
Estando muerta fecundó la viva
Humana encarnación de una alborada.

Y vio de su belleza inextinguible
Una niña surgir a tanto bella,
Que allí la tierra vio cómo es posible
Brotar de una oropéndola una estrella!

Yo no sé qué callados devaneos
Sobre aquel corazón se columpiaron:
No, no sé qué gallardísimos arreos
Aquella alma de luz engalanaron;

Pero sé que otra vez la infamia quiso
Besar con besos de oro aquella boca,
Y el miserable pagador, sumiso
De la pagada al pie, perdón invoca!

Pero sé que en los ojos encendidos,
Y en sus mejillas mismas encarnadas,
Están todos los rayos redimidos
Y las flores de ayer resucitadas!

V

Una cana cabeza, aquella misma
Que al ser fecundador anima y mueve,
En su conciencia el pensamiento abisma
Y en su vergüenza el corazón conmueve.

«Otro brazo ha estrechado su cintura!
Otro labio ha besado aquella boca!
¡Cuando yo la besé no estaba pura!
¡Cuando otro la besó, ya estaba loca!»

Es tremendo un combate así gemido:
Es horrible este diálogo entablado,
A la luz de aquel ser que se ha encendido,
Con el oro fatal que se ha pagado!

VI

O la virtud redime, o la cabeza
Cana ha alocado el corazón de un hombre;
Pero ya tiene un nombre la belleza
Y la estrella gentil ya tiene un nombre.

Es rosa la oropéndola: aquel cuello
Se alza brillante en redención, y lleva
Del cano esposo el corazón tan bello
Un inefable amor de Magdalena.

Aquel amor espléndido escondido
En el seno que al aire triste anduvo,
Cuando, el hogar de caridad perdido,
El ala de un tejado en sí la tuvo;

El amor que del alma se salía
Cuando el horrible pan le fue brindado,
Y más dentro del alma se escondía
Por el peso del pan infame ahogado!

Y como tantas lágrimas cayeron
Sobre el dormido amor, y tantas horas
Sus pensamientos pálidos gimieron,
Y durmió sobre él tantas auroras,

Aurora es el amor que comprimido
Por beso y pan, del vil comercio lejos,
Ni ha llorado un instante envilecido,
Ni doró con el oro sus reflejos.

Puro y luz el amor que, cuando el día
La corporal vergüenza iluminaba,
En sus ensueños púdicos dormía,
Y en el fondo del alma entresoñaba!

Al noble corazón animan flores;
La nieve paternal de luces llena
Una mujer con púdicos amores;
¿Es buena, es mala, es pura, Magdalena?

México, 17 de marzo de 1875

MUERTO

¡Espíritu, a soñar! Soñando, crece
La eternidad en ti, Dios en la altura!

   El Cielo y el Infierno
Hermanos son, hermanos en lo Eterno:
¡Sobre la Eternidad yo me levante,
En la savia vital mi fuego encienda,
Todo a mi lado resplandezca y cante,
A mis plantas lo ilímite se extienda,
Y cuando el Sol alumbra y cubre el cielo
Cantares traiga aquí para este duelo!

                    ※

   ¿Quién sabe cuándo ha sido?
¿Quién piensa que él ha muerto?
¡Desde que aquel cadáver ha vivido,
El Universo todo está despierto!
Y desde que a la luz de aquella frente
Su seno abrió la madre Galilea,
Cadáver no hay que bajo el sol no aliente
Y eterno vivo en el sepulcro sea!

                    ※

   Él cavó las atmósferas dormidas;
Él contrajo los miembros fatigados;
En haz de luces concentró las idas
Mieses descoloridas
De los campos del hombre abandonados;
Ungiólo en fuego, lo esparció por tierra,
Durmió sobre él, y redimió la Tierra!

                    ※

¡Hermano, hermano fuerte!
¡Oh, padre, padre altivo,
Que adivinó las vidas de la muerte
Y eternamente resplandece vivo!
¡Oh padre, que se sienta
Donde el sol de los mundos se calienta!
¡Oh, Sol que no anochece!
¡Ojos de amor que eternamente lloran!

⚭

Fuego de paz que eternamente crece;
Brazos que al mundo por el mundo imploran,
Cuando a un mísero golpe de su planta
En polvo hiciera el mundo que levanta!
El hombre en que moriste,
La cruz en que te hollaron,
La madre en que gemiste,
Y el Sol que con tu muerte iluminaron,
Ni hombre, ni cruz, ni Sol, ni madre fueron!
Abandonado al Génesis dormía,
Y el Universo entero se moría,
Y los besos del Génesis surgieron!
Y si de tantas lágrimas lloradas
Algo quedó en la tierra estremecida,
Las de la madre fueron, derramadas
Como en la tumba hundida,
Los postrimeros cantos de la vida!
¡Oh llanto de una madre, nueva aurora
Que al agotado aliento resucita
En que todo el espíritu se llora
Y todo el fuego redentor palpita!
¡Si el Génesis muriera,
Si todo se acabara,
El llanto de una madre vivo fuera,

Y porque el hijo por quien llora viera,
La nada con el hijo fecundara!—
   ¡Oh, madre, mi María!—
Porque hubieran tus labios de mi boca
El beso postrimer, y la sombría
Existencia fatal que el polvo invoca
No sintiese el horror de tu agonía,—
¡Oh, madre! aquí en la tierra,
En la cárcel imbécil que me encierra,
Devorando mis miembros viviría!—

   Aquél! Fue grande Aquél; pero en la cima
De la grandeza paternal no hay monte
Que de dolor de pequeñez no gima,
Ni hay rayos en el Sol, ni hay horizonte
Que de besar sus huellas se levante,
Ni mar que no murmure,
Ni labio que no jure,
Ni mundo que no cante!—
Hay cantos para ti: canta el mezquino
Ser de la tierra el oro y el palacio,
Y a ti, padre divino,
El mundo entona el canto del espacio!—
   Un leño se cruzó con otro leño;
Un cadáver—Jesús—hundió la arcilla
Y al resplandor espléndido de un sueño
Cayó en tierra del mundo la rodilla:
   ¡Un siglo acaba, nace otra centuria,
Y el hombre de la cruz canta abrazado,
Y sobre el vil cadáver de la Injuria,
El Universo adora arrodillado!—

                    México, 23 de marzo de 1875

NI LA ENAMORO YO PARA ESTA VIDA

Ni la enamoro yo para esta vida:—
Es que a unas horas por la senda andamos,
Y entre besos y lágrimas, hablamos
Del instante común de la partida!

⁂

Nos iremos los dos: no sé de cierto
Quién primero ha de ser el vivo muerto;
Pero, allá en los umbrales,
Si yo, yo espero; si ella, ella me aguarda
Y, así, más fuerte hará nuestros rivales
Amores, el amor a lo que tarda.—

⁂

Fácil: —mortal. El punto más amado
Entre los puntos que el amor encierra
Es lo Imposible, ¡el fuego aún no apagado
De este mi corazón opreso en tierra!

⁂

Mujeres: —cuando el labio—
Trémulo y rojo y suspendiendo un beso,
En perdón de una culpa o de un agravio
A punto esté de parecer impreso;—
Aunque el alma con llanto lo pedía,
Aunque enrojezcan lágrimas los ojos,
Que lloren —¡oh poesía!—
¿A qué trocar el oro por despojos?
¡Beso no dado, es beso todavía!

⁂

¡Colgadlo, suspendedlo:
Haced —¡oh bien!— que sobre el labio vague,
Pero nunca lo deis! oh criaturas
Del homicida Amor! —¡que nunca apague
El débil resonar de un beso dado
El ruido celestial de uno esperado!—

⚜

Esperar es vivir; tener es muerte.—
Verte es amor ¡oh dueña de mi vida!
Pero, ¡más fuera amor no poder verte!—
Debilísimo sol, la ansia cumplida.—

⚜

¡Qué suave andar, qué blando movimiento
El de un beso que vaga en el espacio,
Y a nuestro labio seco y avariento
Girando llega, espacio[3], muy despacio!—

⚜

¡Qué beso tan cumplido
Un beso largo tiempo prometido!

⚜

La boca que nos besa,
Besándonos está desde el instante
Que suspendió a sus labios la promesa,
Y el pobre corazón sobresaltado
Imagina en su amor que lo han besado!—

⚜

---

3. *Sic.*

Y, acaso, ¿quién sostiene
Que aquello que se sueña, no se tiene?
¡Pues tiénese más puro,
Sin el dolor de realidad que afea,
Sin ese peso de la carne duro
Que la inefable atmósfera sombrea!

◦◦◦

¡Oh, sueño, mi riqueza!—
¡Hermano amante mío,
Y lecho de mi férvida cabeza!—
¡Piedad de amor para mi ser impío!—
¡Oh, sueño, tú eres bueno:
No sangre vi, ni lodo vi en tu seno!

◦◦◦

¡Qué placer es pensar! Y ¡qué ventura
Soñar de una mujer la sombra pura!
Y ¡cuántas, cuántas horas
Cuyos males con sombra llevo impresos,
¡Cuántas me han sorprendido las auroras,
Soñando labios y esperando besos!

◦◦◦

¡Oh, deja que me acuerde! Vete y deja
Que ame, más que a tu amor, a tu memoria,
Que un bien probable, cierto se refleja
Y una gloria en el aire es también gloria!

◦◦◦

¿Quién sabe si a tu lado
Sintiera yo el dolor de un beso dado,—
Cuando lejano Allá, dicha suprema,
Cuando logrado, logro que nos quema?

※

¡Oh, déjame, mujer! —Yo sé cuál riza
Los labios del amante la amargura,
Cuando un beso en sus labios se desliza,
Rayo menos de estrella menos pura!

※

¡Yo sé cómo lloraba
Un hombre porque un ángel lo besaba!—
¡Yo sé el avergonzar, yo sé el momento
En que en las ondas férvidas de un alma,
El cieno del placer manchó una palma,
Y un beso se trocó en remordimiento!—

※

Adiós.—Aquí me llaman
A la tierra la vida y la faena:—
¡Oh, bésame después! —En los que aman
Un beso pronto angustia como pena:
Exalta, llora, irrita,
De la vergüenza entre los brazos llora,
Y en pensamientos de olvidar se agita,
Y en pensamiento de morir devora!—

※

¡Qué beso tan cumplido
Un beso largo tiempo prometido!
                    27 marzo.—1875

ROSARIO[4]

Rosario,
   En ti pensaba, en tus cabellos
Que el mundo de la sombra envidiaría,
Y puse un punto de mi vida en ellos
Y quise yo soñar que tú eras mía.

   Ando yo por la tierra con los ojos
Alzados —¡oh mi afán!— a tanta altura
Que en ira altiva o míseros sonrojos
Encendiólos la humana criatura.

   Vivir: —Saber morir; así me aqueja
Este infausto buscar, este bien fiero,
Y todo el Ser en mi alma se refleja,
Y buscando sin fe, de fe me muero!

29 marzo 1875

ALFREDO[5]

I

   Alfredo:—¡qué abundante cabellera
Sobre la franca sien llevó extendida,
Todo tiempo de mal y lucha fiera
Que sollozando anduvo por la vida!

---

4. Rosario de la Peña Llerena, amiga de Martí y animadora de la vida intelectual de la ciudad de México en aquel tiempo.
5. Poema inspirado en el *Manfredo* de Lord Byron, célebre drama en verso publicado en 1817. Manfredo es el hombre romántico perseguido por la fatalidad: su afán de goce infinito se ve acosado por los demonios y otros seres malignos.

Plazas, calles, paseos,—vagabundo,
La frente al aire, el caminar tardío,
Aquel ocioso espíritu en profundo
Trabajo andaba, lleno de vacío.

Clavado en sí, su cuerpo lo encerraba
Como la niebla al sol que lucha en vano
Por penetrar la nebulosa traba
Que rayos roba al mundo del humano.

Ora en Alfredo alzábase tormenta,
O en suaves ondas como el lago terso,
El aire blando el suave rizo aumenta
De su alma en el espacio, un alma en verso.

II

Alfredo: bravo mozo;—aquel gallardo
De frente franca y de soberbio cuello,
Ocioso eterno, caminante tardo,
Galán, amable, soñador y bello;—

Perenne triste, que con mano abierta
Llorando daba gozos y alegrías,
Y va dormido, y ante sí despierta
De su lecho de afán las Simpatías;—

Maniático doncel.—Mesaba loca
De hambre sus trenzas Dalia la indigente,
Y quiso Dalia besos de su boca,
Y Alfredo puso besos en su frente;

Y donde hallaba de la carne fría
Montón infame que a la carne amaba,

Blanco montón de espíritu ponía
Que la masa bestial iluminaba.

    Era raro, en verdad, aquel Alfredo;
Y como al punto cautivó mi asombro,
Palpéle yo, miréle, y vi con miedo
Sangre inmortal manándole de un hombro.

III

    Y por calles y plazas, y paseos,
La frente al aire y hacia atrás los brazos,
La mano daba a hermosos devaneos,
Y a su dorada Eternidad abrazos.

    Sentóse al fin; del apacible río
Las suaves ondas comparó con calma:
¿Quién sabe, dijo, si a mi ser vacío,
Cual onda a ti, refrescará algún alma?

    Hincó rodillas, abatió la frente,
Mojó en las aguas claras sus cabellos,
Y suspiró de amores la corriente
Y al joven inmortal besó con ellos.

    —«¡Mujer...!»— Y, a la palabra que decía,
Todo arbusto de flores se llenaba,
Y hasta un rayo de luna se ponía
Sobre la cabellera que flotaba!—

    —«¡Mujer...!»—Yo he visto un pájaro perdido
Llegar, volver sobre aquel tronco abierto,
Y el tronco solo, y sin su dueña el nido,
Plegar las alas y extenderse muerto!

—«¡Mujer...!»—Yo vi canoso pasajero,
Sangrando el pie, la espalda flagelada,
La tierra abrir, balbucear «yo muero»,
Tenderse en tierra y terminar jornada!

—«¡Mujer...!»—Y el viento a la negruzca roca
De las fatales playas de la vida,
Colgó de los cabellos a una loca
Y está por los cabellos suspendida.

¡El alma así de Alfredo vagabundo!—
Loca en la playa, pájaro en el tronco,
Viajero herido por el ancho mundo,
Niebla y sol, noche y luz, gemido bronco.—

IV

—«¡Mujer, mujer, en vano es que la vida
Sin ti vertiendo sangre de dolores,
Como una virgen pálida y herida,
La tierra cruce deshojando flores!—

»En vano, en vano que la vida entienda
La abrasadora lengua de los sabios,
Sin que este pobre corazón encienda
El lenguaje de amor vivo en tus labios!—

»En vano, en vano que la vida loca
Contemple en sí cadáveres impresos,
Mientras sin voluntad el alma invoca
El fuego redentor que arde en tus besos!—

»Cuanto fui, cuanto soy, cuanto se encierra
En esta alma en la tierra encadenada,

Que rota por el peso de la tierra
Sin vivir ni morir vive enclavada;

»Cuanto en mis horas de mayor locura
Un Dios esclavo dentro de mí germina,
Y rompe el alma con audaz bravura
Su forma vil, su esclavitud mezquina;

»¡Todo por el amor que la corriente
Del agua puso en mi cabello impreso!
¡Todo—oh mujer—porque en la herida frente
Amor me digas y me des un beso!»

Y por la orilla y calles solitarias,
La frente al aire y ojos en la tierra,
Lloró lamentos, sollozó plegarias,
Buscó mujeres, y lo hallado aterra!

V

—«Tú, miserable, porque en ti avarientos
Los ojos puse de codicia rojos,
Carne pusiste, infame, en mis lamentos,
Movible carne ante mis pobres ojos!

»¿Pensaste vil en que yo vil te amara?
¡Aparta, fango; mas de mí tan lejos,
Que, si yo fuera el Sol, no te llegara
Ni la pálida luz de mis reflejos!—

»Y tú, menguada; mísera ovejilla
Que acudiste a mi impúdico reclamo,
Y besaste diez veces mi mejilla,
Y dijiste cien veces "¡yo te amo!";

»Para los flacos en la dicha es tarde!
Flaqueza agravia y págate en agravios:
¡Lejos de mí, la oveja que cobarde
Prodiga besos y corrompe labios!

»Aquélla, la alba virgen, la que muere
De ansia de amor, y morir más desea,
¿Qué busca? ¿qué me llama? ¿qué me quiere?
¡No ha derecho al amor la mujer fea!

»La ajena, la maldita, la casada,
¿Qué quiso en mí la miserable un día,
Allí en el goce impuro revolcada
Donde el esposo mísero dormía?

»¡Horror, horror! ¡La mancha de aquel beso
Que entre los labios me dejó la fiera,
Ha de quedar sobre mi labio impreso
Como marca de oprobio, aunque me muera!

»¡Y, yo dormido, a sacudirme el dueño
Vendrá, con la casada de la mano,
Y se revolcará sobre mi sueño,
Como sobre él me revolqué inhumano!»—

Llorando Alfredo, conteniendo apenas
El pobre corazón que se rompía,
Fuese a regar con llantos las serenas
Ondas del agua que besara un día.

VI

—«¡Oh loca, oh cruel, oh plácida corriente,
Que con el sueño aquel de tus amores,

Me diste un beso en la tranquila frente
Que me duele con todos los dolores!—

»¡Oh imagen de amor que un alma viva
Halló a su nombre pálida y despierta,
Y tinta en sangre y de su mal cautiva,
Llorando vuelve un alma medio muerta!—

»¡Oh margen pura de la verde orilla
Donde, al amor de la mujer alzada,
El crimen vuelve corva la rodilla
Y la maldita frente avergonzada!—

»¡Oh madre blanda por que el agua pura
Cantando corre y apacible ondea:
Un beso dame al ánima sin cura
Que punto y gloria de mis culpas sea!

»¡Perdón, perdón, corrientes de este río!
¡Perdón, perdón, oh luz de esta ribera!
¡Arbustos que crecéis en torno mío!
¡Ondas que refrescáis mi cabellera!—

»Beso me disteis del amor proscrito
Que en fango traigo sobre el alma impreso:
Pues fue para vivir beso maldito,
Para vivir mejor dadme otro beso!»—

Calló el gimiente, se extendió en la onda,
Eco de un beso resonó en el río,
Y —«¡Alfredo!»— clamó, sin que allí responda
Más que otro beso al llamamiento mío.

México, 1 de abril de 1875

SIN AMORES

Amada, adiós. En horas de ventura
Mi mano habló de amores con tu mano:
Amarte quise ¡oh ánima sin cura
Ni derecho al amor! Para tu hermano
Aún sobra altivo entre mis venas fuego,
Y para amante, apenas
La sangre bulle en mis dormidas venas.

☙

¡Oh, yo no sé! La tarde enajenada
En que al mirarnos, de una vez nos vimos,
Amado me sentí, tú fuiste amada,
Y callamos, y todo lo dijimos.—
Después ¿lo sabes tú?—Vuelta del sueño
El alma en su descanso sorprendida,
Alzóse en mí contra el gallardo dueño
Por la temprana esclavitud herida;
Y mísera, y llorando,
Esta infeliz de amores se me muere,
Y por lo mismo que la estás amando,
Por lo mismo esta loca no te quiere!

☙

Oh! No me pidas que comprima el llanto
De soledad que ante tus ojos vierto:
Si solo estoy de mi orfandad me espanto,
Pero a mentir, ni para amarte—acierto!

Y llorarás:—yo sé cómo pusiste
En el soñado altar tempranas flores:—
Y triste quedas:—pero yo más triste
De amores vivo y muero sin amores.

Amarte quise. Peregrino ciego
Yo sé el amor al cabo del camino,
Mas ¡cómo en tanto devorando el fuego
El alma va del pobre peregrino!—

Engaño,—infamia. Si en tu amor pusiera
Un punto solo de una vil mentira,
Vergüenza al punto de mentir rompiera
La cuerda audaz de la cobarde lira!

Si brusco soy, si de soberbia herido,
Te hiero a ti, ni mi perdón te imploro:
Vencí otra vez; yo quiero ser vencido,
Y en busca aquí de quien me venza, lloro!

Perdón, perdón! Yo puse en mis miradas
El fuego extraño de la patria mía,
Allá donde la vida en alboradas
Perpetuas se abre al palpitar del día:—

Perdón! no supe que una vez surcado
Un corazón por el amor de un hombre,
Ido el amor, el seno ensangrentado
Doliendo queda de un dolor sin nombre:—

Perdón, perdón! porque en aquel instante
En que quise soñar que te quería,
Olvidé por tu mal que cada amante
Pone en el corazón su gota fría!

Y, si es verdad que, de su bien cansado,
No te ama ya mi corazón, perdona,
En gracia al menos por haberte amado,
Este adiós que a la nada me abandona!—

¡Oh, pobre ánima mía,
Quemada al fuego de su propio día!—

                México, 17 de abril de 1875

SÍNTESIS

I

Yo iría, sí,—yo iría
A ese cuerpo gentil, pero ¿quién sabe
Si he de encontrar en él un alma fría?
¡Que ese fácil amor otro se lleve!—
Amar a un cuerpo es sepultarse en nieve!

II

Lo abstracto es la verdad, y lo concreto
Es la traba del alma, y lo anchuroso
Es el movible punto de reposo
Para el corcel de la existencia inquieto!

III

El alma universal dos hijos tuvo,
Cada ser en mitad viene a la tierra:
¡Así es toda la vida del humano:
Buscar, siempre buscar, su ser hermano!

IV

Hay frío: mi dolor.—El sol despierta:
Un alma de mujer llama a mi puerta.

V

Espera, que ha caído
Una flor de tu pecho, Rosalía.
—Marchita está la flor; ¿cómo habrá sido?
¡La pobre flor de envidia se moría!

VI

¡Oh, la niña purísima y gallarda!
¡No ve que hasta la reja
Se agita, y se me queja,
Desesperada ya por lo que tarda!

VII

Hermosa tú, yo joven; pues ¿la vida
Es algo más que el punto en que se olvida?

HASCHISCH

Arabia:—tierra altiva
Sólo del sol y del harem cautiva.

❧

Cuando la infame Tierra abre su seno
Al árabe, engendrado
De ardiente arena y sol enamorado,
Y el seno, de miserias viles lleno,
Fango sangriento al árabe ha mostrado,

Lo eterno anhela, el árabe suspira,
Los ojos cierra a la verdad, y llora
Dulce llanto de amor a la mentira,
Y el alma ardiente de la tierra mora
Duerme para vivir, pues—viva—la ira
En su pecho más loca se levanta
Que la idea de amor en sus mujeres
Y el canto de pasión en su garganta.

꽈꽈

¡Amor de mujer árabe!—La ardiente
Sed del mismo Don Juan, se apagaría
En un árabe amor, en una frente
De que el negro cabello se desvía,
Como que ansia de amor eterno siente,
Y a saciarnos de amor nos desafía!—

꽈꽈

¡Oh! viven en aquellas
Magníficas doncellas,
Las trovas no escuchadas,
Las horas no sentidas,
Y lágrimas de amor aún no lloradas,
Y fuentes de hondo amor aún no sabidas;—
En ellas, las huríes,
Por cada rayo de su sol un beso
Con sabor de azahar y de alelíes;—
Y en ellas, lo imposible
De una hoguera de luz nunca extinguible!

꽈꽈

La vida es el amor—donde la tierra
Por los solares besos fecundada,
Pensiles ha por hijos, en que encierra
La fragancia y la luz de una alborada;—

La vida es el amor—donde de amores
Del libio sol y arábigas arenas,
Hasta el desierto mismo nacen flores
Con palmas leves de murmullo llenas;—

Y allí donde si el sol despareciera
Del beso de una hurí renacería,
Prendida dejo el alma pasajera
Y la vida es amor:—¡Oh! ¡quién pudiera
De una mora el amor gozar un día!

∞

No es estatua de lánguida figura
El alma de un poeta:
Es un sol de dolor: alma sin cura
De universal enfermedad secreta:—
En sí tiene el hervor, en sí esta fiera
Ansia que un beso incomparable invoca
Que, dado en una vez, arda en su boca
Más allá de las horas en que muera:—

¡Oh! pobre alma dormida
Sin este beso eterno sacudida!

Una árabe que besa
Es labio de mujer, donde nos cumple
La eternidad al fin una promesa:—

¡Oh! si mis labios pálidos rozara
Una arábiga boca, donde arde
Cuando se imprime, el fuego del Sahara,
Mientras no es ida, el fuego de la tarde;—

Si esta mejilla sin color,—hundida
Al espantoso beso
Que con los huecos de su boca, impreso
En cara y corazón deja la vida,—

Si este espíritu luce enamorado
Del armónico amor, en mí sintiera
Ese beso de una árabe, engendrado
Al fecundo calor de una quimera;—

Si el alma de una mora, al hierro impío
Del tiránico afán encadenada,
Viniera a calentar el pecho mío,
Y dejara en mi boca fatigada
Un beso como el fuego del Estío,
Largo como el dolor de esta jornada,—

Yo no sé qué dulcísima ternura
Este árido cerebro llenaría;
Yo no sé qué colores esta oscura
Virgen de mi alma casta vestiría;
Qué luz como esta luz,—¡oh, qué ventura
De una mora el amor gozar un día!

※

Chimenea encendida
Al frío corporal vuelve la vida:
¡También de un beso al fuego,
El muerto de vivir, renace luego!

※

Nadie sabe el secreto misterioso
De un beso de mujer: yo lo he sabido
En un arrobamiento luminoso
Extra-tierra, extra-humano, extra-vivido.

❧

Cuando todo lo férvido dormita,
Cuando todo lo imbécil gigantea,
Cuando la languidez sólo se agita
Y por nuestra alma mísera pasea,—
Hay algo más hermoso que una noche
De Enero de mi patria en las llanuras;—
Más dulce que un dulcísimo reproche
Lleno de confusión y de locuras,
Con que un trémulo labio
Culpa y perdona su amoroso agravio;—
Hay algo como en sueños,
Nos pareció escuchar, algo que ha sido
Verdad, aunque fue sueño, porque deja
Partida la verdad, cierto el sonido,—
Un rayo que refleja
Muy suave claridad,—una dulzura
Que todos nuestros átomos orea,
Y una especie de aroma de ternura
Que sobre nuestros labios titubea!—

Un beso de mujer!—Pues ¿cómo ha sido?
Todo lo venturoso ha renacido,
La redención espléndida amanece,
Esénciase el cadáver, y en el punto
Hermano siglo y siglo de un difunto,
O me engaño—¡oh ventura!—o me parece
Que do el difunto fue, la yerba crece!

❧

Un beso de mujer!—Yo lo he sabido
En un muy dulce instante extra-vivido.—

El árabe, si llora,
Al fantástico *haschisch* consuelo implora.
El *haschisch* es la planta misteriosa,
Fantástica poetisa de la tierra:
Sabe las sombras de una noche hermosa
Y canta y pinta cuanto en ella encierra.—

   El ido trovador toma su lira:
   El árabe indolente *haschisch* aspira.

Y el árabe hace bien, porque esta planta
Se aspira, aroma, narcotiza, y canta.

Y el moro está dormido,
Y el *haschisch* va cantando,
Y el sueño va dejando
Armonías celestes en su oído.

Muchos cielos ha el árabe, y en todos,
En todos hay amor,—pues sin amores,
¿Qué azul diafanidad tuviera un cielo?
¿Qué espléndido color las tristes flores?

   Y el buen *haschisch* lo sabe,
   Y no entona jamás cántico grave.

Fiesta hace en el cerebro,
Despierta en él imágenes galanas;
Él pinta de un arroyo el blando quiebro,
Él conoce el cantar de las mañanas,
Y esta arábiga planta trovadora
No gime, no entristece, nunca llora;
Sabe el misterio del azul del cielo,
Sabe el murmullo del inquieto río,
Sabe estrellas y luz, sabe consuelo,
¡Sabe la eternidad, corazón mío!

El árabe es un sabio:
Cobra a la tierra el terrenal agravio.

Y en tanto,—el encendido
Vigor de este mi espíritu potente,
Me quema en mí y esclavo y oprimido
Tormenta rompe en la rebelde frente:—

Y en tanto—de mi espíritu el deseo
De aquello lo invisible se enamora,
Y se abrasa en mí mismo, y me devora
Buitre a la vez que altivo Prometeo!—

Amor de mujer árabe! despierta
Esta mi cárcel miserable muerta:
Tu frente por sobre mi frente loca:
¡Oh beso de mujer llama a mi puerta!
¡*Haschisch* de mi dolor, ven a mi boca!

México, marzo de 1875

AMIGA: YO ESPERABA[6]

> «...*Y es que mi alma está muerta, hasta que le llegue al cuerpo su hora*»—*Así dice en una carta mi madre.*

«Amiga: yo esperaba
Al hijo que ha venido;
El hijo está; mas tanto me lloraba
El alma, que en el llanto se me ha ido.

---

6. El motivo luctuoso de la extensa elegía viene a ser, sin duda, el reciente fallecimiento de Mariana Matilde, *Ana,* hermana de Martí.

»El alma tengo muerta
En tanto que le llega al cuerpo su hora.»
Esto dice una carta ante mí abierta,
Que parece que me ama y que me llora!

⚜

Esto mi madre dice, esta sublime
Mujer en todo amor pura y serena,
Que no sabe el terror con que se gime
Ni el llanto sabe de cobarde pena.

Yo, como tú, tranquila y desgarrada
El alma llevo en la perpetua lucha,
Y a veces se repliega en mí espantada,
Trémula de terror por lo que escucha.

Bueno, mi madre: como tú la herida
El corazón jamás domado lleva,
Y va regando el campo de la vida
Con sangre pura, siempre clara y nueva.

Mi amor entiendes; en mi frente miras,
Imagen fiel del bárbaro combate,
Este fiero tumulto de las iras
Con que el henchido corazón me late.

Cuando mis pobres ángeles sonríen,
Cuando ese anciano sus desdichas llora,
Y no hay canas en él que no me envíen
La sorda voz con que a la muerte implora!

Tú sabes cómo,—cuando el alma aquella
Que del hogar desierto se me ha ido,
A verme viene en una luz tan bella
Que en ella tengo el corazón prendido,—

Grabado deja en mi cansada frente
El beso de dolor con que me llama,
Y una pálida luz que en el caliente
Hogar en rayos tibios se derrama.

Allá en la tierra miserable y fría
El pobre corazón me lo decía:—
«¡Ay! ¿cuando vuelva yo, se me habrá ido
La candorosa niña que solía
En mis brazos hallar caliente nido,
Y perfumar de amor mi fantasía?»—

&c&

Se fue! se fue!... No busques, madre amada,
Vestigios de la blanca criatura
En implacables sombras anegada,
En esa estrecha humana sepultura!

No busques—¡vete!—en la apartada tierra,
En el montón de cieno que la cubre:
Pues mi llanto del cieno no la arranca,
Pues la tierra a mis besos no responde,
Nada queda en la tierra de la blanca
Criatura que en sombras se me esconde!

Yo no quiero a ese polvo que la tuvo,
Ese lugar donde su cuerpo yace:—
¡No la tiene,—no es ella!—Lloraría
Debajo de la tierra, si me viese;
Su corazón la tierra rasgaría,
Y cuando cerca de ella me sintiese,
Para volverme a ver, renacería!

&c&

¡No es ella!— Yo no amo
Ese montón de polvo miserable:
¡No es el sepulcro de ella!—Yo la llamo
Y no hay nada en el polvo que me hable!
Yo beso, yo golpeo
El húmedo rincón, donde repiten
Que cubierta de tierra la dejaron:

No con falso dolor así se agiten!
¡Los que me dicen esto, no la amaron!
¡La vieron! ¡la trajeron!
La amaron blanca, la miraron bella,
Y, cuando sobre tierra la tendieron,
¿No se tendieron a la par con ella?

Hermana! yo te siento
Que desde el corazón me estás hablando:
Blanca te miro, pálida me tiendes
Tu mano pura que se pierde en sombra,
Y se me van los brazos a tu imagen
Y toda el alma trémula te nombra!

El alma toda te recibe ansiosa:
¡Aquí tienes la vida que me pesa;
Aquí tienes la carga fatigosa,
Aquí tienes el alma que te besa!...

∞

¡Sombra no más!—Mentira es que el sepulcro
Guarde lo noble de los seres yertos:
Nada en el polvo ni en la cal se encierra:
Pues mis ayes de amor están despiertos,
Ha de haber otra vida y otra tierra
Donde respondan a mi amor los muertos!...

Mentira!—Venerable
No es la capa de polvo miserable
Que ni me ama, ni llora, ni me mira:—
Florece el suelo en que una virgen llora;
Que ese polvo la guarda es vil mentira
Pero es sueño también que me habla ahora!

※

¡Oh, madre! Si en el alma está despierta
La imagen de un amor que no perece,
No es ya verdad que el alma tengas muerta:
El sol de este dolor nunca anochece!

México, 4 de junio de 1875

SIN AMORES

Llorando el corazón, llorando tanto
Que no veo el papel en que te escribo,
    Aquí te voy diciendo
    Que ya me estoy muriendo
    De tanto como vivo!

Ni tú, ni tú que con tus manos blancas
Apretaste las iras en mi frente,
    Que tal me palpitaban,
    Que casi se saltaban
    Del círculo candente;

Ni tú devuelves el calor perdido
Al ser amante que en mí mismo yace,
    Yo cumplo mi condena;
    Ésta es del vivo pena:
    No muérese ni nace.

Aquello que se sueña, no se tiene
En lo que el triste humano haber alcanza;
    Y para más tormento
    Locura es el invento
    Humano de esperanza.

Esperan los que viven bien hallados:
El torpe espera, espera bien el ciego:
    ¡Yo floto, abandonado
    En este mar helado,
    Sin ondas y sin fuego!

Y creo, yo sí creo; pero vive
Tan lejana y tan alta mi creencia
    Que dejo, peregrino,
    Más sangre en el camino
    Que hay luz en mi conciencia!

Y besabas tú bien: yo hago memoria
De aquel beso apretado de aquel día:
    Fue largo: nos dormimos
    Y, cuando en nos volvimos,
    Duraba todavía!

Te quiero, algo te quiero: y cuando fueras
En mis recuerdos por indigna un peso,
    Quisiérate, alma bella,
    Por nuestra noche aquella,
    Por nuestro largo beso!

Pero es ley de la vida la fatiga,
Y se nos cansa pronto la memoria;
    Fatiga haber amado;
    Fatiga haber llorado;
    Nos cansa la victoria.

Si quieres que te ame, yo te diese
Mi amor que, amado tanto, aún no despierta;
    Moléstanme amoríos,
    Serviles desvaríos
    De un alma medio muerta:

El cuerpo me sacude y enamora
Y pálida de amor el alma llevo;
    Yo quiero,—¡oh fin de males!—
    Con labios nunca iguales
    Un beso siempre nuevo!

                    Junio 12 de 1875

DOS HONRAS

I

   —Señor, mi madre tenía
Hambre una noche, y al punto
Robé, resistió: un difunto
La noche en sí recibía.

   —Tu madre hambrienta, tú loco:
Fuiste ladrón no culpado:
Para condenarte es poco:
¡Álzate, hombre: eres honrado!

II

   —Señor, mi madre tenía
Hambre una noche: salí
Por si alguien cuerpo quería:
Me compraron, me vendí!

—Tu madre hambrienta, tú loca:
Infame fuiste y culpada;
El cieno vive en tu boca:
¡Aparta, mujer manchada!

⚘

   Pues que por un hambre igual
Él robó lo que quería
En una noche fatal,
Y ella dio lo que tenía
Por el hambre maternal;

Si honra merece el ladrón
Porque el pudor de hombre olvida
En la materna aflicción,
Honrada es la honra perdida,
Si no vende el corazón!

Junio 12 de 1875

FLOR BLANCA

Los ojos puros, la mirada inquieta,
La mejilla caliente y encendida:
Así a la virgen esperó el poeta
Con un sueño más largo que una vida.

Mi amor, mi puro amor ¿a quién has visto
Que así en el fondo de mi ser despiertas?
Tiene aroma la atmósfera en que existo
Y el árbol de mi amor flores abiertas.

Leño fue un tiempo en que el dolor ponía
Color de sombra en la fecunda rama,

Y el pardo tronco al aire repetía:
«¡Cómo está muerto el infeliz que no ama!».

Y ¡visten hojas aquel tronco oscuro!
Y ¡el pardo leño brilla y reverdece!
Y hay luz, hay luz en el espíritu puro,
Y en la noche de mi alma me amanece!

Ornaste, amor, los castos atavíos
De la gentil mañana en mes de flores,
Y esclavo ya feliz de sus amores,
Sus besos buscas en los labios míos.

Yo amaba, amaba mucho: parecía
Señor mi ser de los gallardos seres:
Toda bella mujer soñaba mía;
¡Cuánto es bello soñar con las mujeres!

Que viví sin amor, fuera mentira:
Todo espíritu vive enamorado:
El alma joven nuevo amor suspira:
Aman los viejos por haber amado.

Tal es amor, que cuando nace enciende
Luz que convida a imaginar la gloria,
Y muere, y suave claridad esplende
Que baja del cadáver la memoria.

Se sueña que el espíritu intranquilo
Tuvo de alzarse de la tierra intento,
Y con su amada de la mano, asilo
Se fue a buscar al ancho firmamento.

Vida es morir: lo sienten estos años
De la cansada tierra en que vivimos,

Y andan los hombres ciegos, como extraños:
Locos somos buscando lo que fuimos.

Mucho duele el vivir, mas hay un duelo
Mayor que vida: nuestra vida sola!
¿No se buscan las nubes en el cielo?
¿No se enlaza en el mar ola con ola?

Y cuando al pie de las musgosas rejas,
Sin dueño mueren las dolientes flores,
¿No vienen, amor mío, las abejas,
Sembrando germen y zumbando amores?

Ola, nube, flor, reja, cuanto alcanza
La humana vida, sueña amor y espera:
Nace un hombre; lo aguarda la Esperanza,
Y camina a su lado hasta que muera.

Se anda, se llora, el pecho está oprimido;
Y la mirada al cielo se extravía:
La esperanza en la tierra se ha perdido
Y se espera en el cielo todavía!

Pues qué ¿me muero yo? Si yo concibo
La inmensa eternidad que no perece,
No muero nunca: eternamente vivo:
Yo sé bien dónde el Sol nunca anochece.

Pero andar, ir sin fe, sin criatura
Que sostenga, al mirar, nuestra cabeza,
Con manos blancas, con el alma pura,
Anuncio humano de inmortal belleza;—

Vagar creyendo; sobre el hombro herido
Doblar sin fuerzas el cansado cuello,

Y no tener un corazón querido
Ni una mano que juegue en el cabello!—

En el tormento de vivir, la suma
De mal mayor e insoportable unida:
¡Nube sin ámbar! ¡ola sin espuma!
El amor es la excusa de la vida!

Tú eres la virgen: virgen en la frente
Por sólo el beso paternal sellada,
Y para el riego de mi amor potente
Entre los velos del pudor guardada;

Virgen sin huella del cansancio humano;
Virgen sin mancha de impudor ni hastío,
Que abierta llevas en la casta mano
La blanca flor que ansiaba el amor mío.

¿Y te vas? ¿no me quieres? ¿y te enojas?
¡Espera! ¡Espera siempre! ¿quién arranca
A quien ha visto tanta flor sin hojas,
La memoria feliz de una flor blanca?

Horas de amar, mi virgen: ¡cuántas horas
De males que en el alma llevo impresos,
¡Cuántas! me han sorprendido las auroras
Soñando labios y esperando besos!

Y es este noble amor: cuando tu boca
Buscara enferma de deseo la mía,
Con ira de mi ser te apartaría:
¡Odio el amor que enciende y que provoca!

Te amo, porque no existe en ti la huella
De impuro ardor, y el corazón te hiere
La costumbre de amar que en la doncella
Aventura infeliz a amor prefiere:—

Te amo, porque la vida se levanta
Con el suave calor de tu alma nueva,
Y todo el himno vibra en mi garganta,
Y el pardo leño en flores se renueva:—

Te amo, porque los versos del paterno
Afán palpitan en tu frente bella:
No más que el puro amor es bien eterno!
¡Feliz, virgen de amor! ¡feliz aquella

De sueños castos y pudor dichosos,
Que comprimió los palpitantes besos,
Para dejarlos con el alma impresos
En los honrados labios del esposo!—

☙❧

Estando en esto, de un hermoso sueño
Que un hombre pobre sin querer tenía,
Mostróle un duende de arrugado ceño,
La luz muriendo y la pared vacía.

—«¡Oye, infeliz: cuando en la tierra nace
Un hombre imbécil que solloza y sueña,
Se le muestra esa luz que se deshace
Y esa pared desnuda se le enseña!

»Bueno es con sueños adornar la vida;
Mas, ¿tienes tú para soñar derecho?
¿Tu tierra acaso está en tu ser dormida?
¿El hambre acaso no te muerde el pecho?

»Cuando el hombre se sienta a nuestro lado,
Y las miserias las paredes moja,
La luz se apaga, el cielo está cerrado,
Y muere la flor blanca hoja por hoja.

»Así, infeliz, si amores te sonríen
Y sombras de mujer te desvanecen,
La luz y la pared de ti se ríen:
Los astros ante ti desaparecen.»—

Fuese el duende: la lámpara extinguida
No alumbra al triste que soñaba besos,
Y ya no queda al joven de la vida
Más que un frío terrible entre los huesos:

Pero volvió las pálidas miradas,
De aquel duende fatal buscando huella,
Y al través de las piedras agrietadas,
En el fondo del cielo vio una estrella!

                    México, 26 de junio de 1875

VIDA

Reanimado el dolor, la mano ardiente,
Y la vida latiéndome en la frente,
Pregúntale oh mi mal! a quien responda,
Dónde nace esta fiera de la vida
Que pueda yo en su cuna
Pedir cuenta a la bárbara fortuna
Y romperla en el vientre en que se anida!

Bueno: a llorar. A fe que la cabeza
No nos puso al azar naturaleza
Con tamaño vigor asida al cuello:
Pues puede erguirse y se levanta fiera,
Sobre el cuello soberbio se alce erguida,
Y sepan los cobardes la manera
De sacudir el polvo de la vida,
De oprimir con el pie la tierra hirviente,

De enjugarse las lágrimas del duelo,
Mirar el sol, y detener al cielo,
Y luchar con el cielo frente a frente.

La vida es un asalto: pues cautivo
Hoy o después he de vivir, la lucha
Ruda comience, y pues lo quieren —vivo!
Mas no a gemir ni a sollozar dispongo
Voz que me sirve para hablar al cielo:
Vivo, para trazar sobre la tierra
Huella soberbia que mis pasos grabe;
Para abatir y dominar grandezas,
Para labrar mi gloria con mis manos
Y convertir en rayos las tibiezas
De este pálido sol de los humanos.

Nube es la vida de los hombres, nube
Que el miedo finge valladar: no es valla
Que el paso impida: con la mano fuerte
Bien se pasa al través de la muralla,
Bien se llega a las lindes de la muerte.

No allí la vida mísera se acaba:
Pues tanto aquí se sueña y no se tiene,
Más allá de morir lo aquí soñado
Debe ser a los hombres revelado.
La vida es una ley, como las leyes
Despótica y fatal: sus eras cumple
Mal que nos pese, y el que aquí la llora
Llorando una era de la gloria pierde
Y todo el tiempo que pasó llorando
En vida nueva sus cadenas muerde.

La vida es necesaria
Para poder morir: hay noche y día:

Morir es luz; mas luz que cada humano
Con fuego enciende de su propia vida.
Yérgase al cabo la cabeza fiera:
Aquí con miedo de vivir lloramos:
La lámpara apagada nos espera:
En pie los hombres: a encenderla vamos!

Jamás vencido el hombre vivo sea
De su domado ser ruina y escombros:
Alta la cruz, reñida la pelea,
Que el ser que aguarda vencedora vea
La conmovida cruz sobre los hombros.

VERSOS

I

¡Oh, mi vida que en la cumbre
Del Ajusco[7] hogar buscó,
Y tan fría se moría
Que en la cumbre halló calor!

¡Oh, los ojos de la virgen
Que me vieron una vez,
Y mi vida estremecida
En la cumbre volvió a arder!

II

Entró la niña en el bosque
Del brazo de su galán,

---

7. Volcán de 3.930 m de altura, situado al sur de la ciudad de México. Allí se han descubierto importantes restos arqueológicos.

Y se oyó un beso, otro beso,
Y no se oyó nada más.

    Una hora en el bosque estuvo;
Salió al fin el galán:
Se oyó un sollozo, un sollozo,
Y después no se oyó más.

III

    En la falda del Turquino[8]
La esmeralda del camino
Los incita a descansar:
El amante campesino
En la falda del Turquino
Canta bien y sabe amar.

    Guajirilla ruborosa:
La mejilla tinta en rosa
Bien pudiera denunciar,
Que en la plática sabrosa,
Guajirilla ruborosa,
Callar fue mejor que hablar.

IV

    Allá en la sombría,
Solemne Alameda,
Un ruido que pasa,
Una hoja que rueda,

---

8. *Turquino:* monte de 1.974 m, el más alto de Cuba, en la provincia de Oriente. Pertenece a la Sierra Maestra y se levanta al sur de Bayamo.

Parece un malvado
Gigante que alzado
El brazo le estruja,
La mano le oprime,
Y el cuello le estrecha,
Y el alma le pide.—
Y es ruido que pasa,
Y es hoja que rueda,
Allá en la sombría,
Callada, vacía,
Solemne Alameda.

V

—Un beso!
        —¡Espera!
                Aquel día
Al despedirse se amaron.

—¡Un beso!
        —¡Toma!
                Aquel día
Al despedirse lloraron.

VI

La del pañuelo de rosa,
La de los ojos muy negros,
No hay negro como sus ojos
Ni rosa cual tu pañuelo.

La de promesa vendida,
La de los ojos tan negros,
Más negras son que tus ojos
Las promesas de tu pecho.

VII

—¿Ése?
            —Está muerto.
—¿Vive?
           —Anda vivo.
—¡Sacúdelo! —En verdad que no se mueve:
La vida sin amor es muerte y nieve.

—Un beso.
           —¡Está despierto!
—¡Yo te amo!
           —¡Cuán altivo!
El alma siente palpitar robusta;
¡Oh, ley de amor generadora y justa!

VIII

De tela blanca y rosada
Tiene Rosa un delantal,
Y a la margen de la puerta,
Casi casi en el umbral,
Un rosal de rosas blancas
Y de rojas un rosal.

Una hermana tiene Rosa
Que tres años besó abril,
Y le piden rojas flores
Y la niña va al pensil,
Y al rosal de rosas blancas
Blancas rosas va a pedir.

Y esta hermana caprichosa
Que a las rojas nunca va,

Cuando Rosa juega y vuelve
En el juego el delantal,
Si ve el blanco abraza a Rosa,
Si ve el rojo da en llorar.

   Y si pasa caprichosa
Por delante del rosal
Flores blancas pone Rosa
En el blanco delantal.

LA VI AYER: LA VI HOY

Así, niña querida,—de manera
Que lentamente el corazón se inflame,
Y ya tu imagen en mi amor no muera,
Aunque ha ya mucho tiempo que te ame.

Lento, lento,—de modo, niña mía,
Que cada sol me traiga una mirada,
Y más te quiera yo con cada día,
Y guarde tanta aurora acumulada,

Que henchido al cabo el corazón de flores,
Y repleta de luz el alma bella,
Haya al fin una aurora toda amores,
Y una vívida lumbre toda estrella.

¿Me quieres?—Buen placer: placer extraño
Que hace fiesta en el pecho en que se anida,
Y vale por un hora todo un año,
Y por un año—más, más de una vida.

Es puro, es armonioso, es un anhelo
En que un temor divino se acaricia,
Y es un cielo soñar que se va al cielo,
Y aumenta el sobresalto la delicia.

Y a besos tardos y a rubores gusta
Esta alma fiera, y más que fiera, avara,
El placer de adornar la fe robusta
Con la flor del rubor de un alma clara.

✶

Así, mi niña pura,—de manera
Que en la sombra en que es fuerza que yo viva,
Viva a mi lado y a mi lado muera
Tu sombra amante, eterna, fugitiva.

Yo busco, yo persigo, yo reboso
Fuerza de amor, que de mi forma vierto:
Vivo extra-mí; mi cuerpo sin reposo,
Vertido ya el amor, es cuerpo muerto.

Vaga en mi torno: siéntolo y palpita
A cada forma de mujer que pasa,
Y cada vez que esta alma se me agita
El solitario cuerpo se me abrasa.

Y cómo ¡oh niña hermosa! me conmueve
Cada imagen de amor! ¡cómo este exceso
De afán se agranda cuando a una hoja leve,
Las brisas tocan y se dan un beso!

Este amor, esta atmósfera, esta vaga
Vida que en mí rebosa y me rodea,
Sueña siempre otra vida que la halaga
Y en espacios magníficos pasea.

Es pura, tierna, delicada, hermosa:
Líneas tiene perdidas en un vago
Redor de sombra opaca y nebulosa,—
Dama gentil del adormido Lago.

No sé el instante en que a la tierra toca:
Su blanca falda sobre nubes veo,
Y lleva siempre en la plegada boca
Prendido el beso blanco que deseo.

Los ojos cierro, y ante mí la miro:
La mano extiendo, y en la sombra oscura,
Se esconde, se dilata,—y un suspiro
Lleva a la sombra un sueño de ventura.

Y así, mi niña, eternamente andamos,
Ella hundiéndose en sombra y yo tras ella,
Y de lejos y huyendo nos amamos
Con el inmenso amor que es todo estrella.

❧

Pero vivo ¡oh mi niña! Quien me puso
La carnal vestidura que me encierra,
Con la terrible forma, en ella impuso
El deber de llorar vivo en la tierra.

La imagen amo: a oscuras la persigo,
Y sin llegarla a ver siempre la veo;
Pero caigo en la lucha y me fatigo
Y la cansada frente me golpeo,

Y si al pasar de un límpido arroyuelo
Mi imagen miro, observo con espanto
Que está muy lejos el azul del cielo
Y va acabando mi vigor el llanto.

Está muy lejos el azul soñado:
En vano al vivo por el loco inmolo:
Está lejos de aquí para esperado:
Muy lejos ¡ay! para alcanzarlo solo!

⚜

¿Quieres, mi niña? ¿me amas? Es muy bueno
Acoger al rendido caminante
Y besarlo, y amarlo, y en el seno
Abrigar su cabeza palpitante:—

Que tanto el triste soñador se ha muerto
En el terrible tiempo que ha vivido,
Que cuando a un beso del amor se ha abierto,
Fénix feliz del beso ha renacido!

Soñé: ¿tú lo soñaste?—Tus cabellos
Rodaban desatados por tu espalda,
Y orgulloso el amor cubrió con ellos
Mi cabeza dormida entre tu falda.

Y así soñando, henchida ya de flores
Y repleta de luz el alma bella,
Algo hubo en ti del sueño aquel de amores
Por quien siento un amor que es todo estrella.

⚜

Encarna! Encarna pronto! Pues el pecho,
Con ansia de mujeres se me agita,
A un amor de mujer tengo derecho
Que aplaque al vivo que en mi ser palpita!

Encarna! Encarna pronto! no es en vano
Lo que vagando en sombra, al fin concibo;
Yo quiero amar con un amor humano:
He derecho a vivir puesto que vivo!

Encarna! ¡que esa sombra que me oye
Y me mira, y se esconde, y se dilata,
La línea fije, el pie en la tierra apoye,
Y, cabellera que el amor desata!

Mi mano enlace, mi dolor esconda,
El lecho apreste a la cabeza herida,
Y por la espalda desrollado en onda
El manto tienda, cuna de mi vida!

༺༻

Lo encarno? En ti lo encarno? Cuán galana
Forma fueras de amor ¡oh niña mía!
Mas si tú quieres que este bien que afana
Mi pobre corazón, en ti sonría,
Mírame hoy, desdéñame mañana,
Pero, por Dios, desdéñame algún día!

México, 12 de agosto de 1875

CARTAS DE ESPAÑA

Nuevas vienen de allá; mano querida
Llama a mi corazón: recuerdo evoca

Del tiempo en que hizo sol para mi vida,
Y palpitan los versos en mi boca,

   Y espacio buscan, y en el aire ponen—
Buen mensajero a la enemiga playa—
Pensamientos de amor que la coronen
Y un beso fiel que hasta sus besos vaya.

   Allá en París, la tierra donde el lodo
Con las flores habita y el misterio,
Hay una tumba que lo dice todo
Con la solemne voz del cementerio.

   Allí llegué: la vida enamorada
Esparcí con placer por la arquería;
Mi mano puse en la columna helada
Y mi mano de vivo era la fría!

   Y es que a la sombra de los arcos graves,
Y sobre el mármol que coronas pisa,
Bajo los trozos de extinguidas naves,
Duerme Abelardo al lado de Eloísa.

   Y recuerda, oh mezquino, a quien arredra
El perpetuo calor de la arquería,
Que allí junté mi mano con la piedra,
Y mi mano era allí la única fría!

               ✺

   Tiene ¡oh mujer! con esta carta fiesta
Mi corazón sobre tu amor dormido:
¡Cuánto lloran los solos! ¡Cuánto cuesta
Mover al pobre huérfano afligido!

Besos me mandas: pídesme de abrazos
Porción que pueda sofocar tus males:
¡Oh, flor perpetua, cariñosos lazos
De los amores buenos y leales!

Pobre! Tú lloras, y yo aquí—callado
De manera que al muerto en mí revelo—
Tengo siempre algún beso preparado
Que dar no puedo y que te mando al cielo!

Pobre! mi dueño, quejumbrosa mía!
Piensa que todo con vivir perece,
Pero que honrado amor, gala del día,
¡Con cada sol revive y amanece!

⌘

Se aduerme, hasta se acalla, hasta se esconde
En la sombra que en sí genera el vivo:
Tú palpitas en mí: yo no sé dónde,
Pero sé que yo estoy de ti cautivo.

Oye: me angustio; de dolor me duermo
A una luz miserable en cama dura,
Y soy ¡oh mi alma! un infeliz enfermo
De extraños males que no tienen cura.

Y así dormido, cuando el rudo exceso
De la carnal labor mi cuerpo rinde,
Dicen que han visto palpitar el beso
Que es fuerza, ya sin ti, que al cielo brinde.

Y es que en la tierra, la mujer amada
Copia es y anuncio del celeste anhelo,

Y cuando de ella el alma está alejada,
El alma sólo puede alzarse al cielo.

❧

Mi pobre, mi muy bella: todavía
Nuestra pálida luz no se consume,
Y esperamos llorando un mismo día,
Y aquella pobre flor tiene perfume.

Todavía ¡oh mi bella! el pensamiento
Que sembramos en hora de dolores,
El cierzo vence, abate al rudo viento:
Todavía el rosal tiene dos flores!

Y ¡cómo es fácil al doliente triste
La vida por amor! Hoy era un día
Amargo de viudez, en que se viste
De luto el sol, y el alma está vacía.

Hoy hizo noche: si para otros hubo
Un sol caliente que mi mal no ha visto,
Yo sólo sé que acá en mi sombra estuvo
Algún dolor diciéndome que existo.

Día de vigor de la fatal cadena,
Hoy fue más grande el solitario abismo;
Hoy cavó más mi corazón la pena;
Hoy sentí más el peso de mí mismo.

Llegó la noche, y cuando un rayo blando
Alumbró mi dolor con luz de luna,
Supe que aún vives mi memoria amando:
¡Oh, tenue luz, imagen de fortuna!

Y de repente, con vigor que llamo
Resurrección, en súbitos placeres
Se enciende el sol, recuerdo que te amo,
Y siento en mí la vida de dos seres.

∞

¡Y es que a la sombra de dos arcos graves
Y sobre el mármol que coronas pisa,
Bajo los trozos de extinguidas naves,
Duerme Abelardo al lado de Eloísa!

DE NOCHE, EN LA IMPRENTA

Hay en la casa del trabajo un ruido
Que me parece un fúnebre silencio.
Trabajan; hacen libros: —se diría
Que están haciendo para un hombre un féretro.
Es de noche; la luz enrojecida
Alumbra la fatiga del obrero;
Parecen estas luces vacilantes
Las lámparas fugaces de San Telmo[9],
Y es que está muerto el corazón, y entonces
Todo parece solitario y muerto.

Es la labor de imprenta misteriosa:
Propaganda de espíritus, abiertos
Al Error que nos prueba, y a la Gloria,
Y a todo lo que brinda al alma un cielo,
Cuando el deber con honradez se cumple,

---

9. Alusión a los *fuegos fatuos* desprendidos por los cadáveres y otras materias orgánicas en putrefacción. También se llaman *fuegos de San Telmo* por su analogía con las luces que se pueden ver por la noche en los mástiles de las embarcaciones, como resultado de un curioso fenómeno atmosférico.

Cuando el amor se reproduce inmenso.
Es la imprenta la vida, y me parece
Este taller un vasto cementerio.
Es que el Cadáver se sentó a mi lado,
Y me hiela el amor con que amaría,
Y hasta el cerebro mismo con que pienso!
Es que la muerte, de miseria en forma,
Comió a mi mesa y se acostó en mi lecho.

Hay hombres en mi torno; pero el alma
Fugitiva del mundo, va tan lejos
Que en esta lucha por asirla al poste,
De mí se escapa y sin el alma quedo.
Hay luces; y en mí sombras; claridades
En todo, en mi dolor graves misterios.
Despierto estoy, mas dormiré muy pronto,
Porque al arrullo del dolor me duermo.
La frente inclino sobre la ancha mesa;
Para extinguir la luz la mano extiendo,
Y la extingo, y la sombra no apercibo,
Porque apagada en mí toda luz llevo.

Duermo de pie: la vida es muchas veces
Esta luz apagada y este sueño.
Los ojos se me cierran, de la frente
Vencidos al afán y rudo peso,
Porque en la frente que me agobia tanto
De muchas vidas pesadumbre tengo.
Trabaja el impresor haciendo un libro;
Trabajo yo en la vida haciendo un muerto.

Vivir es comerciar; alienta todo
Por los útiles cambios y el comercio:
Ma dan pan, yo doy alma: si ya he dado
Cuanto tengo que dar ¿por qué no muero?

Si de vida sin pan imagen formo,
Si verla aun puede de mi juicio el resto,
¿Por qué negarme, hoy rey de la tiniebla,
Lo que para soñar tengo derecho?
Es de noche: la luz enrojecida
Huye y vacila como fatuo fuego:
Cirios de muerte me imagino en torno;
Escucho el misterioso cuchicheo
Que en la alcoba feliz del moribundo
Es el primer sudario del enfermo,
Y todo vaga en mi redor, en danza
Confusa, extraña, y sordo movimiento.
Parécenme esas manos que se mueven
Manos que clavan enlutado féretro;
Ésos, los que trabajan, comitiva
Ceremoniosa y funeraria veo,
Y es que en el colmo de la vida asisto,
Vivo cadáver, a mi propio entierro.

Mi corazón deposité en la tumba:
Llevo una herida que me cruza el pecho:
Sangre me brota; quien a mí se acerque
En los bordes leerá como yo leo:
«Mordido aquí de la miseria un día
Quedó este vivo desgarrado y muerto,
Porque el diente fatal de la miseria
Lleva en la punta matador veneno».

Cuando encuentres un vil, para y pregunta
Si la miseria le mordió en el pecho,
Y si acaso es verdad, sigue y perdona:
Culpa no tiene, —¡le alcanzó el veneno!

PATRIA Y MUJER

¡Otra vez en mi vida el importuno
Suspiro del amor, cual si cupiera,
Triste la patria, pensamiento alguno
Que al patrio suelo en lágrimas no fuera!

¡Otra vez el convite enamorado
De un seno de mujer, nido de perlas,
Bajo blonda sutil aprisionado
Que las enseña más con recogerlas!

¡De nuevo el pecho que el amor levanta
De suave afán y de promesas lleno,
De nuevo resbalando en la garganta
Ondas de nácar sobre el níveo seno!

Y ¿con qué corazón, mujer sencilla,
Esperas tú que mi dolor te quiera?
Podrá encender tu beso mi mejilla,
Pero lejos de aquí mi alma me espera.

Dolor de patria este dolor se nombra;
Cuerpo soy yo que mi orfandad paseo:
Reflejo, cárcel, vestidura, sombra,
De un alma esquiva fatigado arreo.

Miente mi labio si se acerca al tuyo,
Mienten mis ojos si de amor te miran;
De mujeril amor mis fuerzas huyo;
En incorpórea agitación se inspiran.

Amo yo más el árbol que sombrea
La tumba incierta del guerrero hermano,
Que ese nido de perlas que hermosea
Blonda más débil que tu amor liviano!

Allá, cuando se muere, todavía
Vive el que yace abandonado y muerto:
Le habla la tierra que lo cubre: el día
Le dice los murmullos del desierto.

Le cuenta el triunfo de la patria amada,
Le habla del brillo de la patria estrella,
Y cubierto de tierra aprisionada,
Se siente el muerto palpitar bajo ella!

Que el patrio amor las piedras abrillanta,
La tierra anima, el tronco añoso mueve,
Por agua pisa, a Lázaro levanta,
Y sombras y cadáveres conmueve!

La vida es inmortal: allí se acaba
El cuerpo que luchó por patria y gloria,
Y el vivo que se va, vivo se graba
De la adorada patria en la memoria.

Y brillarán los soles de fortuna,
Y besarán los aires nuestras palmas,
Y en cada copa mecerá una cuna
El invisible genio de las almas!

Sin cuerdas una la robusta lira,
Y el corazón sus átomos perdidos;
A un solo amor mi corazón aspira;
Por un solo dolor guarda latidos.

De imagen de mujer memorias pierda,
Que es poco un cuerpo cuando el alma es tanta:
Ni en alma ni en laúd hay ya más cuerda,
Que la que el sueño de la patria canta.

Si tanto bien a mi fortuna espera,
Que al cabo libre hasta mi patria vuelo,
¡De cuánto sol se llenará la esfera!
¡De cuánto azul se llenará mi cielo!

Y si más mártir que cobarde, lloro
Tanta amargura, de aquel sol lejano,
Mártir, más que cobarde, aquí lo adoro;
Atada está, no tímida, mi mano!

Este cuerpo gentil rebosa vida,
Y cada árbol allá cobija un muerto;
A todo goce esta mujer convida,
A toda soledad aquel desierto.

Coral, cobija perlas de su boca;
Mórbidas ondas ciñen su garganta;
Y escondido en el pecho, a amar provoca
Ángel que con sus alas lo levanta.

Mas cuando con amor de patria lleno
Mi alma, que para amarla ensancharía,
¿Entre blonda sutil perlado seno,
Cárceles brinda al alma ansiosa mía?

No habla de amor mi corazón que late:
Cuando en mi corazón hay un latido,
Es que me anuncia que en algún combate
Un héroe de la patria ha perecido.

Herida no hay allí que yo no sienta,
Ni golpe el hierro da que no responda;
Sagrado horror mi corazón alienta;
Honda herida hace el vil: mi alma es más honda!

Truéqueme en polvo, extíngase este brío
En fatales vergüenzas empleado;
Todo habrá muerto; mas en torno mío,
Este amor inmortal no habrá acabado.

Pero no en vano el polvo en la memoria
Imágenes de muerte me desliza:
Del fuego y del calor de aquella gloria,
No merezco ya más que la ceniza!

Y pues que pude, miserable reo
A tal voz de dolor callar contrito,
¡Ceniza sobre el débil fariseo!
¡Voces de compasión para el proscrito!

A ENRIQUE GUASP[10]

En su beneficio[11]

El genio es la encendida
Llama que en el poeta estrellas brota,
Y da a las sombras en el lienzo vida,
Y al alma en los espacios adormida
Forma de un sueño, timbre de una nota,
Es ráfaga brillante
Que ilumina de súbito y esplende;
Libertad, presunción, todo lo amante,
Redime, alumbra, prende:
Es lo eterno gigante

---

10. *Enrique Guasp de Peris* (1845-1902) fue un actor español que comenzó su carrera teatral en Cuba. Después de distintos viajes por América y por París, se instala en México, donde conoce a Martí e interpreta su juguete cómico *Amor con amor se paga* (1875).
11. *beneficio:* en este caso, función teatral cuya recaudación se concede a una persona o institución concreta.

Encarnado en el hombre en un instante
En que del alto cielo se desprende.

¡Y en el proscenio, cuánto
El genio acrece! cuando airado estalla,
Cuando abre en nuestro amor fuentes de llanto,
Cuando empeña batalla
Entre el pálido crimen y el divino
Perdón—allí concluye lo mezquino,
Y el genio hermoso claridad derrama;
Y ora con Sancho[12] desgarrado implore,
Ora mate en Maurel[13], ora devore
Al fiero Hamlet vengativa llama,
Se llora ¡siempre es bueno que se llore!
Se sufre ¡así se ama!

Y en público y actor el mismo fuego
En las venas la sangre precipita:
Hermanos forja el entusiasmo ciego:
Con el actor el público se agita:
Elévanse a la altura
Aromas del espíritu escondido,
Ora en vapor de lágrimas, o en dura
Reconvención que el cielo ha merecido,
O en lazo suave de aromosas flores,
Cendal de sueños, y collar de amores;
Con ellas quiere el que en felice día
Vio por tu genio su creación realzada,
Ornar la frente que dejó Talía[14]

---

12. Debe de referirse a Sancho el Mayor de Navarra y Castilla (965-1035), protagonista de varios dramas españoles (de Lope de Vega y Agustín Moreto, los más célebres). Aquí puede tratarse del drama histórico de José Zorrilla *El caballo del rey don Sancho*, de 1842.
13. *Maurel:* caserío de la provincia de Granada (España), que aparece en el drama *Aben Humeya* (1830) de Francisco Martínez de la Rosa.
14. *Talía:* En la mitología clásica, una de las Nueve Musas del Par-

Con hojas de laureles coronada.
Desciña el Hamlet inmortal la torva
Corona de dolor, que en triste empleo
Hacia la tierra su cabeza encorva:
De sí desprenda el funerario arreo;
Preste al verde laurel cuello obediente,
Y del mérito y lauro el himeneo
Publique aquí la coronada frente.

México, 26 de enero de 1876

A ENRIQUE GUASP DE PERIS

Surcando el mar, pidiendo a las inquietas
Olas del Golfo espacio y albedrío,
Al par llegamos, tú con tus poetas,
Yo con el mal de un alma en el vacío.

Los dos trajimos a esta tierra bella
Un sueño y un amor, algo de canto
En la voz juvenil, y algo de estrella
En ti de gloria, para mí de espanto.

Cantor y actor son formas encarnadas
De tan íntimo ser, que el uno brilla
Con el fuego del otro; así enlazadas
Mis palmas vi con tu feraz Castilla.

Joven tú, joven yo, los dos lejanos
De una tierra infeliz, presto supimos
Cuán pronto enlaza el corazón hermanos
Llorando al par la tierra que perdimos.

---

naso. Los romanos la consideraron únicamente como Musa de la comedia. La representaban coronada de laurel y con una máscara en la mano, además del rústico cayado.

Tú esperas: yo no espero. Tú confías
En porvenir mejor; yo miro al cielo;
Han de venir los venturosos días
De espacio claro y de incansable vuelo.

Hombre en la tierra, mi deber concibo:
Nadie hará más;— luchando como bueno,
Yo arrastro el muerto, semejando un vivo,
Y espero el fin, indómito y sereno.

Tú no: tú marcha. Andar es la victoria,
Andar dejando por la tierra huellas.—
Aún tiene auroras la soberbia Gloria;
El manto de la Fama aún tiene estrellas.

Sube sin miedo, y si su rostro airado
El cielo a tu soberbia da en castigo;—
Ven sin temor, tu marcha no ha cesado:
Caerás en brazos de tu amante amigo.

México, 18 de marzo de 1876

CARMEN[15]

El infeliz que la manera ignore
De alzarse bien y caminar con brío,
De una virgen celeste se enamore
Y arda en su pecho el esplendor del mío.

---

15. *Carmen Zayas Bazán* (1853-1928) fue la esposa de Martí, nacida en Camagüey (Cuba), aunque emigrada a México con su familia, a causa de la guerra del 68. Allí contrae matrimonio con nuestro autor y con él tiene un hijo, José Francisco («Ismaelillo»). Cuando Martí se instale en Nueva York, Carmen, incomprensiva ante su inseguridad económica y su actividad revolucionaria, lo abandonará y se llevará a su hijo para residir definitivamente en La Habana.

Beso, trabajo, entre sus brazos sueño
Su hogar alzado por mi mano; envidio
Su fuerza a Dios, y, vivo en él, desdeño
El torpe amor de Tibulo y de Ovidio.

Es tan bella mi Carmen, es tan bella,
Que si el cielo la atmósfera vacía
Dejase de su luz, dice una estrella
Que en el alma de Carmen la hallaría.

Y se acerca lo humano a lo divino
Con semejanza tal cuando me besa,
Que en brazos de un espacio me reclino
Que en los confines de otro mundo cesa.

Tiene este amor las lánguidas blancuras
De un lirio de San Juan, y una insensata
Potencia de creación, que en las alturas
Mi fuerza mide y mi poder dilata.

Robusto amor, en sus entrañas lleva
El germen de la fuerza y el del fuego,
Y griego en la beldad, odia y reprueba
La veste indigna del amor del griego.

Señora el alma de la ley terrena,
Despierta, rima en noche solitaria
Estos versos de amor; versos de pena
Rimó otra vez, se irguió la pasionaria

De amor al fin: aunque la noche llegue
A cerrar en sus pétalos la vida,
No hay miedo ya de que en la sombra pliegue
Su tallo audaz la pasionaria erguida!

       20 de mayo de 1876

AVES INQUIETAS

I

Las aves adormidas
Que bajo el cráneo y bajo el pecho aliento
Como presagios de futuras vidas,
Aleteando con ímpetu violento
Despertaron ayer,—a la manera
Con que el loco desorden de la fiera
Copia airado el océano turbulento,
Trasponiendo espumante
Las rocas, presa de su hervor gigante.

II

La voz se oyó de la mujer amada,
Habló de amor con sus acentos suaves,
Y las rebeldes aves
En trémula bandada,
Las alas que su cárcel fatigaron
En mi cráneo y mi pecho reposaron,
Cual Rojo mar en los ardientes brazos
De Egipto se desmaya,
Fecundando con lánguidos abrazos
Las calientes arenas de la playa.

A ROSARIO ACUÑA

*Poetisa cubana,
autora del drama Rienzi el tribuno,
recientemente laureado en Madrid*

Espíritu de llama,
Del Cauto[16] arrebatado a la corriente,

---

16. Véase la nota 6 de la sección *Primeras poesías* (poema «¡10 de octubre!»).

Ansioso de aire, libertad y fama:
Espíritu de amor, trópico ardiente
De Anáhuac[17] portentoso,
Oye el aplauso que en mi voz te envía
Al hispánico pueblo, el más hermoso
Que mares ciñen y grandezas cría.

    Mas ¿cómo no te dueles,
¡Oh, poetisa gentil! de que en extraña
Tierra enemiga te ornen los laureles
Amarillos y pálidos de España,
Si en tu patria de amor te esperan fieles
Y el odio allí su brillantez no empaña?

    ¿Cómo, cuando Madrid te coronaba,
Hija sublime de la ardiente zona,
Sin Cuba allí, no viste que faltaba
A tu cabeza la mejor corona?

    ¡Ay! cuando entre tus manos
Albas y juveniles,
Sin el beso de amor de tus hermanos,
Sembradoras de Mayos y de Abriles,
La corona española brilla y rueda
¿No se yergue ante ti, sombra de espanto,
Pecadora inmortal, nube de llanto,
La sombra de la augusta Avellaneda[18]?

---

17. Parte del sur de la altiplanicie meridional mexicana, situada entre la Sierra Madre Oriental y la Occidental.
18. *Gertrudis Gómez de Avellaneda* (1814-1873), poetisa cubana que residió en España la mayor parte de su vida. Es una de las voces más señeras dentro de la primera generación romántica de la poesía en castellano.

Y de Orgaz[19] el potente ¿la olvidada
Memoria no te humilla,
Castigo digno de su lira hollada,
Alma de Heredia[20] que encarnó en Zorrilla?

¡Que el canto estalla! ¡Que la voz del bardo
Gloria pidiendo, el ánimo conturba!
También estalla en mí, yo también ardo!
Mas si en el mar de los olvidos bogo
Y aire de sombra el alma me perturba,
Los turbulentos cánticos ahogo,
Y al hierro vuelve la domada turba!

No hay gloria, no hay pasión; el mismo cielo,
La libertad espléndida es mentira
Si se la goza en extranjero suelo,
Y con aire prestado
Y llanto avergonzado,
Huésped se llora, y siervo se respira!

—¿Qué hace el cantor?
           —Cantar, mas de manera
Que hermano el canto de la heroica hazaña,
Prez de la tierra que mancilla España,
Con su laúd sobre la espalda muera!
Y tú, mujer, y yo —desventurado
Con alma de mujer varón formado,

---

19. *Francisco de Orgaz* (1810-1873), poeta cubano que vivió en Madrid buena parte de su vida.
20. *José María Heredia* (1803-1839), gran poeta cubano, considerado como el iniciador del romanticismo en la poesía hispánica.

¡Perdónemelo Dios! porque a mis bríos
Con su miseria el hálito han cortado
Viejos y niños, carne y huesos míos,—
¿Qué hacer, cuando en el alma se agiganta
La divina ambición?... ¡Patria divina!
Y ¿lo pregunto yo? ¡Vida mezquina
La que aliente la voz en la garganta!

   Callar! Éste es un canto
De voz de mártir, de celeste duelo,
Y si el cielo es verdad, en sacro espanto
Me encumbrará de mi canción al cielo.
Mas si el ánimo vil, de vil tributo
Siervo, no basta en el hogar de luto
Este silencio pálido y benigno,
Calle su voz, de los infiernos fruto:
Morir! esto es más digno!

   Morir! qué gran valor! Cuando pudiera
Robusto el brazo encadenar la gloria,
Y en la patria bandera
Trocar la estrella en sol de la victoria;—
Escribir lentamente en extranjera
Tierra una débil y cobarde historia;
Y sentir aquel sol que arrancaría
De la melena del rugiente hispano
Por dar con él la brillantez del día
A mi adorado pabellón cubano;
Y andar, cuerpo viviente,
Entre un pueblo a este mal indiferente;
Y decir sin cesar este delirio
En un canto que el labio nunca entona,
¿Qué más, qué más laurel? ¿Cuándo el martirio
No fue en la frente la mejor corona?

¿Quién pide gloria al enemigo hispano?
No lleve el que la pida el patrio nombre
Ni le salude nunca honrada mano:
El que los ojos vuelva hacia el tirano
Nueva estatua de sal al mundo asombre.

¿Qué plátano sonante,
Qué palma cimbradora,
Qué dulce piña de oro
Al cierzo burgalés aroma dieron,
Ni en castellana tierra florecieron?

¿Quién vio imagen del Cauto rumoroso,
De ondas sonoras de movible plata,
En el mísero Duero rencoroso
Que entre rudos guijarros se desata?

Allá, Rosario, el alma se acongoja,
El cuerpo se entumece,
Cubre la tierra helada la amarilla
Veste que el árbol moribundo arroja;
En la noche invernal nunca amanece,
Y en la blanca y morada maravilla
Que en la niñez ornó tu faz sencilla,
Púdica y débil, de temor no crece.

¿Tú, apretada en el pecho del invierno,
Ardiente hermana mía?
¿Tú, presa en tierra fría,
Hija de tierra de calor eterno?
Y el puerto del Caney[21] hogar paterno
Te dio, y amante halago,

21. Ciudad de Cuba, situada en la costa sur de la provincia de Oriente.

Dulcísima caricia,
Y truecas a tu hermoso Santiago[22]
Por el rudo Santiago de Galicia?
Y llanos vastos de nevada espuma
Que el alma tropical mira oprimida,
Y ¡tú en aquellos llanos, blanca pluma
En los ingratos témpanos perdida?

¡Oh, vuelve, cisne blanco,
Paloma peregrina,
Real garza voladora;
Vuelve, tórtola parda,
A la tierra do nunca el sol declina,
La tierra donde todo se enamora;
Vuelve a Cuba, mi tórtola gallarda!

Y si funesto azar lauros te ofrece
Plácidos para ti, y en calma queda
La corona en tu mano, y reverdece,
Piensa ¡oh poetisa! que ese lauro crece
En la tumba de Orgaz y Avellaneda.

Si la cándida garza peregrina
De amarillo color el albo seno
En la hora aciaga tiñe;
Si lauros nuevos a su frente ciñe,
Nueva Gertrudis y fatal Corina[23];
Piense que el árbol que en el patrio suelo
El amplio tronco distendió robusto
Y en las hinchadas venas sangre hervía,

---

22. Santiago de Cuba.
23. *Corina:* poetisa griega, natural de Beocia, que vivió en el siglo VI a. C. Fue maestra del propio Píndaro, a quien logró vencer en varios certámenes poéticos.

Hallará a su traición castigo justo,
Si otro sol y otra sangre torpe ansía;
Que el lauro envenenado
En la sangre de hermanos empapado,
En la frente del vil que lo ciñera,
La deshonra en espinas trocaría;
Que muere triste en la Germania fría
Golondrina del África viajera.

   Y si en su frente, seno poderoso
De los rayos del sol, la vanagloria
Tendido hubiera manto luctuoso;
Si nuevo lauro España le ciñera,
Y la espina del lauro no sintiera;—
Si pluguiese a sus fáciles oídos
Canto de amor que no es amor cubano,
Y junto a sus laureles corrompidos
El cadáver no viese de un hermano;
¡Arroje de su frente,
Porque no es suyo, nuestro sol ardiente!
Devuélvanos su gloria,
Página hurtada de la patria historia!

   Y ¡arranca, oh patria, arranca
De tu seno infeliz el ser perjuro,
Que no es tórtola ya, ni cisne puro,
Ni garza regia, ni paloma blanca!

MARÍA[24]

Terrestre enfermo, que a sus solas llora
El furor de los hombres, la extrañeza

---

24. *María García Granados.* Véase la nota 14 de los *Versos sencillos,* en el poema IX.

De su comercio brusco, y su odiadora
Feral[25] naturaleza,—
Siento una luz que me parece estrella,
Oigo una voz que suena a melodía,
Y alzarse miro a una gentil doncella,
Tan púdica, tan bella
Que se llama —¡María!

Versos me pide a la amistad. Pudiera
En verso hueco, frívolo y vacío,
De clásica vestir esta manera
Altiva y loca del espíritu mío.
Trabas desdeño y hábitos de corte:
Más que el corcel que el deshonroso arreo
En el corto zaguán muerde —en espera
Del lindo mozo, gala del paseo,
Vil flor de la mundana Primavera,—
Amo la cebra, que la crin pintada
Si herida, no domada,
En su carrera infatigable extiende
Y sobre la llanura arrebatada
¡Alas de libertad al aire tiende!
Amo el bello desorden, muy más bello
Desde que tú, la espléndida María,
Tendiste en tus espaldas el cabello,
¡Como una palma al destocarse haría!

Desempolvo el laúd, beso tu mano
Y a ti va alegre mi canción de hermano.
¡Cuán otro el canto fuera
Si en hebras de tu trenza se tañera!

---

25. *feral:* cruel, sangrienta.

Del claro arroyo en la corriente fresca
Templa su sed el luchador viandante,
Y la tostada piel, del sol refresca
Del exquinzúchitl[26] a la sombra amante;—
Álzase a par de la borbónea rosa,
Frágil como Borbón, la duradera
Flor inmortal, corona más preciosa
Que la de mirto airosa
Y la amable y sensual adormidera;—
Del brillante tenaz la lumbre viva
El blando acero de la perla apaga,
Y la luz del zenit, roja y activa,
La Tarde templa, con azul de maga;—
Coronado de luz asoma el día,
Siembra y hiere, da y quita la fortuna,
Y la frente terrífica y sombría
Duerme luego en el seno de la luna;—
¡Así el amor, que desolado y ciego
La veste azul con el cendal de fuego
A su cortejo de volcanes ata,
Sacude destrozado la melena
Y se calma llorando en la serena
Amiga Tarde, de cendal de plata!
¡Así el Amor, magnífico y divino,
Copia en su curso ardiente y peregrino,
Brillante, rosa, sol, rápido día,—
Y la noble Amistad, tierna y lozana,
Gentil semeja, en la malicia humana,
Perla, luna, exquinzúchitl, flor, María!
A las veces, herido
De una fiera pasión, porque hay pasiones

---

26. *exquinzúchitl:* árbol de florecillas blancas y olorosas, que abunda en México y en Centroamérica.

En que ¡hasta el pomo su puñal hundido!
Con su acero quemante han convertido
En roto abismo bravos corazones,—
El ánimo lloroso
Verter quisiera el hondo mal quejoso.
La pena confesada
Por mitad del espíritu es echada;
De modo, que parece
Que en el invierno del dolor sombrío
La Primavera fúlgida amanece,
Flor de la confesión, nuncio de Estío.—
Todo, en lo térreo, si cenizas se hace,
Más lozano y vivífico renace:
Y el alma resucita: yo la he visto
Clavada en la Cruz como el Inmenso Cristo,
Y luego, al sol de plácidos amores,
¡Batir las alas y libar las flores!
¡Pesa mucho el dolor! Fuerza por tanto
Que alguien derrame con nosotros llanto
Por la honda pena propia,
Callando en sí, grave dolor se acopia,
¡Y llorándolo dos, se llora menos!
¡Religión y milagro de los buenos!

   ¡Con qué bello atavío,
Andando lentamente,
Viene el recuerdo a mi tranquila frente,
Refrescante y sutil como el rocío!
¡Perenne, dulce gloria!
¡La nobleza del hombre es la memoria!
Ya plácido recuerde
La tarde en que al amigo mexicano
Mi amor conté, por donde el campo verde
Al alma invita a este placer de hermano:
Ya en la férvida noche de agonía

En que le dije adiós, piense al amigo
Que me dejó a la puerta de mi casa,
Y en fuerte abrazo sollozó conmigo
El fiero mal de la fortuna escasa;—
Ora imagine al que la ilustre escena
Por él sembrada de laureles vivos,
Trocando el goce por mi grave pena
Dejó, con paso y corazón activos,
Y en el cuerpo en que mi alma traspasada
Gemía bruscamente,
A la par de mi esposa arrodillada
Curó mi mal y serenó mi frente;—
Ora clame al querido
Noble Fermín, que en su feliz Consuelo
Hállalo a nuestra ausencia, adolorido
Porque sin mí no encuentra azul el cielo;—
Ora busque abatido
En estas remembrazas energía,—
Dígole al alma mía
Que nunca en ellas la Amistad me siegue.
Frescor perenne de una cierta gloria,
Y estas victorias del amor no trueque
Por otra alguna efímera victoria,—
¡Que al fatuo fuego, resplandor sin huellas,
Prefiero yo la luz de las estrellas!—
Llama el sol al trabajo. Ya el querido
Libro vuelve hacia mí la vista inquieta,
Y pliego sobre el hombro adolorido
El ala del poeta.
¡Penado, el carcelero me reclama!
A la noble Amistad cantar me hiciste:
Mira aquí tu poder: el plectro mío,
Por la rueda vital despedazado,
Íntegro se alza desde el polvo frío,
Y el golpe venga en cántico sagrado.

¡Muy más que sacro, loco!
Dado el mundo a pensar, canta ya poco.

   Pues fue tu voz la que en el alma pudo
Un canto hallar, que despertando rudo,
Te viene, como yo, a besar la mano,—
Tú lo perdonas, que el perdón es bello;
Líbralo tú de dientes y testigos,
Y pon, bíblica niña, en tu cabello
Vergiss mich nicht[27], la flor de los amigos.
Dame en cambio tu voz: con ella intento
Cariño y libertad. Gentes vulgares
No oyen en ella el celestial acento
Que sé yo oír y adivinar. Hay algo
En tu voz musical, un eco vago
Sin forma y sin medida,
Promesa, pena, halago,
Todo lo que hay en el rumor de un lago,
¡Todo lo que ha de haber en la otra vida!
¡Dame tu voz! Enérgico con ella
Diré a los hombres el secreto vivo
De las ondas del alma; del altivo
Sol paternal las voces del trabajo;
La colosal inmensa Analogía
Del río que el valle cruza,
De la ola que lo extiende,
Del viento que la azuza,
Del barco que la hiende;
¡Y del alma, —río, viento, barco alado,—
Que, sobre todos ellos, hacia el cielo,

---

27. En alemán, *no me olvides*. La transcripción alemana de esta frase persigue un doble sentido expresivo: de una parte, el sentido literal de la oración y, de otra, la designación del *nomeolvides,* flor de la raspilla, de color azul, que en alemán también es un vocablo compuesto por estas tres palabras.

Emprende el caminar precipitado!
¡Dame tu voz! —¡Y a la gentil doncella
Cantaré los amores de la luna,
El misterioso germen de la cuna,
La palabra de paz de cada estrella!

Mayo 77

MARÍA

Esa que ves, la del amor dormido
En la mirada espléndida y suave,
Es un jazmín de Arabia comprimido
En voz de cielo y en contorno de ave.

La rubia Adela, en cuya trenza dora
Su rayo el Sol, del brazo de María
Copia es feliz de Rut[28] la espigadora
Ciñendo el talle a la arrogante Lía[29].

Caricia—más que acento—su palabra,
Si los jardines de su boca mueve,
Temores da de que sus alas abra
Y al Padre Cielo su alma blanca lleve.

Si en la fiesta teatral—corrido el velo—
Desciende la revuelta escalinata,
Su pie semeja cisne pequeñuelo
Que el seno muestra de luciente plata.

---

28. *Rut:* mujer moabita, personaje principal del libro que lleva su nombre en el Antiguo Testamento. Destacó por su fiel adhesión y cariño a Noemí, su suegra, viuda como ella. Se dedicó a espigar el campo para el sustento suyo y el de su suegra.
29. *Lía:* primera esposa de Jacob, según el libro del Génesis.

Sierva si sigue el tenue paso blando
De la bíblica virgen hechicera.
Y leyes dicta, si, la frente alzando,
Echa hacia atrás la negra cabellera.

Quisiera el bardo, cuando el sol la mece,
Colgarle al cuello esclavo los amores;
¡Si se yergue de súbito, parece
Que la tierra se va a cubrir de flores!

¡Oh! Cada vez que a la mujer hermosa
Con fraternal amor habla el proscripto,
Duerme soñando en la palmera airosa,
Novia del sol en el ardiente Egipto.

Guatemala, 1877

Versos varios

HIJO!—COMO LAS HOJAS DE LOS ÁRBOLES

    Hijo!—Como las hojas de los árboles
    Al sol que nace con amor se vuelven,—
    Las fuerzas todas de mi vida piden
    Amparo a ti!—

EL ALMA, COMO UN AVE, BATE EL ALA

    El alma, como un ave, bate el ala:—
    Presa en el cuerpo, picotea, azota,
    Revuelve, clava, hirïente grito exhala
    Y en la cárcel carnal su fuerza embota.

    La cárcel, a los golpes, bambolea—
    La carne, lastimada, se estremece—
    Y el cuerpo, como un ebrio, titubea,
    Y volar, y se abrir, y olear parece.

Poesía dispersa

MI TOJOSA[1] ADORMECIDA

I

Mi tojosa adormecida,
Delicada perla enferma,
¿Qué padece mi tojosa?
¿Quién me oscurece mi perla?
—Cada vez que en mis mejillas
La color partida veas,
Es que a teñir ha venido
Acá en mi seno a otra perla.
Cada vez que tu tojosa
Las dormidas alas cierra,
Es que a un niño, acá en mi seno,
Está cubriendo con ellas.

II

Como una perla dormida
Sobre su concha de nácar,
De mi Carmen sobre el seno
Nuestro niño dormitaba:
Y abrió de pronto los ojos,
Carmen, mi concha de nácar,
Y dijo ¡cuánto daría
Porque en esta vida larga
Durmiese siempre mi perla
Sobre su concha de nácar!

---

1. *tojosa:* ave semejante a una paloma silvestre, de plumaje grisáceo oscuro en las alas y más claro en el pecho, con un collar blanquecino.

III

Dentro del pecho tenía
Una espléndida vivienda:
Cuantos a mí se asomaban,
Decían, vivienda espléndida!
Poblábame mi palacio
Fe en mujer: sentí con ella
Como si en la espalda floja
Fuertes alas me nacieran.
—Me desperté una mañana,
Vi las dos alas por tierra;
Me palpé dentro del pecho
Las ruinas de mi vivienda:
Desde entonces pasar miro
Pueblos y hombres en la tierra
Como estatua que sonríe
Con sus dos labios de piedra.—

DORMIDA

Más que en los labios amargos
El estudio de la vida,
Pláceme, en dulces letargos,
Verla dormida:—

De sus pestañas al peso
El ancho párpado entorna,
Lirio que, al sol que se torna,
Se cierra pidiendo un beso.

Y luego como fragante
Magnolia que desenvuelve
Sus blancas hojas, revuelve
El tenue encaje flotante:—

De mi capricho al vagar
Imagínala mi Amor,
Una Venus del pudor
Surgiendo de un nuevo mar!

Cuando la lámpara vaga
En este templo de amores,
Con sus blandos resplandores
Más que la alumbra, la halaga;

Cuando la ropa ligera
Sobre su cutis rosado,
Ondula como el alado
Pabellón de Primavera;

Cuando su seno desnudo,
Indefenso, a mi respeto—
Pone más valla que el peto
De bravo guerrero rudo;

Siento que puede el amor,
Dormida y desnuda al verla,
Dejar perla a la que es perla,
Dejar flor a la que es flor;—

Sobre sus labios podría
Los labios míos posar,
Y en su seno reclinar
La pobre cabeza mía,—

Y con mi aliento volver
Mariposa a la crisálida;
Y a la clara rosa pálida
Animar y enrojecer,

Pero aquí, desde la sombra
Donde amante la contemplo,
Manchar no quiero del templo
Con paso impuro la alfombra.

Al acercarme, en ligera
Procesión avergonzado,
No volaría al alado
Pabellón de primavera?

Al reflejarme, el espejo,
Que la copia entre albas hojas,
Negras las tornara y rojas
De la lámpara al reflejo!—

Dicen que suele volar
Por los espacios perdida
El alma, y en otra vida
Sus alas puras bañar;

Dicen que vuelve a venir
A su cuerpo con la Aurora,
Para volver —la traidora!—
Con cada noche a partir.

Y si su espíritu en leda
Beatitud los cielos hiende,
De esa mujer que se extiende
Bella ante mí ¿qué me queda?

Blanco cuerpo, línea fría,
Molde hueco, vaso roto,
Y viajera por lo ignoto
La luz que los encendía!—

Y ¿a mí que tanto te quiero,
Delicada peregrina,
Turbar la marcha divina
De tu espíritu viajero?—

   ¡Duerme entre tus blancas galas!
¡Duerme, mariposa mía!
Vuela bien: —mi mano impía
No irá a cortarte las alas!—

1878

TIENE EL ALMA DEL POETA

Tiene el alma del poeta
Extrañeza singular:
Si en su paso encuentra al hombre
El poeta da en llorar.
Con la voz de un niño tiembla,
Es de amor, y al amor va—
Un amor que no se estrecha
En un límite carnal.
La corteza corrompida
El fruto corromperá.
Del amor de hembra no fío
Si su hoguera han de alumbrar
El quemante sol de estío
O el sol pálido autumnal:
¡Primavera —primavera,
Madre de felicidad!

ES VERDAD

Es verdad. So la máscara discreta
Oculta su tormento el corazón:

Nadie sabe el abismo que el poeta
En los dinteles de la vida vio.—

De verle fue, magnífico y sencillo—
A un suave amor su cuerpo sacudir,
Y tenderse, cruzado pajecillo,
Como en un nido fresco un colibrí.—

De verle fue, con férvida elocuencia,
Ruiseñor vocinglero, arrebatar—
Y luego, junto al libro de la ciencia,
Perdonar, sonreír, aletear!—

Fue la pública fama su riqueza,
Un martirio celeste su blasón,—
Y más que oro brillaba su pureza
A la luz de aquel sol que es más que el sol.

Dicen que la malvada baila en fiestas
Y en calma escucha el sueño de Macbeth[2];
Dicen que rompe el son de las orquestas
Su corona primera de mujer:

Crece a la par de la gentil doncella
El árbol puro del primer amor:
Pero ¡sépalo al fin la infame aquella!
La pureza no da más que una flor.

El pobre mozo, los heroicos labios
Plega, como quien quiere sonreír—
Y el pie volviendo a sus infolios sabios
¡Adiós! llorando dice al mes de Abril.

---

2. Alusión a la perversa Lady Macbeth, quien, según la tragedia de Shakespeare *(Macbeth,* escrita en 1606), aconseja a su marido que mate al rey Duncan para usurparle el trono. En un acceso de sonambulismo, la propia Lady Macbeth denuncia el crimen que ella misma había aconsejado.

TAMANACO[3], DE PLUMAS CORONADO

Tamanaco, de plumas coronado
Está en mitad del rústico vallado.
Tres cañas y maderas,
En forma de hombres se levantan fieras
Con cabeza y con pecho y pies de hierro.
Las cañas rompen: salta al circo un perro.
Del hombre de las plumas la macana
Hace en el aire hueco herida vana;
El brazo, desprendido
Al golpe inútil, cuélgale tendido:
Crujen tras de las cercas inseguras
De sabroso placer las armaduras:
En la sangre del indio derribado
El hondo hocico el perro ha sepultado:
Y aún resuena en la tierra americana
El golpe vago de la infiel macana;
[..............................][4]
Y en el cuerpo del indio aún muerde el perro.

LEANDRO[5], ES EL HOMBRE...

Leandro, es el hombre. Y Heros, la dormida.—
La dicha—al otro lado de la vida!

---

3. *tamanaco:* indio de una tribu extendida por gran parte del Caribe.
4. Verso ininteligible.
5. *Leandro:* En la mitología clásica, griego residente en Abidos, enamorado de la sacerdotisa Hero (aquí Heros), que vivía en Sestos. Por la intransigencia de los padres de Hero, se veían ocultamente por las noches. Este amor clandestino termina trágicamente, con la muerte de ambos.

VA SIENDO LA VIRTUD ENTRE LA GENTE

Va siendo la virtud entre la gente
A la moderna usanza, gran delito:
¡Salud a la gallarda delincuente!
Del muerto en nombre, gracias da el proscrito!

EL PECHO LLENO DE LÁGRIMAS

El pecho lleno de lágrimas:
Los flacos brazos sin brío:
¿A quién volveré los ojos?
          —A mi hijo!—

Si vienen dos brazos mórbidos
A enlazar mi cuello frío:
Los haré atrás: ¡sólo quiero
          Los de mi hijo!

Sombras que pueblan los Andes
Americanos!—vencidos
De cuyo espíritu férvido
          Me siento hijo!

Si para luchar de nuevo
Contra el hipántropo[6] altivo,
Flechas nuevas necesita
          Vuestro hijo,—

No al curare[7] venenoso
Pediré matador filtro:

---

6. *hipántropo:* cultismo sinónimo de centauro.
7. *curare:* En el Caribe, sustancia negra, resinosa y amarga, extremadamente tóxica, que se obtiene de varias especies de plantas. Posee la propiedad de paralizar las placas motoras de los nervios de los músculos.

Hincaré su brazo: El tósigo
        De ella es hijo!

UNA VIRGEN ESPLÉNDIDA...

Una virgen espléndida —morada
De un sol de amor, que por sus negros ojos
Brota, pregunta, abrasa y acaricia—
Versos me pide, versos de mujeres.
Arrullos de paloma,
Murmullos de sunsunes[8],
Suspiros de tojosas!—

Yo podré, en noche ardiente,
Trovando amor al pie de su ventana,
En tal aura envolverla,
Con tal fuego besarla,
Que al nuevo amanecer, —nadie vería
En su cutis la flor que lo teñía.
—¡Calla, mi amigo amor! que nadie sepa
Que yo llevo en los labios la flor roja
Que en su mejilla cándida lucía,
Y el candor, y la flor, y el frágil vaso,
Mío es todo, puesto que ella es mía.—
Y la madre amorosa,
De sagrado temor y amor movida,
Dijérale a la pálida —¿y la rosa
De tu mejilla fresca, dónde es ida?

---

8. Así aparece en el manuscrito, pero no he podido identificar el nombre verdadero de esta ave.

DOLORA GRIEGA

—¿De qué estás triste?
                        —De amor.
—¿Por quién?
                        —Por cierta doncella.
—¿Muy bella, pues?
                        —¡Pues muy bella!
Estoy muy triste de amor.
—¿Dónde la hallaste?
                        —La hallé
En una gruta florida.
—¿Y está vencida?
                        —Vencida;
La adulé, la regalé.
—Y ¿para cuándo, ¡oh galán!
Valiente galán de todas,
Para cuándo son las bodas?
—Pues las bodas no serán.
Y estoy de pesar que muero,
Y la doncella es muy bella;
Pero mi linda doncella
No tiene un centavo entero.
—¿Y estás muy triste de amor,
Galán cobarde y sin seso?
Amor, menguado, no es eso:
Amor cuerdo no es amor.

                        1880

A UNA MI AMIGA Y SEÑORA

A una mi amiga y señora
De contar le tengo un cuento:
Hubo una vez cierto loco

Que murió de lo que muero;
Pues dio en querer, y en amores
Quien bien ama, ya está muerto!

CUANDO ME PUSE A PENSAR

Cuando me puse a pensar
La razón me dio a elegir
Entre ser quien soy, o ir
El ser ajeno a emprestar,

Mas me dije: si el copiar
Fuera ley, no nacería
Hombre alguno, pues haría
Lo que antes de él se ha hecho:
Y dije, llamando al pecho,
Sé quien eres, alma mía!—

YO QUIERO, ANDRÉS, QUE HABLEMOS

Yo quiero, Andrés, que hablemos
Sobre la vida. Siéntate, y reposa,
Y dime, amigo cuerdo, si deseas
Vivir, y qué es vivir, y si merece
Este altar nuestra ofrenda.—
                —Pues no miras
El Universo hermoso? Dobla, dobla
La cabeza blasfema; ruin ofrenda
En tan hermoso altar a Dios tan alto.

BAILE AGITADO

En esta sala vacía
Hubo fiesta y gala anoche,
Y en la puerta, mucho coche,
Y en todo, grande alegría...
 ¿Qué es esto? De encajería
Fina está todo bordado:
Es un pañuelo, manchado
De sangre con gruesas gotas:
Cuando así a los labios brotas,
Corazón, cuán lastimado!—

 Y esto? Labor [...]⁹
No ora la dama sencilla:
Es la olvidada varilla
De un destrozado abanico.
 Aún cruje el paisaje rico:
Aún estalla la crujiente
Seda, por la mano ardiente
De una celosa oprimida,
Que la quebró, como a erguida
Caña la airada rompiente.—

 Y esto? Como sierpes muertas
Acá y acullá se tienden,
Bajo las sillas se extienden,
Y asoman bajo las puertas:
 Estos rastros, estas yertas
Muestras ya descoloridas
De miserias, escondidas
Entre celajes azules,
¿Son restos de encaje y tules,
O son, ay!, alas caídas!—

---

9. Verso incompleto.

Y esto? En mesilla apartada
De la antesala lujosa,
Descansa en fuente preciosa
La champaña evaporada:
　Dos copas, de regalada
Labor, de cristalerías
Joya y espejo, allí frías
Posan, y turbias, y mudas:
¿Qué son? Pues no caben dudas:
Ay! Son dos copas vacías!

　Y esto? Perniles roídos,
Y servilletas manchadas,
Y frutas medio gustadas,
Y ramilletes perdidos.
　Rizos y bucles caídos,
Broches, lazos, alfileres;
Todos los ricos enseres!
Todo el polvo de los hombros!
Todo postre, todo escombros
Del honor de las mujeres!—

TENGO QUE CONTARLES

Tengo que contarles
Una fabulita
A los caballeros
Antianexionistas[10].
Cierto enamorado
Fuese de visita

---

10. *antianexionistas:* En este contexto Martí se refiere a los cubanos que, como él, rechazaban toda dependencia política y económica de Estados Unidos. Humorísticamente les previene contra la tentación de ceder ante el imperialismo norteamericano.

A la casa hermosa
De su novia linda.
Le pidió la mano.
—Da la mano, niña.
—¡No más que la mano!
—No más! Y qué fina
Tiene la muñeca
Esta novia linda.
Déjame que bese
La muñeca linda:
—No más la muñeca.

        Y a los nueve meses
        Les nació una niña.
        Cuéntoles el caso
        Sin mayor malicia
        A los caballeros
        Antianexionistas.

QUE ENGAÑA UNA MUJER: YA SE SABÍA

Que engaña una mujer; ya se sabía
Que esa fiera elegante engañaría!
Pues si amor virgen miel al hombre ofrece
En gustarla febril no se embebece?
La flor libada desdeñoso deja,
Y vuela a nueva flor, cambiante abeja:

No! Se oye entonces. Y sacudiendo un muerto
Su mármol, de caléndulas cubierto,
Mostró su corazón ensangrentado
De un solo golpe de puñal cruzado.

BAILE

    Yo miro con un triste
    Placer, cómo en la fiesta—
    Del noble Jerez pálido
    La copa llena guían
    Las blancas manos trémulas
    Al seco labio rojo:—
Y yo muevo mi mano tristemente
Al corazón vacío, —y a la frente.

    Yo veo como un sueño
    De gasa blanca y oro,
    En que la llama se abre
    Camino en tanto alado
    Traje que ha de ser luego
    Ceniza, húmeda en lágrimas,
Cruzar la alegre corte de oro y gasa,
Y en llanto amargo el rostro se me abrasa.

    Alma! cuando de vuelta
    Dentro del cuerpo laxo,
    Del frac innoble libres
    O la prisión dichosa
    De níveo tul, —la férvida
    Fiesta recuerdes, —¡mira
Que debes embridar el cuerpo loco,
O que te absorbe con su sed a poco!

                                  14 de marzo

NOCHE DE BAILE

¡Magníficos espejos
Que vieron mozos los que copian viejos!—

¡Espléndidos tapices
Hechos de antaño a proteger deslices!—
¡Doradas cornucopias—
Del salón secular alhajas propias!—
¡Severos sitiales
Sustento y marco ayer de épocas reales!—
Solos los dos:
              —Él viene
                      —Escucha
                              —Luego!
—Quema tu beso!
              —Vuélveme mi fuego!—
Y se lo vuelve!— Y el espejo sabio
No del marido reflejó el agravio
Que de otra dama aspira a ser cortejo
En cercano salón: ¡ley del espejo!—

✺

En tanto, cual de espumas
Hijo de Venus, el Amor alado
Surgiera en conchas de azuladas brumas
Por invisible geniecillo alzado,
Y moviendo los pálidos corales
Clamara por los senos maternales,—
Un niño se despierta
En la alcoba magnífica desierta.

¡Niño que sufre, me parece mío!
¡Labio sin leche, rosa sin rocío!
  Como espuma agitada
Revuelve el lecho aquella rosa alada;
  En la cortina azul, en urna añeja
Su última luz la lámpara refleja:—
  Allí vieron los ojos

Lúgubres sombras entre tonos rojos,—
   Y el niño, al fin, desesperado llora,
Y allá, junto al espejo, se oye: «Ahora!»

                    28 de Novbre.

LA COPA ENVENENADA

Desque toqué, señora, vuestra mano
Blanca y desnuda en la brillante fiesta,
En el fiel corazón intento en vano
Los ecos apagar de aquella orquesta!

Del vals asolador la nota impura
Que en sus brazos de llama suspendidos
Rauda os llevaba —al corazón sin cura
Repítenla amorosos mis oídos.

Y cuanto acorde vago y murmurío
Ofrece al alma audaz, la tierra bella,
Fíngelos el espíritu sombrío—
Tenue cambiante de la nota aquella.

Óigola sin cesar! Al brillo, ciego,
En mi torno la miro vagarosa
Mover con lento son alas de fuego
Y mi frente a ceñir tenderse ansiosa.

Oh! mi trémula mano, bien sabría
Al aire hurtar la alada nota hirviente
Y, con arte de dulce hechicería,
Colgando adelfas a la copa ardiente,

En mis sedientos brazos desmayada
Daros, señora, matador perfume.—

Mas yo apuro la copa envenenada
Y en mí acaba el amor que me consume.

4 de marzo.—

GUANTES AZULES

I

    Se me ha entrado por el alma
    Una banda de palomas:
    Me ha crecido —y sale afuera
    Un rosal lleno de rosas:
Una luna apacible se levanta
Sobre un campo poblado por las tórtolas:
Un guerrero gigante resplandece
De pie, cual fuste de oro, entre las momias:
Me parece que sube por el cielo
La madreselva que tu cuarto aroma.

II

Calla, apaga la luz, deja que suba
El vapor de la tierra, y se levante
En la sombra el amor de nuestras almas:
Caerán las cosas; dormirá la vida;
Sólo tú y yo, gigantes desposados,
Nos erguiremos de la tierra al cielo:—
Coronarán tu frente las estrellas:
De los astros sin luz te haré un anillo.—

III

Yo llevo en las desdichas aprendida
Una ciencia callada,

Que reposa, como una puñalada,
En las entrañas mismas de mi vida.

Yo sé de la parcial sabiduría
Con que el hombre se nutre y aconseja;
Pero yo no sabía
Lo que sabe la rosa de la abeja!—

VINO EL AMOR...

Vino el amor mental: ese enfermizo
Febril, informe, falso amor primero,
¡Ansia de amar que se consagra a un rizo
Como, si a tiempo pasa, al bravo acero!

Vino el amor social: ese alevoso
Puñal de mango de oro oculto en flores
Que donde clava, infama: ese espantoso
Amor de azar, preñado de dolores.

Vino el amor del corazón: el vago
Y perfumado amor, que al alma asoma
Como al que en bosques duerme, eterno lago,
La que el vuelo aún no alzó, blanca paloma.

Y la púdica lira, al beso ardiente
Blanda jamás, rebosa a esta delicia,
Como entraña de flor, que al alba siente
De la luz no tocada la caricia.

SÉ, MUJER, PARA MÍ...

Sé, mujer, para mí, como paloma
  Sin ala negra:

Bajo tus alas mi existencia amparo:
   ¡No la ennegrezcas!

Cuando tus pardos ojos, claros senos
   De natural grandeza,
En otro que no en mí sus rayos posan
   ¡Muero de pena!

Cuando miras, envuelves, cuando miras
   Acaricias y besas:
Pues ¿cómo he de querer que a nadie mires,
   Paloma de ala negra?

QUÉ ME PIDES? LÁGRIMAS?

¿Qué me pides? Lágrimas?
   Yo te las daré:
Si tengo el pecho de ellas tan lleno
   Que ya con ellas no sé qué hacer!

¿Enseñarlas? Nunca!
   No las han de ver.
Quien su dolor en público difunde
De su dolor o alivio indigno es.

Puede la de Mágdala
   Mísera mujer,—
Enamorada de Jesús echarse
Envuelta en llanto a sus desnudos pies;

Mas su corona de hombre
   Rompe con mano infiel
El que el pudor de su dolor descuida—
   Y en verso trabajado
   El duelo profanado
Por calles y por plazas deja ver.

Con el dolor, el grave compañero,
Vivirse debe, y perecer entero—:
¡Vuélvete atrás—coqueta de la pena!
Boabdil impuro, flaca Magdalena!
El que en silencio y soledad padece
Derecho adquiere de morir—y crece!—
¡A mí, hierros y aceros! Y en mi pecho
Clavados, dadme de morir derecho!—

MAS ¡AY DE MÍ! QUE EN VANO

Mas ¡ay de mí! que en vano, en vano envío
A la inhumana mi doliente acento!
¿Qué delirio, qué sueño es este mío?
Prender quise la sombra, atar el viento,
Seguir el humo y detener el río:
Y mientras lo imposible loco intento
Tengo en casa la vid medio podada
Y en el bosque la grey abandonada!

EN ESTAS PÁLIDAS TIERRAS

En estas pálidas tierras,
¡Oh niña!, en silencio muero.
Como la queja deshonra,
                  Yo no me quejo.

Del mutuo amor de los hombres
El magnífico concierto,
De la pasión—nuestra vida—
                  No escucho el eco.

Como una bestia encorvada,
A un yugo vil, aro, y ruego,
Y como un águila herida
                  Muero en silencio.

VIRGEN MARÍA

Madre mía de mi vida y de mi alma,
dulce flor encendida,
resplandeciente y amorosa gasa
que mi espíritu abriga:

Serena el escozor que siento airado,
que tortura mi vida,
¡qué tirano!
¡qué sidérea[11] el alma mía!

¡Se rebela, maldice,
no quiere que yo viva
mientras la Patria amada
encadenada gima!

Un gran dolor la sigue
Como al hombre la sombra fugitiva,
Y los dos me acompañan
junto con la fatiga.

Mata en mí la zozobra
y entre las nubes de mi alma brilla...
¡el peregrino muera!
¡que la Patria no gima!

Y A TI ¿QUÉ TE TRAERÉ?

Y a ti ¿qué te traeré? No las punzantes
Lágrimas que, del pecho en que ora brilla

---

11. En el original mecanografiado se lee *sidera,* palabra inexistente en nuestra lengua, ni como adjetivo, sustantivo o verbo. El adjetivo *sidérea,* que aquí alude al carácter estelar y luminoso del alma del poeta, parece ser la palabra necesaria.

El sol al cabo, huéspedes constantes,
Nunca dejaron sola mi mejilla.

   ¿Qué te traeré? No flores, niño amado.
¿Dónde, ¡oh triste de mí!, la florecida
Rama hallaré, si viven a tu lado
¡Ay! las únicas flores de mi vida?

   Decidme, ¡oh mayo, oh nuevo sol, oh amigos!
¿A aquel lirio del valle, a aquella mía
Pálida estrella —¡oh de mi mal testigos
Y de cuánto lloré!— qué llevaría?

   La tierra toda, ya en verdor se extienda,
Ya el sol la dore, en su alto trono fijo,
No tiene oro ni flor, no tiene ofrenda
Digna de un padre al túmulo de un hijo.

   ¡Oh lindo sol, oh blanda luz, oh palma
De un valle triste! ¡Vuelve a ser testigo
De esta resurrección! ¡Te traigo tu alma,
Que desque el vuelo alzó, vive conmigo!

                                                  1884

CESTO DE MIMBRE

Tengo junto a mi mesa un cestecillo
De mimbre de un mimbral muy afamado,
No, cual otros, con cintas y adornado,
Sino, cual yo, sin lazos y sencillo.

   Cuanto me cansa o sobra encuentra puesto
En mi cesto de mimbre: allí va cuanto
Me indigna o me repugna o causa espanto:
¡Cartas necias y fe, todo va al cesto!

Pero tengo en el pecho, entretejido
Como en la tierra una raíz, un triste
Amor que todo el pecho me ha comido,
Y que a entrar en el cesto se resiste.

CON LA PRIMAVERA

    Con la primavera
    Vuelve el verso alado:
¿Qué hará mi corazón, que amar no quiere,
Si le asalta el amor por el costado?

    Hará lo que hace el cielo
    Cuando el fuego lo abrasa:
Brillará como bóveda encendida
Hasta que el fuego pase: todo pasa!

JE VEUX VOUS DIRE...[12]

Je veux vous dire en vers pour quoi, chère madame,
Des fats trouvent coulant le beau parler cubain:
C'est en vers que les hommes doivent parler aux femmes:
Le genou sur la terre, le bouquet dans la main.

De fleurs! vous faut-il plus, vraiment, por le bonheur?
Ce sont de grands rubis, les bons coquelicots:
Quand on n'a pas tout près, pour vous l'offrir, la fleur,
Pour quoi ne pas pétrir la fleur avec des mots?

---

12. Traducción: 'Yo quiero decirle en verso, querida señora,/ por qué los fatuos encuentran corriente el bello hablar cubano:/ es en verso como los hombres deben hablar a las mujeres:/ rodilla en tierra y el ramo en la mano./ ¡Flores! ¿realmente le hacen falta más para la felicidad?/ Son grandes rubíes, las buenas amapolas:/ Cuando no se tiene la flor demasiado cerca para ofrecérsela,/ ¿por qué no componer la flor con palabras?'.

YO LLORO —ES VERDAD QUE LLORO

Yo lloro —es verdad que lloro,
Mirando a tanto tesoro
De arte que a mis ojos pasa;
¡Siempre tan pobre el decoro!
¡Siempre mi fortuna escasa!
Por soberbia no lo digo;
Pero no llega a mi puerta
                Ni un amigo:
Parece una casa muerta,
Húmeda, hueca, desierta:
¡El deber está conmigo!
Mas en la casa de al lado
Todo es ruido, gala, prado
Verde, jardín oloroso:
¡Oh, vecino afortunado!
Su salón es numeroso
Y su hijo muy regalado,
Y a él no le dejan reposo:
¡El placer vive aquí al lado!
Y yo, que siempre sonrío,—
Y abro, con este amor mío
Ciego, mis brazos —me quedo
Solo, abrazando el vacío.
                ¡Tienen miedo!
                ¿A qué viene?
A buscar a quien no tiene
Carroza en que pasear,
Buen beber ni buen yantar,
Ni se sabe que almacene
                Bien alguno
                ¡Ah importuno!
Más que un corazón honrado
                Decidido

A morir en el olvido
Antes que morir manchado.
Hoy son las conciencias anchas
                Y pasea
Todo el mundo con sus manchas:
                ¡No recrea
Eso de ver a censores!
                Y, aun si callan,
                Los honrados
Con su silencio batallan:
¡Y molestan! —son soldados
Útiles, en el vivir
Silencioso, en el morir
Humilde, en el sonreír
Doliente, hasta en el callar
                ¡Los honrados
Son muy útiles soldados!
                De manera
Que aunque por mi vida entera
Hoy no me vengan a ver,
Y a bosque dejen crecer
De mi umbral la enredadera,—
                ¡No me importa!
Esta vida es triste y corta,
E irán luego
Cual gente friolenta al fuego,
Luego que el mío sucumba,
A visitarme a mi tumba:—
Y yo que siempre sonrío,
En mi seguro aposento,
                Todo mío,
Sonreiré entonces contento:
Y se verá en derredor
De mi sepulcro un vapor
Como de mirra y de luz,

¡Y una flor
Nunca se abrirá en la Cruz!

EN UN DULCE ESTUPOR...

En un dulce estupor soñando estaba
Con las bellezas de la tierra mía:
Fuera, el invierno lívido gemía,
Y en mi cuarto sin luz el sol brillaba.

La sombra sobre mí centelleaba
Como un diamante negro, y yo sentía
Que la frente soberbia me crecía
Y que un águila al cielo me encumbraba.

Iba hinchendo este gozo el alma oscura,
Cuando me vi de súbito estrechado
Contra el seno fatal de una hermosura:

Y al sentirme en sus brazos apretado,
Me pareció rodar desde una altura
Y rodar por la tierra despeñado.

                                                      4 de octubre

ENTRE LAS FLORES DEL SUEñO

Entre las flores del sueño
Oigo una música vaga:
El remordimiento asoma
Su cabeza desgreñada:
El desorden tempestuoso
Turba y enciende las aguas:
En el corazón que duele

Un dulce puñal se clava:
El cerebro enfurecido
Calla de una cuchillada:
En las nubes grises y oros
Vuelan serenas las palmas:
Una corona de rizos
En la sombra se desata:
En el cuerpo transparente
La línea eterna se marca:
¡Así se queda dormido
El que vive en tierra extraña!:
La delicia del olvido
Sobre la cabeza baja:
Luego Jesús aparece
Andando sobre las aguas.

Y TE BUSQUÉ POR PUEBLOS

Y te busqué por pueblos,
Y te busqué en las nubes,
Y para hallar tu alma
Muchos lirios abrí, lirios azules.

Y los tristes llorando me dijeron:
—¡Oh, qué dolor tan vivo!
Que tu alma ha mucho tiempo que vivía
En un lirio amarillo!—

ೞ

      Mas dime —¿cómo ha sido?
¿Yo mi alma en mi pecho no tenía?
Ayer te he conocido,
Y el alma que aquí tengo no es la mía.

NO ME QUITES LAS CANAS

No me quites las canas
Que son mi nobleza:
Cada cana es la huella de un rayo
Que pasó, sin doblar mi cabeza.

Dame un beso en las canas, mi niña:
Que son mi nobleza!

CUANDO EN LA CALLE ANCHUROSA

Cuando en la calle anchurosa
Pasa un cadáver, del mudo
Cortejo, jefe, con alma piadosa
Sonrío, canto y saludo.

Pero al muerto que tendido
En mitad del alma llevo
Sin dejar que entre el olvido
Ni que nazca un amor nuevo,—

Con su corte de violetas
Y rosas blancas marchitas
¿Quién sonreirá? ¿Qué poetas
Dirán mis cuitas?

Quién en la dura agonía
De un alma que amor no espera
Cantará en la noche fría
Palabras de primavera.

EL PENSAMIENTO INDIGNADO

El pensamiento indignado
Por la tristeza del mundo,
Baja, febril e iracundo,
Buscando salir airado.

Mas con el terco valor
Del ave, el niño y la rosa
Suele, rebelde y mimosa,
Cerrarle el paso una flor.

Y el pensamiento piafante
Espera, humilde, en la entrada
A que la cuarteta alada
Se lleve a la flor fragante.

CON LA PRIMAVERA

Con la primavera
Viene la canción,
La tristeza dulce
Y el galante amor.

Con la primavera
Viene una ansiedad
De pájaro preso
Que quiere volar.

No hay cetro más noble
Que el de padecer:
Sólo un rey existe:
El muerto es el rey.

CUAL VIERTE LAS MANOS CUAJADAS DE ROSAS

Cual vierte las manos cuajadas de rosas
        En cesto viejo de cristal vacío
           La niña ligera:

Así sus visiones extrañas, gloriosas
        Vierte en mi cráneo despoblado y frío
           Mi Musa severa.

Polvo de alas de mariposa[1]

    Dirán, puede ser que digan
    Que estos efluvios de amor
    Son de éste, o aquél, o esotro:
       ¡Vive Dios!
Decidme, oh mariposas de colores,
Deleites vagos, enramada en flores,
Luz astral, ramos de oro, olor de selva:
Decid: ¿Sois de Frankfort, o sois de Huelva?

          ❦

    Digo que cuando salto
De un papel de comercio a un verso ardiente
    Que viene de lo alto
Y me pasa rozando por la frente,

---

1. Este conjunto de poemas fue reunido por Martí en un índice, con la siguiente anotación al margen: «Polvo de alas de una gran mariposa». En anteriores ediciones de su poesía dichos poemas aparecen titulados «Polvo de alas de mariposa». En la edición crítica de *PC* se han incluido en la misma sección otros poemas breves muy semejantes en forma y sentido, y del mismo modo procedo en este caso.

Poesía dispersa

No curo que imagine un alma fatua
Que en ajeno taller formo mi estatua.

❧

Triste, impaciente, volador, lloroso,
En lágrimas la faz, la pluma inquieta:
   El demonio del verso
   Que está a la puerta!

❧

Cuando le digo adiós, se queda el alma
De pálida y [...][2] angustia llena
Como queda un palacio
Cuando se ausenta de él la joven reina.

❧

   De enfermos no me digas
   Ni de moribundos:
Sino de tanto bravo sin ejército,
Sino de tanto muerto sin sepulcro!

❧

¡Oh! diles que callen;
   Diles que no rían;
   Que no gocen diles;
¡Que está lejos de mí la amada mía!

❧

---

2. Palabra ininteligible.

Quema el sol; muere el césped; arde el llano;
   Reluce el mar; ¡Dios mío!
¿Cómo en mitad del férvido verano
   Siento yo tanto frío?

✺

Bueno es sufrir: cuando en el lado izquierdo
Del seno roto arder se siente un cáncer,
Sobre la llaga ardiente, un perfumado
Lirio blanco y azul sus alas abre.

✺

   Ya cruza los mares,
   Ya el buque la lleva
   Donde nunca los ojos llorosos
   Podrán ir a verla:
   Oh nubes y vientos!
Oh gaviotas felices que vuelan
Y en los mástiles altos posadas
A la dama del buque contemplan.
Oh gaviotas que en torno a sus plantas
   De plumas sin mancha
   Por darles alfombra
   Sus alas despueblan!

✺

   El ancla está levada:
Queréis, gente de mar, saber cuál deja
   Rota la tierra, al levantarse, el ancla?
      Bajad, oh marineros,
      Al fondo de mi pecho!

✺

Poesía dispersa

El hierro, amigo mío,
Se funde así; y el bondadoso herrero
Me iba a decir, ante las anchas tazas,
Cómo se funde el hierro.
Y yo, que sufrí tanto
Ayer, posé en el yunque
Mi mano ya insegura; y dije al hombre
¡Yo sé cómo se funde!

&c&

No leas en libros ajenos,
Amores de gentes extrañas;
Lee mejor los poemas que escribo
En tu frente gentil con mis miradas...
Y ve las de mirra e incienso
Torres de humo azuladas,
Que verde luz desde hoy que te he visto
De mí se escapan como de urna sagrada.

&c&

Me han dicho que la estrella
Que yo esperaba
Ha pasado de noche:
¡Una magnífica estrella blanca!

&c&

Aunque pases, pasa!—
Muerto, aún verán que de mi cuerpo surge
El pálido perfume de tu alma.

&c&

Que piense? No pienso!
En ramilletes y en coronas surge
De un alma enamorada el pensamiento.

※

Que mis versos vuelan
Como mariposas
Pequeñas e inquietas:
Ay! quédate, y verás la maravilla
De una mariposa
Que cubre con sus alas
                    Toda la tierra.

※

Logré sus miradas:
Toqué ligeramente sus vestidos:
  Ni una arruga en ellos,
  Ni una arruga en tu alma!

※

Mis pensamientos
Pensando en ella,
Retozan, saltan,
Matizan, juegan,
Como corderos
                En yerba nueva.

※

Oh ven, oh ven: tú dejas en mi vida
Una casta blancura de alabastro
Y esa doliente claridad perdida
Que da en la noche silenciosa un astro.

※

En chispas, como el fuego,
  Mis versos saltan:
    Así contra la roca
Las aguas azules quebradas estallan.

※

  Pintar! No puedo pintar
  Este augusto desconsuelo:
  Es la soledad del cielo
  Y la tristeza del mar.

※

Señor, la claridad que te pedía,
Que con trémulas manos imploraba,
Se entra a raudales por el alma mía!
Señor, ya no me digas la manera
Con que el mundo florece en primavera:
No me digas, Señor, cómo se enciende
El sol, que en el amor esto se aprende:
Ni saber quiero ya, pues lo sé en ella,
Cómo esparce su luz la clara estrella!

※

  Pastores risueños,
  Fragantes mañanas,
  Palomas dormidas,
Y allá en la cima de los montes regios
    Magníficas águilas:—
Venid, oh amigos, celebrad conmigo
La visita del júbilo a mi alma.
    Tocad a su puerta,
    Llamadla en voz baja:
    Si duerme, que duerma!
Pues viva o dormida, o aun muerta,

Para siempre la llevo en el alma!
 Dejadle oh palomas,
 Las gotas de claro rocío
 Que os brilla en las alas:
Y vosotras, mis águilas fieras,
 Dormid a sus plantas!
Si despierta, oh pastores, llevadle
En cestos de flores palomas muy blancas!
Por Dios, que esto es gozo,
Oh, qué cielo tan claro es el alma!
Prendedle, pastores,
Todo el lecho de blancas guirnaldas!

ཨོཾ

Ayer, al darme al sueño, como en nube
Venir te vi, y luego hermosa y grave
Subir en paz, como el incienso sube
Del blanco altar a la espaciosa nave.

ཨོཾ

 Que de qué manera
Mi féretro has de hacer? Pues yo lo hiciera
De ella, de sus perlados
Brazos, y de sus senos perfumados.

ཨོཾ

 Qué me pides? Lágrimas?
 Yo te las daré:
Si tengo el pecho de ellas tan lleno
Que ya con ellas no sé qué hacer.

ཨོཾ

Oh ya puedo morir: la he conocido!:—
Brilla, este amor, envuelto en blancos velos
Como un ramo de estrellas suspendido
En la región serena de los cielos.

☙

Dicen que Nubia[3] es tierra de leones:
    No puede ser:
La tierra de leones es un alma
    Sin amor de mujer.
    Y tierra de palomas
Aquélla, oh noble amor, donde tú asomas.

☙

    Murmurando versos
    Paso por la tierra:
    Así pasa el aire
Quejoso por las suaves madreselvas.

☙

Cuando viene el verso
No se sabe bien:
Pasas tú,—y el verso
              Pasa también.

☙

En los diarios que leo,
En las nubes que cruzan,

---

3. *Nubia:* región del África oriental, situada al sur del antiguo Egipto. Actualmente comprende parte del territorio egipcio y del sudanés.

En el aire invisible, mis errantes
Desconsolados ojos te dibujan.
 Y me cubro los ojos,
 Como alivio a mi angustia,—
Y del fondo del alma te levantas,
Llorosa, inconsolable, eterna, augusta.

☙

 Cuanto pudo ser, ha sido:
 Qué me importa lo demás?
 Si el aroma es todo mío
 Del vaso qué se me da?

☙

Vete, bien puedes irte. Como deja
Ancho surco en la mar la nave hermosa,
Así tu imagen en mi extraña vida:
Vete,—y mi pena cuajará la espuma!

☙

Tiene el cielo la vía láctea:
 Pues yo tengo más:
Tengo el recuerdo de la tarde aquella
En que te vi, mirándome, a punto de llorar.

☙

 Lo que al labio saco
 Lo saco del pecho:
Si sale en alemán, es que alemanes
El amor y el dolor se están volviendo.

☙

De estos versillos
Nadie se queje:
A veces es un mar el que rebosa
Y una alondra que pasa es otras veces.

☙

Libro de amor que se cierra
Sin nube, mancha ni ocaso,
Frente pura, limpio vaso,
     Vete a consolar la tierra!

☙

La pena como un guardián[4]
En mi espíritu reside—
Y colérica despide
A los que entrando en él van.

☙

Este que voy enterrando
Es mi derecho a gozar:
No me lo despierte nadie,
Que es fuente de todo mal.

☙

---

4. Este poema y los siguientes no figuran en el índice escrito por Martí para esta colección, pero se incluyen aquí por los motivos tan razonables ya apuntados.

Al compás de los versos de Méleo[5]
   Se baila y se goza:
Al compás de los versos de Flámeo
   Se sufre y se llora:—
Rompe, Flámeo, la copa cinérea:
Hinche, Méleo, la copa sonora!

               ⁂

Venid, que os llene de clavel y violas
Oh doncellas, los blancos delantales!
De un cabo a otro del cielo está tendido
Un toldo a cuya sombra huyen las penas.

               ⁂

Ven, y apriétate a mí: mira cuál cruzan
Los amores, cual cerdos en bandadas:
Ven! tú me cuentas lo que yo sabía:
   Tu amor viene dormido en un águila!

               ⁂

Y tres años después, en donde mismo
Saqué del alma estos extraños versos
Vi sin temblar a la que amé temblando.
¿Qué pasó entre nosotros? Pasó el tiempo.

               ⁂

---

5. *Méleo* y *Flámeo* son nombres de poetas inventados por Martí. Méleo se ha formado a partir de *mel* ('miel', en latín), y viene a representar una poesía de emoción dulce y alegre. Flámeo procede de *flamma* ('llama', en latín) y personifica a la poesía pasional y estremecedora.

Todas las fieras se han dado cita
    Sobre mi alma,—
Y como el hígado de Prometeo[6],
    Mi alma no acaba.
Es que de dientes de fiera acaso
    Mi alma se nutre:—
Y crece el hígado con las mordidas,
    Y crece el buitre!

≫≪

De levantarme acabo:
Acostarme quisiera:
¡Dadme pronto la cama
Donde no se despierta!

≫≪

Hay en el cielo, como en el mar, paisajes
De oro y azul: y súbito, se ven
Cual guerreros ceñudos, negras nubes,
A un rincón apiñadas en tropel:
Y hay rayos en el cielo, como espadas
De un titán luchador que no se ve:
Y hay, como estos fugaces versos míos,
    Relámpagos también.

≫≪

De un padre que tuve
Tan sólo recuerdo

---

6. Por haber robado el fuego del cielo, Zeus castigó a Prometeo encadenándolo a una roca, donde un águila le roía el hígado, hasta que fue liberado por Hércules.

Que de mi cuna al borde sollozaba
Cuando nací, como si hubiera muerto.

            ❧

    Magnífica doncella
Va, camino de abajo, cabalgando
En una mula ruin: que quién es ella?
Mi mente es la magnífica doncella.

            ❧

Mañana, como un monte que derrumba
De noche y en sigilo su eminencia,—
Como un vaso de aroma roto y hueco
   Caeré sobre la tierra.

            ❧

¿Mi cráneo? dices que saber te holgara
Lo que anda dentro de él: pues llega y velo:
Hay un mar de agua azul, serena y clara:—
Y desde que viniste tú, hay un cielo!

            ❧

    Airados me preguntan
    Benévolos amigos
Por qué en libros no vierto el alma ardiente:—
—Oh, sí!: yo escribiré todos los libros
   Que quepan en su frente!

            ❧

Escribe:
Escribe eso que cuentas.
—Aún tengo las entrañas recién rotas:
   No puedo todavía!

༒

¿Qué niño recién puesto en blanca cuna,
Qué mariposa azul habrá que lleve
A ti este amor más claro que la luna
Sobre un prado cubierto por la nieve?

༒

Y tú, pobre mujer que sacudiste
Las cuerdas duras de mi lira,—¡gracias!

༒

Palabras? ya sé: palabras,
No me las puedes decir;
Pero mirarme sí puedes:—
   Basta para vivir!

༒

Papel, faltarme podrá:
Cielo donde escribir lo que me inspiras
   Nunca me faltará!

༒

Surjo! —La noche llega: a mí la rima
Retorna, y en la sombra que la encanta,
Tu amor, como una torre, por encima
De la callada tierra se levanta.

※

Como una enredadera
Ha trepado este afecto por mi vida:
Díjele que de mí se desasiera,
Y se entró por mi sangre adolorida
Como por el balcón la enredadera!

※

Como de entre malezas león dormido
Resurge de mi mente el pensamiento:
Pero míralo bien —verás que lleva
Tinto de sangre lo mejor del pecho.

※

Toma este hierro,—y a la moza infame
Que oscureció mi espíritu soberbio
Para vergüenza de mujeres frívolas
Márcale bien la frente con el hierro!

※

Es rubia. Como el carro del esbelto
Heclas[7] de Olimpo, fúlgido y sonoro,

---

7. Nombre desconocido en la mitología griega. Debe de referirse a Apolo, quien, por la belleza y resplandor de su cuerpo, fue identificado con Helios, dios del Sol, que diariamente recorrería la tierra con su carro.

Voy desde que la quiero, como envuelto
En una nube de centellas de oro.

❧

Yo tengo en mi oficina
Un calado sillón de sicomoro;
Y cuando pienso en ella
Me siento en mi sillón calado, y lloro.

❧

Naturaleza mi desdicha sabe:—
Llueve: el oscuro cielo encapotado
Turbio en los hondos lagos se refleja:
Viento recio los árboles encorva,—
Y como gimo yo, todo parece
Que como yo desesperado gime:—
Y por el mar plomizo, como féretros,
Lacias las velas, grandes barcos cruzan.

❧

Oigo el fuego silbando, y me parece
Que del negro carbón un alma surge
Que con alas tendidas a mí viene:
Que lo vi, yo lo vi:—diga si es bueno
O no, cualquier bedel docto en prosodia!

❧

   La tierra! —oigo decir: —toda la tierra
Es mero pedestal del alma humana!

❧

Pues digo que el ajenjo
No es más amargo

Que un amor que no puede
Salir al labio.

ᖗᖘ

Oh qué hermoso será un muerto
Tendido en el paño azul
De los cielos —las estrellas
Por cirios— oh, qué gran capilla ardiente!

ᖗᖘ

La ciudad es grande, cierto,
Y rica, y brillante, y bella,—
Y yo soy un hombre muerto,
Y mi sarcófago es ella.

ᖗᖘ

Anoche me abrí el pecho
Para verte mejor, esposa mía:—
Y una paloma allí, como en su lecho
En el seno de un águila dormía.—

ᖗᖘ

¿Que este canto mío
Es canto alemán?
Pues dime: aquellos besos que me diste
¿También allá se dan?

ᖗᖘ

Yo sé cómo cae un fardo
En tierra; yo lo he aprendido—
Viendo cómo mi espíritu gallardo—
En mitad de un seno ¡ay! ha caído.

ᖗᖘ

Garza, la de la blanca pluma,
Ave, la de rojos pies.
Así es la vida —la corona espuma,
La baña sangre: así es!

❧

Causa pasmo a la gente
   Mi breve estrofa—
¡No vi jamás en larga línea recta
   Volar las mariposas!

❧

Y te apoyas en mi hombro, y me preguntas:
   —¿Estás triste? ¿qué tienes?
—Si no me has dado un beso todavía,
   ¿Cómo he de estar alegre?

❧

Y hubo un ruido: —volaron ruiseñores
Y en el seco floral nacieron flores.—

❧

Esa rosa que me das
De tu rosal es la flor,
Y estos versos que yo exhalo
Son la flor de mi dolor.—

❧

De mi cuaderno al golpe
Ruedan las copas:

Así rodarán, de mi pena al choque,
De mí arrancadas, mis humanas ropas.

ᴏᴆɢ

Corazón, hoy me han dicho
Que en esta pena anhelas hallar miel.
Corazón: está quedo!
Hijos me dio tu amor: morir no puedo.

ᴏᴆɢ

Todo se va muriendo
A mi alrededor:
¿Es que se muere todo
O que me muero yo?

ᴏᴆɢ

  Me casé? Yo me casé
  Con un cestillo de nubes:
  Y en la noche de mis bodas
Vi que era un cesto de cintas azules.
  Y vi el cesto, yo lo vi
  A la luz de la tormenta,
  Y hallé —no hallara la muerte!
Que era un cesto de cintas muy negras.

ᴏᴆɢ

De mis versos ¿qué me queda?
No te diré yo quién soy.
Nadie lo sabe: yo voy
Como ola ardiente que rueda.

Versos en *La Edad de Oro*[1]

DOS MILAGROS

Iba un niño travieso
  Cazando mariposas;
Las cazaba el bribón, les daba un beso,
Y después las soltaba entre las rosas.

Por tierra, en un estero,
  Estaba un sicomoro;
Le da un rayo de sol, y del madero
  Muerto, sale volando un ave de oro.

CADA UNO A SU OFICIO

Fábula nueva del filósofo norteamericano Emerson[2]

La montaña y la ardilla
Tuvieron su querella:

---

1. *La Edad de Oro* fue una revista para niños escrita íntegramente por Martí, con artículos, poemas y cuentos de diversa índole temática. Aparecieron cuatro números, publicados en Nueva York, de julio a octubre de 1889.
2. Ralph Waldo Emerson (1803-1882): ensayista y poeta norteameri-

—«¡Váyase Usted allá, presumidilla!»
Dijo con furia aquélla;
A lo que respondió la astuta ardilla:
—«Sí que es muy grande Usted, muy grande y bella:
Mas de todas las cosas y estaciones
Hay que poner en junto las porciones,
Para formar, señora vocinglera,
Un año y una esfera.
Yo no sé que me ponga nadie tilde
Por ocupar un puesto tan humilde.
Si no soy yo tamaña
Como Usted, mi señora la montaña,
Usted no es tan pequeña
Como yo, ni a gimnástica me enseña.
Yo negar no imagino
Que es para las ardillas buen camino
Su magnífica falda:
Difieren los talentos a las veces:
Ni yo llevo los bosques a la espalda,
Ni Usted puede, señora, cascar nueces».

LOS DOS PRÍNCIPES

Idea de la poetisa norteamericana Helen Hunt Jackson[3]

El palacio está de luto
Y en el trono llora el rey,

cano, nacido en Boston. Conocía a los distintos autores del idealismo alemán –que le interesó a través de su amigo inglés Carlyle–, así como del misticismo del sueco Swedenborg. Sus obras más célebres son el ensayo *Nature* (1835) y los *Essays* publicados entre 1841 y 1844. Admirado con fervor por Martí, nuestro autor, con motivo de su fallecimiento, le dedica un extenso ensayo. Este poema es una versión libre de la «Fable» de Emerson.
3. Helen Hunt Jackson (1831-1885): poetisa y novelista norteameri-

Y la reina está llorando
Donde no la pueden ver:
En pañuelos de olán[4] fino
Lloran la reina y el rey:
Los señores del palacio
Están llorando también.
Los caballos llevan negro
El penacho y el arnés:
Los caballos no han comido,
Porque no quieren comer:
El laurel del patio grande
Quedó sin hoja esta vez:
Todo el mundo fue al entierro
Con coronas de laurel:
—¡El hijo del rey se ha muerto!
¡Se le ha muerto el hijo al rey!

En los álamos del monte
Tiene su casa el pastor:
La pastora está diciendo
«¿Por qué tiene luz el sol?»
Las ovejas, cabizbajas,
Vienen todas al portón:
¡Una caja larga y honda
Está forrando el pastor!
Entra y sale un perro triste:
Canta allá adentro una voz—
«Pajarito, yo estoy loca,
Llévame donde él voló»:
El pastor coge llorando

---

cana, autora de famosas novelas sobre las condiciones de vida de los indios de su país. Su *Ramona* (1884) fue traducida por Martí en 1888. Este poema se basa en la composición «The Prince is Dead».
4. *olán* [sic] es el *holán*, una tela muy fina procedente de Holanda, con la que se hacen camisas, sábanas y otros tejidos.

La pala y el azadón:
Abre en la tierra una fosa:
Echa en la fosa una flor:
—¡Se quedó el pastor sin hijo!
¡Murió el hijo del pastor!

LA PERLA DE LA MORA

Una mora de Trípoli tenía
Una perla rosada, una gran perla:
Y la echó con desdén al mar un día:
—«¡Siempre la misma! ¡ya me cansa verla!».

Pocos años después, junto a la roca
De Trípoli... ¡la gente llora al verla!
Así le dice al mar la mora loca:
—«¡Oh mar! ¡oh mar! ¡devúelveme mi perla!».

LOS ZAPATICOS DE ROSA

A Mademoiselle Marie[5]

Hay sol bueno y mar de espuma,
Y arena fina, y Pilar
Quiere salir a estrenar
Su sombrerito de pluma.

—«¡Vaya la niña divina!»
Dice el padre, y le da un beso:
«Vaya mi pájaro preso
A buscarme arena fina».

---

5. La niña María Mantilla y Miyares, hija de Manuel Mantilla y Carmen Miyares, gran amiga de Martí en Nueva York.

—«Yo voy con mi niña hermosa»,
Le dijo la madre buena:
«¡No te manches en la arena
Los zapaticos de rosa!».

Fueron las dos al jardín
Por la calle del laurel:
La madre cogió un clavel
Y Pilar cogió un jazmín.

Ella va de todo juego,
Con aro, y balde, y paleta:
El balde es color violeta:
El aro es color de fuego.

Vienen a verlas pasar:
Nadie quiere verlas ir:
La madre se echa a reír,
Y un viejo se echa a llorar.

El aire fresco despeina
A Pilar, que viene y va
Muy oronda:—«¡Di, mamá!
¿Tú sabes qué cosa es reina?».

Y por si vuelven de noche
De la orilla de la mar,
Para la madre y Pilar
Manda luego el padre el coche.

Está la playa muy linda:
Todo el mundo está en la playa:
Lleva espejuelos el aya
De la francesa Florinda.

Está Alberto, el militar
Que salió en la procesión
Con tricornio y con bastón,
Echando un bote a la mar.

¡Y qué mala, Magdalena
Con tantas cintas y lazos,
A la muñeca sin brazos
Enterrándola en la arena!

Conversan allá en las sillas,
Sentadas con los señores,
Las señoras, como flores,
Debajo de las sombrillas.

Pero está con estos modos
Tan serios, muy triste el mar:
Lo alegre es allá, al doblar,
En la barranca de todos!

Dicen que suenan las olas
Mejor allá en la barranca,
Y que la arena es muy blanca
Donde están las niñas solas.

Pilar corre a su mamá:
—«¡Mamá, yo voy a ser buena:
Déjame ir sola a la arena:
Allá, tú me ves, allá!».

—«¡Esta niña caprichosa!
No hay tarde que no me enojes:
Anda, pero no te mojes
Los zapaticos de rosa.»

Le llega a los pies la espuma:
Gritan alegres las dos:
Y se va, diciendo adiós,
La del sombrero de pluma.

¡Se va allá, donde ¡muy lejos!
Las aguas son más salobres,
Donde se asientan los pobres,
Donde se asientan los viejos!

Se fue la niña a jugar,
La espuma blanca bajó,
Y pasó el tiempo, y pasó
Un águila por el mar.

Y cuando el sol se ponía
Detrás de un monte dorado,
Un sombrerito callado
Por las arenas venía.

Trabaja mucho, trabaja
Para andar: ¿qué es lo que tiene
Pilar, que anda así, que viene
Con la cabecita baja?

Bien sabe la madre hermosa
Por qué le cuesta el andar:
—«¿Y los zapatos, Pilar,
Los zapaticos de rosa?

»¡Ah, loca! ¿en dónde estarán?
¡Di dónde, Pilar!».—«Señora»,
Dice una mujer que llora:
«¡Están conmigo: aquí están!

»Yo tengo una niña enferma
Que llora en el cuarto oscuro.
Y la traigo al aire puro
A ver el sol, y a que duerma.

»Anoche soñó, soñó
Con el cielo, y oyó un canto:
Me dio miedo, me dio espanto,
Y la traje, y se durmió.

»Con sus dos brazos menudos
Estaba como abrazando;
Y yo mirando, mirando
Sus piececitos desnudos.

»Me llegó al cuerpo la espuma,
Alcé los ojos y vi
Esta niña frente a mí
Con su sombrero de pluma.

—»¡Se parece a los retratos
Tu niña!» dijo: «¿Es de cera?
¿Quiere jugar? ¡si quisiera!...
¿Y por qué está sin zapatos?

»Mira: ¡la mano le abrasa,
Y tiene los pies tan fríos!
¡Oh, toma, toma los míos:
Yo tengo más en mi casa!».

«No sé bien, señora hermosa,
Lo que sucedió después:
¡Le vi a mi hijita en los pies
Los zapaticos de rosa!»

Se vio sacar los pañuelos
A una rusa y a una inglesa;
El aya de la francesa
Se quitó los espejuelos.

Abrió la madre los brazos:
Se echó a Pilar en su pecho,
Y sacó el traje deshecho,
Sin adornos y sin lazos.

Todo lo quiere saber
De la enferma la señora:
¡No quiere saber que llora
De pobreza una mujer!

—«¡Sí, Pilar, dáselo! ¡y eso
También! ¡tu manta! ¡tu anillo!»
Y ella le dio su bolsillo,
Le dio el clavel, le dio un beso.

Vuelven calladas de noche
A su casa del jardín:
Y Pilar va en el cojín
De la derecha del coche.

Y dice una mariposa
Que vio desde su rosal
Guardados en un cristal
Los zapaticos de rosa.

Versos de circunstancias

CUBA NOS UNE...

Cuba nos une en extranjero suelo,
Auras de Cuba nuestro amor desea:
Cuba es tu corazón, Cuba es mi cielo,
Cuba en tu libro mi palabra sea.

[1871]

A MERCEDES MATAMOROS[1]

¡Mercedes! —Quien me las hace
es quien su libro me envía
donde las páginas blancas
copian el alma tranquila

---

1. Poetisa cubana (1851-1906), que cultivó un lenguaje lírico de cuidada depuración y sugerencia, frente al verbalismo altisonante de los primeros románticos. Sus *Poesías completas* se publicaron en La Habana en 1892.

de la doncella garbosa
en cuyos ojos anidan
blandas miradas de tórtola,
trágicas luces sombrías!—

Ora Caonabo[2] doliente
con amargas voces gima;
ora del águila el canto
con pluma de águila escribas;
ora al morir de la tarde
caigan a tus pies las lilas,
por ser las flores —hermanas
que se aman y solicitan;—
ora de tierras noruegas,
pálidas sombras amigas
coronas traigan y gracias
para su noble poetisa;
como las plegarias, pura,
como la cólera, altiva,
como tus amigos, triste,
como la patria, sombría;
¡bien haya, Merced, bien haya
tu hermoso espíritu, lira
donde tu tierra solloza,
donde el cruel látigo vibra,
donde se pesan las águilas,
donde refleja su vívida
luz nuestro sol; —donde mueren
al son de cañas cautivas,
sepultadas por esclavos
¡ay! ¡nuestras tardes magníficas!

---

2. *Caonabo*: cacique indio que protagoniza un romance de Mercedes Matamoros, publicado entre sus primeras poesías.

¡Bien haya, Merced, quien canta
propios males, propias dichas!
quien a extranjeras regiones
alma no toma, ni rima,
la de los indios cantora,
la de los negros amiga,
la que regiones espléndidas
con las águilas visita!
¡Bien haya, Merced, quien tiene
la religión de las ruinas,
héroes en indios y negros,
y en su alto espíritu, lira!

¡Mercedes! —Bien nos las hizo
quien dio encomienda a las brisas
de que bordaran tu cuna
del Arimao[3] en la orilla,
con hojas de nuestras cañas
y flor de nuestras campiñas!

DESDE LA CRUZ

A la señorita Virginia Ojea

Niña, como las flores del naranjo
    Blanca y sencilla:
¿Sabes tal vez lo que en la mar humana
    Será tu vida?
Hoy —como aurora— tu existencia amena
    Sonríe y brilla,
Y tallado en un pétalo, tu cuerpo
    Es urna de sonrisas;

---

3. Río de Cienfuegos, ciudad natal de Mercedes Matamoros.

Mañana —como un sol que entre las venas
　　Se funde y se desliza—
Vendrá el amor, el déspota altanero,
　　Señor de nuestras vidas.
Te miro y pienso en las palomas blancas,
　　De la selva alegría,
Y en tu alma, un nido de paloma; y pienso
　　En los que cazan, ¡niña!
La red vendrá. Cual moro a quien los ojos
　　Del fiero león fascinan,
Fascinada también, caerás amando,
　　Trémula, de rodillas.
¡Oh! ¡Sé muy tierna! Es la palabra pura
　　Que salva y que ilumina.
Ceder es dominar: sé siempre tierna:
　　¡Jamás serás vencida!
Cuando en el seno de tu esposo rujan
　　Las fieras de la vida:
Las pasiones —panteras, los deseos—
　　Chacales—, ¡la caricia
Apresta, niña blanca! ¡Doma potros
　　Y fieras la caricia!

Pues amar ¿no es salvar? No es esa fiesta
　　Vulgar de gentes nimias,
Que de un vals en los giros nace acaso,
　　Y, como un vals, expira,
Ni un vago templo —de perfume extraño
　　Morada vívida—
Donde el azul del cielo y las ligeras
　　Nubes habitan,
Y en luz de estrellas y en vapor de rosas
　　Duerme la vida.
¿Amar? ¡Eso es un voto! Es un espíritu
　　Que a otro se libra,

Como una monja que en las aras jura
  Bodas divinas.
Como Jesús, la generosa novia,
  Serena, a la cruz mira,
Y al novio ofrece, si en la cruz lo clavan
  Las fieras de la vida,
Colgarse a él, y calentar su cuerpo,
  Y si en la cruz expira,
Morir con él, los nobles labios puestos
  Sobre su frente fría.
¡Eso es amor! Andar con pies desnudos,
  Por piedras, por espinas,
Y aunque la sangre de las plantas brote,
  ¡Sonreír, Virginia!

  Nueva York, 1880

A VIRGINIA

Como los nardos pálida, tu rostro
Transparente y gentil, tu alma refleja:
¡Que al salir de la vida, tu alma pura
Como la esencia de los nardos sea!

  Nueva York, 1880

HAY UNA FLOR MÁS PURA QUE LA BLANCA

Hay una flor más pura que la blanca
  Flor de azahar!—
La que perfuma el alma sin quemarla:
  La flor de la amistad.—

A COCOLA[4], EN SUS NATALES

No sé qué tiene el amor,
Cocola, de pudoroso,
Que dice el labio amoroso
Mal lo que siente mejor.

Mas no sé lo que tus ojos
Tienen, que a mi labio animan,
Y aunque temores me opriman
Y me fatiguen enojos,

Al labio del alma brota
Un cantar sencillo y blando,
Que como va murmurando
Tu nombre, parece nota

Del misterioso laúd
Pulsado en noche serena
Por la hermosa mano buena
Del ángel de la virtud.

Yo no sé qué puro aroma
Tiene tu hogar, que parece
Que aquí la vida amanece
Entre plumas de paloma.

Pero sé que cuando llego
Cansado y entristecido
Pidiendo a mi pecho herido
Para luchar nuevo fuego;

---

4. Apelativo familiar de la joven cubana Isabel Carolina Fernández del Castillo, gran amiga de Martí en Nueva York.

O cuando, mudo de espanto,
Presencio un drama sombrío
De esos del alma, que es río
De ondas negras, y de llanto;

Cuando de infamias ajenas
Traigo la frente cargada
Y el alma triste agitada
Del ansia de curar penas,

Como si un ave rozara
Con blanca sedosa pluma
—¡Espuma que besa a espuma!—
De un lago azul el agua clara,

Siento brisa generosa
Que mi amargura suaviza,
Y una palabra que hechiza
Y una mirada sedosa,

Y fuerte para luchar
Y seguro de vencer,
Siempre que te vengo a ver
Salgo fiero de tu hogar.

   Guárdete Dios —niña mía—
De tocar tu frente honrada
Con tanta frente manchada
En esta vida sombría.

   Y de buenos adorada
Y entre virtudes mecida,
Sé siempre, niña querida,
Por virtudes coronada.

1 de abril de 1880

A LEONOR GARCÍA VÉLEZ[5]

*Al correr de la pluma,
en el álbum de Leonor
García:—*
        En los días del viaje.—

Leonor:—¿lo ves? Los pies ensangrentados,
Rota la frente, el alma en cruz, —pasea:
Rugen sus pensamientos agitados
Como la mar que contra el barco olea;—
Y con alas de sangre, el aire corta,
Pura, sombría, absorta,
Rumbo al cielo ¡oh dolor! la grande idea!

Leonor: lo ves? —Pero si en hora oscura
Sobre los muertos generosos gime,
Y entre enemigos hierros, sufre al cabo
Ese dolor sublime
De llevar sobre el hombro a un pueblo esclavo;
Si desde el alta solitaria prora,
En el aire, cargado de tormenta,
Vierte las suyas, —nuestra infamia cuenta,
Los patrios males y los propios llora:

Qué te importa, Leonor?— Cuando a ti vuelva,
Lo enlazarán tus brazos como enlaza
En medio de la selva
Al viejo tronco erguido
Por el rayo violento sacudido,—
La fragante, la dulce madreselva!—

                Agosto 18 —1880—N.Y.

---

5. Hija del general cubano Calixto García, uno de los grandes jefes de la independentista guerra de los Diez Años (1868-1878). Los «días del viaje» que se leen en la dedicatoria se refieren a la expedición revolucionaria finalmente fracasada que, desde Nueva York, comandó Calixto García en 1880.

MIS CHRISTMAS

A la señorita Cocola Fernández

A quién, pluma cansada,
Escribirás? ¿Quién cuida
De mi muerte o mi vida,
Ni qué vale en la tierra estremecida
De hambre y espanto una existencia honrada?

Lo que vale—doncella
En cuya alma gentil hay luz de estrella—
Es tuyo, va a tus pies; no hay en las arcas
De los del áureo Oriente
Magníficos monarcas,
Corona digna de tu casta frente:
Ni en las tiendas famosas
Que venden maravillas,
Las hay como tus pies, ni he de enviar rosa
A quien las lleva en alma y en mejilla.

      Nueva York, 1880

¿QUÉ QUIERES TÚ QUE TE ESCRIBA?[6]

Qué quieres tú que te escriba,
niña de mi tierra honor,
 Yo no sé cómo se escribe
Una flor en otra flor.

---

6. Escrito a la misma «Cocola» Fernández.

A ISABEL ESPERANZA BETANCOURT[7]

Quieres mis versos tener,
¿qué versos te ha de decir
quien queda con verte ir
sin lira ya que tañer?
¿Versos? Pues con ser mujer
y nacer de quien naciste
flor, estrella, verso fuiste
delicado, casto, airoso,
más que el cantar querelloso
de un hombre pálido y triste.

¡Oh, lago! que apenas riza
de mayo el terral primero,
¡y queda en ti prisionero
del encanto que lo hechiza!
No sabes cómo suaviza
la vida recia, el hallar
niña que sabe llorar
las penas propias y ajenas;
vale más consolar penas,
niña, que saberlas dar.

No sabes qué deleitosa
paz se esparce en nuestra vida
cuando halla el alma vencida
una niña pudorosa;
cual mira la primer rosa
el que vuelve de la guerra;

---

7. Hermana de Emma Betancourt, la cual era esposa del hijo de Ignacio Agramonte, uno de los heroicos generales mambíes, muerto en la guerra de los Diez Años.

cual si el misterio que encierra
el cielo se abriese al bardo;
¡cual si el aroma de un nardo
llenase toda la tierra!

Y se me va ya el frescor
de alba y el lirio pascual;
y aquel hermoso rosal
¡todo gala y todo flor!
Prendada de tu candor,
mal su pena el alma doma;
y cuando la vela asoma
que ha de llevarte a otra tierra,
¡ay! ¡me parece que cierra
sus alas, una paloma!

[Nueva York, 1883]

PARA EL ÁLBUM DE LA SEÑORITA VICTORIA SMITH[8]

(Improvisación)

A bordo estamos, Victoria;
Mercedes se va a Caracas:
    ¡Merced es ésa del cielo!
    ¡Quién como ella lo lograra!
El que una vez vio del valle
El río, el prado, las palmas,
El cielo ha visto, y no sabe
Vivir sin el cielo el alma;

---

8. Victoria Smith y su hermana Mercedes, venezolanas, eran primas de Carmen Miyares, gran amiga de Martí en Nueva York.

¡Qué claror, el de aquel aire!
¡Qué beldad la de esas damas!
¡En los hombres, qué nobleza!
¡Cuánta virtud, en las casas!
Lejos de Caracas muere
El que una vez vio a Caracas.
Una luz empapa el cielo
Fresca y pura, y se restauran
Con aquel aire los cuerpos,
Con aquel amor las almas.

   Victoria, qué bien merece
Su nombre, Victoria amada
Que donde mira ilumina
Y ennoblece cuando pasa;
Victoria, cuente mis penas
A mi ciudad, y estas ansias
De poner mis amarguras
A la sombra de sus palmas.

   A bordo estamos, Victoria;
Mercedes se va a Caracas:
Ella se va con la dicha;
Yo, Victoria, con las lágrimas.

             En Nueva York: a bordo del «Valencia»
             15 de octubre de 1884

A JOSÉ JOAQUÍN PALMA [9]

Vencedor de los dulces ruiseñores,
A ti esta efigie el alma entera lleve

---

9. Poeta cubano (Bayamo, 1844-Guatemala, 1911), heroicamente comprometido con la independencia de su país en la guerra del 68, hecho

¡Como un pájaro herido el ala mueve
A un jazmín malabar lleno de flores!

                          Nueva York, 1885

A MARÍA LUISA PONCE DE LEÓN[10]

  Si fuera de la patria, en que se crea
La única luz, todo es arena al viento,
¿Dónde, ¡oh dolor!, pondré mi pensamiento
Que oscuridad y que aflicción no sea?

  Como una tierna rosa es la poesía,
Que en el silencio pudoroso crece,
Y alma el misterio en que la luz florece,
Y cada flor dice a su flor: «María».

  Casto y profundo cual la noche, el verso
Prefiere descoger las alas bellas
Cuando la vida es paz, y las estrellas
Alumbran el amor del Universo.

  Pero cuando se siente en la mejilla
Todo el rubor de un pueblo avergonzado,
Un solo verso queda: un brazo alzado
Que al honor a los hombres acaudilla.

  ¡Jamás! No hay hielo que esta audaz poesía
Pueda apagar, ni viento que la lleve;
¡Jamás! Porque el dolor, como la nieve,
Mantiene en fuego el corazón que enfría.

---

que le otorgó gran celebridad. Residió posteriormente en diversos países de América y murió en Guatemala, de cuya Biblioteca Nacional fue director. Martí escribió el texto que figura como prólogo a la edición de sus poesías de 1882, aparecida en Tegucigalpa.
10. Hija de Néstor Ponce de León, patriota cubano que vivió treinta años de destierro en Nueva York, trabajando como editor y librero.

¡Oh niña, oh dulce niña! Tú no sabes
De esta alma rota, y desolado invierno
Del corazón: ¿qué saben del invierno
Allá en sus nidos cándidos las aves?

Te nombro, y vuelan, sin mirar que el ala
Tienen del mal de nuestro pueblo herida,
Los mejores recuerdos de mi vida,
Cual corderos que van a su zagala.

Como el café que crece en nuestras lomas,
Da para ti su flor el pensamiento
Blanca y serena: en ti la patria siento;
Vuelven por ti a ser blancas las palomas.

En tus ojos tristísimos se queja
Con virginal dolor mi tierra amada,
Cual suspira una pobre encarcelada
Por aire y luz tras su implacable reja.

Yo he visto en ojos de hombre arder el fuego
De la sagrada cólera de Cristo;
Vi el amor, y la luz; mas nunca he visto
Una mirada tan igual a un ruego.

¡Una luz parecida a la esperanza
En tus piadosos ojos resplandece,
Y lo que más tus ojos embellece
Es que no asoma en ellos la venganza!

Me ha dicho un colibrí, linda María,
Que están todos colgados de azahares
Los tristes ¡ay! los mágicos palmares,
En que mi patria es bella todavía.

Me ha dicho que, de lágrimas cargado
De los que te queremos, el aleve
Mar va a llevarte lejos de la nieve,
En silencio, en silencio enamorado.

Yo no sé si el misterio de las almas
Sube, cual himno muerto al aire vago,
Ni si en tanta viudez y en tanto estrago
Tienen aún penachos nuestras palmas.

Yo no sé si aún las aves hacen nido
En los árboles nuestros, ni si el cielo
Es como antes azul, y cubre el suelo
La yerba, mensajera del olvido.

Pero ¡oh niña sin ira y sin enojos!
Tú, que vas a saber cómo es la aurora,
¡Lleva a mi tierra, donde se odia y llora,
La sublime piedad que hay en tus ojos!

Nueva York, 5 de enero de 1887

A ANA RITA TRUJILLO[11]

Como en el mar hambriento la escondida
Perla de eterna luz persigue el buzo,
Cual caballero de la muerte cruzo,
Solo y temblando—el campo de la vida.

Visto el cielo de pronto de oro y gasa
Sutil, y hermoso azul, y en el desierto
Pecho del pobre caballero muerto
Nace, Ana Rita, un nuevo sol,—¡tu casa!

Christmas, 1887

---

11. Hija de Enrique Trujillo, cubano residente en Nueva York y amigo de Martí.

A ANA RITA TRUJILLO

En una elegante caja
Me manda un buen corazón
El sagrado pabellón
Que quiero para mortaja.

Nunca el rojo tan hermoso
Fue en nuestra bandera bella:
Nunca más blanca la estrella:
Nunca el azul más piadoso.

¿Es un premio? ¿Es una cita
Para el cielo? No merezco
El premio: ¡pero te ofrezco
Ir a la cita, Ana Rita!

9 de octubre, 1889

A ISABEL ARÓSTEGUI DE QUESADA [12]

1

Dicen sabios en dolor
Y personajes profundos
Que el mayor mal de los mundos
Es vivir en Nueva York.

Pero dicen que no pasa
Dama o galán por la Villa
Que no doble la rodilla
Al pasar por esta casa.

---

12. Cubana residente en Nueva York y madre de Gonzalo de Quesada y Aróstegui, gran amigo y albacea literario de Martí. Estos versos fueron escritos en 1889, a raíz de una fiesta para cubanos que se celebró en casa de Gregorio Quesada y su esposa Isabel.

Dicen que oyen al pasar
Murmullos de primavera
Aun en las noches de fiera
Nieve y duro ventear.

Y dicen que aunque les cuadre
Poco la ciudad, al menos
Encuentran aquí los buenos
Santo hogar y santa madre.

Y yo que soy mariposa
De almas y de jardines,
De mirto traigo y jazmines
La falda llena de rosas.

Son puras ofrendas fieles
De los que aquí hallan cariño
Jazmines como el armiño
Y rosas como laureles.

2

Y luego de saludar
Con delicioso placer
A la alta y noble mujer
Que no se cansa de amar,

Vengo a contar una historia
Que oirán trigueñas y rubias
Cual quien ve tras recias lluvias
El arco iris de la gloria.

Vivimos las pobres flores
Cubanas, en estos hielos
De Nueva York cual sin vuelos
Y sin voz los ruiseñores.

Tiene el pájaro de nieve
En su alto nido colgante
Aire propio, brisa amante
Que goce y fuerza le lleve.

Pero a nosotras, perdidas
Aves de otra floresta,
¿Quién viene a alegrar la fiesta?
¿Quién viene a animar los nidos?

Vamos por hermosas calles
Tristes, ignoradas, solas,
Cual aves sobre las olas
En busca de patrios lares.

3

Vamos por hermosas salas
Para nuestras almas yermas
Como palomas enfermas
A quienes pesan sus alas.

Llorando estas penas graves
Y este mal de que morimos
De soledad, decidimos
Formar un Congreso de aves.

Cuentan curiosos malvados
Que atisbaban el Congreso
Que era de perder el seso
Ver tan lindos diputados.

Trataron los oradores
De amparar del extranjero
Invierno, en invernadero
Amable, las tristes flores.

4

¿Dónde hallar un amigo
Techo las niñas cubanas
Y de las nieves insanas
Del alma do hallar abrigo?

(Esto con tono doliente
El Congreso repetía
Sin mirar cómo venía
Hacia esta casa la gente.)

¿Quién al Congreso le dijo
Que en esta casa amorosa
Vive una madre bondosa
Que ve en todo triste un hijo?

¿Quién como al templo el cristiano,
Al placer la mocedad,
La cubana sociedad
Trajo hasta aquí de la mano?

¿Será un engaño cruel?
¿Será ficción? ¡Ay de mí!
¿Nos echan? ¿Nos quieren? Di,
Di pronto, noble Isabel.

A PANCHITA Y UBITA GUERRA[13]

Pinta mi amigo el pintor
Sus angelones dorados
En nubes arrodillados
Con soles alrededor.

---

13. Hijas de Benjamín Guerra, patriota cubano y tesorero del Partido Revolucionario fundado por Martí. El poeta agradece a las niñas su visita con sendos ramos de flores cuando se encontraba enfermo. El poema, con pequeñas variantes, fue recogido como pieza XL de los *Versos sencillos*.

Píntenme con sus pinceles
Dos angelitos medrosos
Que me trajeron piadosos
Sus dos ramos de claveles.

PARA EL VARÓN, EL CABALLO [14]

Para el varón, el caballo,
A que se ensaye en la guerra;—
Para la baby hacendosa
El ajuar de la muñeca;—
Y el paraguas, menos bueno
De lo que el alma desea,
Para la que es alma toda,
Para Ana Rita, la buena.

A ANGELINA DE MIRANDA [15]

De cierta noche amistosa
Recuerdo, en cierto festín,
Como un alma de jazmín
Y la sombra de una rosa.

Dos ojos vi sin enojos,
Dos ojos de luz de estrella:—
¡Recuerdo una mano bella,
y dos magníficos ojos!

                N. Y. En. 22, 1891

---

14. Versos enviados, junto con los regalos que se mencionan, a los hijos de Enrique Trujillo, cubano residente en Nueva York.
15. Esposa de Gonzalo de Quesada y Aróstegui.

A ANA MARÍA BARRANCO [16]

Hija de un pueblo lloroso,
Hija de un pueblo dormido,
Yo no te escribo: te pido
Que vuelvas el rostro hermoso

Adonde el ángel del llanto
Guarda las urnas del sueño.
No hay más que un estorbo, el dueño;
No hay más que un camino, el santo.

Nueva York, enero de 1891

A CANDITA CARBONELL [17]

Dice el coral envidioso,
un coral rosado y fino:
—«Yo sé de un coral divino,
sé de un coral más hermoso».

La virgen del gran pintor
dice con triste querella:
—«Sé de una virgen más bella,
la virgencita de Ibor».

Hay dolor; si pone en ti
dolor alguno su mano,
dile: «Yo tengo un hermano
que está velando por mí».

28 de noviembre de 1891

---

16. Hija de Manuel Barranco, cubano amigo de Martí en Nueva York. Trabajó como maestro en la Liga Revolucionaria, escuela para los cubanos pobres de esta ciudad.
17. Hija de Néstor L. Carbonell, escritor cubano residente en Nueva York y autor de dos libros sobre la vida y la obra de José Martí.

A MARÍA LUISA SÁNCHEZ[18]

No hay en la bárbara guerra
del mundo, más que un consuelo:
las estrellas en el cielo
y las niñas en la tierra.

No hay rival de la mañana
con su luz pálida y pura;
mas sí hay rival, tu ternura,
pálida niña cubana.

Yo diré, mi niña esbelta,
allá en mi hogar de martirio,
que he visto en Ibor un lirio
con la cabellera suelta.

Tampa, 1891

¡A MI QUERIDO CORBETT![19]

El llanto está de más: el vil que muere
Un año fue de esclavitud; la aurora
Con su fulgor, nuestra pupila hiere,
De un año que renace y que no llora,
Que lucha y que batalla ¡y que no muere!

En el Noble Cayo,
Diciembre 31 de 1891

---

18. Famosa cantante cubana.
19. Federico Corbett, amigo de Martí. Al llegar el final del año 1891, le escribe una «funesta» carta al poeta dándole noticia «de la inminente e irremediable pérdida, víctima de mortal enfermedad, del... año viejo». Ricardo L. Hernández Otero encontró estos versos en el artículo «Una broma al apóstol Martí. 1891 y 1928», aparecido el 1 de enero de 1928 en *El País* de La Habana, del que he citado esta breve frase humorística. El poema de Martí es una respuesta a dicha broma.

A MARÍA ENTENZA

Allá en el rudo basalto
del murallón del camino,
absorto vio un peregrino
muy alto un lirio, muy alto.

Colgaba del negro muro,
que por alto y negro asombra,
como la flor de la sombra,
el lirio pálido y puro.

Así, en el largo martirio
de este destierro penoso,
tu corazón cariñoso
resplandece como un lirio.

Jacksonville, julio de 1892

EN LA VIDA DESTERRADA [20]

En la vida desterrada
No hay puerto, seno ni abrigo
Como el hallar un amigo
En la sed de la jornada.

Pero el consuelo es mayor
Y más bálsamo derrama,
Si nuestro amigo nos ama
La patria de nuestro amor.

Port-au-Prince, 4 de octubre de 1892

---

20. Según apuntan los editores de *PC,* estos versos van dedicados a Madame Hipolite, «dama haitiana que fundó en su país el club Pro Libertad de Cuba».

PARA TOMASA FIGUEREDO[21]

No sé qué tienen las flores,
lindísima bayamesa,
que unas se secan muy pronto;
que hay otras que no se secan.

De blancas flores un ramo
ayer me diste en tu casa,
y hoy las fui a ver, niña mía,
y las encontré más blancas.

Así como el alma en pena,
como un clavel amarillo,
besa tu mano y el alma
se pone color de lirio.

Cayo Hueso, 7 de diciembre de 1892

A LA SEÑORA ANGELINA MARÍA DE QUESADA

«Envoi»

La nieve, glacial, aprieta
El corazón en pedazos,
Como madre que sujeta
Al niño muerto en los brazos.

La nieve, amable conmueve,
Como aurora y clavellina,
Cuando en la tierra de nieve
Vive la noble Angelina.

Christmas, 25 de diciembre, 1892

---

21. Hija de Fernando Figueredo, cubano residente en Cayo Hueso, cerca de Florida.

A DOLORES CASTELLANOS [22]

Cuando todas las lámparas se apagan,
Cuando del mismo sol duda el nublado
Espíritu, y en sombra negra vagan
La fe vendida y el honor turbado,

En el cielo de tu alma generosa,
De tu alma de mujer, como una estrella,
El amor a la patria dolorosa
Renace:—como en ti, Dolores bella.

A ADELA BARALT Y ZACHARIE [23]

El enanito de arriba
trajo a Adela esta mañana
esta [...][24] porcelana
a la porcelana viva.

A ADELAIDA BARALT Y PEOLI [25]

Sin violación de secretos
devuelvo el portamonedas

---

22. Hija del comandante cubano Gerardo Castellanos, que presidió una comisión secreta a Cuba, en 1892, para conciliar todas las voluntades en favor del proyecto independentista del Partido Revolucionario Cubano.
23. Hija del doctor cubano Luis Alejandro Baralt, amigo de Martí y profesor de lengua y literatura españolas en el College of the City of New York.
24. Según cuenta Blanca Z. de Baralt en su libro *El Martí que yo conocí* (La Habana, Ed. Trópico, 1945, p. 60), Martí puso una raya en este verso en lugar del adjetivo *linda*.
25. Hermana del mencionado Luis A. Baralt. La revista *El Latino-Americano* le encargó a ella una novela sentimental y trágica, encargo que ella traspasó a Martí inmediatamente. Así es como nació *Amistad funesta,* aparecida por entregas en dicha revista, en 1885. Martí quiso publicarla posteriormente con el título de *Lucía Jerez,* que se ha respetado en las ediciones posteriores de la obra.

rogándole a Dios que pueda
verlo de amor y de *greenbacks*[26] repleto.

A UBALDINA BARRANCO[27]

«Busco», dijo un ángel peregrino,
«Una estrella que mora en cuerpo humano».
«Ángel ladrón, no te diré el camino,
Todo de luz, de cierto hogar cubano.»

A UBALDINA GUERRA[28]

A Ubaldina la hechicera
le manda por generosa
esta memoria ligera,
Pilar, la niña sincera
de los zapatos de rosa.

Y ya que el sol da calor,
si en un jardín hay flores,
por igual a cada flor,
le va a Panchita un señor
con un carrito de flores.

A UBALDINA BARRANCO Y BENJAMÍN J. GUERRA

Un hombre purificado
Por la virtud de su pueblo,

---

26. *greenbacks:* billetes monetarios.
27. Esposa de Benjamín Guerra, tesorero del Partido Revolucionario Cubano, fundado por Martí.
28. Hija de Ubaldina Barranco y de Benjamín Guerra.

Con sus manos de sol vivo
Fabrica una flor de hielo,
Y la pone en los umbrales
De sus dos amigos tiernos.

Christmas, 25 de diciembre, 1892

A HORTENSIA LECHUGA[29]

Yo he visto, en la noche clara
de nuestras Antillas bellas,
sobre la sangre del ara
escondidas las estrellas.

Yo he visto, por una oscura
vereda del campo umbrío,
una clavellina pura
enamorada de un río.

Yo he visto, en la misteriosa
nave del templo ferviente,
esplender, como una rosa
de luz, un cirio doliente.

Yo he visto en mi Cayo amado[30],
en el hogar y en la escuela,
lucir como en castigado
torvo mar, la limpia estela.

New York, 1893

---

29. Joven cubana que Martí conoció en Nueva York, en las reuniones celebradas en casa de Luis A. Baralt y su esposa Blanche.
30. *Cayo Hueso:* isla de Estados Unidos, perteneciente a Florida y muy cercana a Cuba. Fue uno de los principales centros de actividad de los independentistas cubanos. Martí los visitó en diciembre de 1891.

Poesía dispersa

A MELITINA AZPEITIA[31]

No sé, Melitina hermana,
Que en este mundo haya cosa
Como la mañana hermosa
En una selva cubana.

Primero es perla dormida
Que va despertando al coro;
Y luego la perla es oro,
Y luego fragua encendida.

Prenden el cielo cambiante
Vivas llamaradas rojas:
El sol, por entre las hojas,
Reluce, como un brillante...

Mas calla de pronto, calla
La naturaleza toda:
Cesa, con susto de boda,
La magnífica batalla.

¡Y por el claro horizonte,
Y por la pálida tierra,
Vibra, cual canto de guerra,
La voz del clarín del monte!

Selva es mi Cuba, arropada
Entre tristísimos velos,—
Selva, que ya ve en los cielos
La luz de la madrugada:

---

31. Presidenta del club de niñas Porvenir de Cuba.

Y tú, Melitina mía,
Con tu voz pura y sonora,
Eres el clarín de aurora
De nuestra selva sombría.

AL DOCTOR ULPIANO DELLUNDE [32]

No hay pena cual la de amar
A un pueblo solo y cautivo,
Que vive, clavado vivo,
A lo lejos de la mar:
¡Ni sé de alivio mayor
Al corazón que se abrasa,
Que el sol y el café en la casa
De la amistad y el amor!

AL DOCTOR JUAN GUITERAS [33]

Del portal, al sol abierto,
Sale el bribón, de alma helada,
Como una bestia azorada,
Como un crimen descubierto.
Esta fatídica gente
Que vive de ansiar y odiar,
¡Oh, no; no puede mirar
La mañana frente a frente!

Central Valley, 11 de mayo de 1894

---

32. Cubano residente en Cabo Haitiano, que hospedó a Martí en abril de 1895, antes de partir para la guerra definitiva de Cuba.
33. Prestigioso médico cubano, profesor de Medicina en la Universidad de Filadelfia.

A NICOLÁS DOMÍNGUEZ COWAN [34]

Bravo y viril, audaz, los dominantes
Ojos, como decretos, encendidos
En el enjuto rostro, así eras antes
Amigo tierno, en años ¡ay! vencidos.
Cano el bigote ya, por la imperiosa
Piedad de un fiel hogar, manso y sujeto,
Así eres hoy, en tu jardín de rosa
Orlado, y nardo y myosotis discreto.
Pero—hoy o ayer—ante la infamia airado
No hay como tú quien se revuelva y vibre,
Y, tras tanto vivir, no te has cansado
Del constante deber de un pecho libre.

A MARGARITA [35]

El palacio era místico y sombrío
Donde sobre su arnés duerme el honor,
Y en torno al muro negro corre el río
De la muerte,—y al borde hay una flor.

Honda es como la muerte, y como ella
Sin luz, el alma nómada y proscrita;
Y en la corriente infiel, como una estrella
Se refleja tu imagen, Margarita.

México, 31 de julio de 1894

---

34. Cubano de vasta formación literaria, amigo de Martí desde su primera estancia en México (1875), donde aquél residió gran parte de su vida. Desde este país colaboró muy activamente con la Junta Revolucionaria de Nueva York.
35. Sobrina de Nicolás Domínguez Cowan. Martí la conoció en México, en un viaje que realizó en 1894.

EN UNA CASA DE AMORES

En una casa de amores
Está enfermo un alelí;
Luisa, te mando esas flores
para que rueguen por ti.

PARA CECILIA GUTIÉRREZ NÁJERA Y MAILLEFERT[36]

En la cuna sin par nació la airosa
Niña de honda mirada y paso leve,
Que el padre le tejió de milagrosa
Música azul y clavellín de nieve.

Del sol voraz y de la cumbre andina,
Con mirra nueva el séquito de bardos
Vino a regar sobre la cuna fina
Olor de myosotis y luz de nardos.

A las pálidas alas del arpegio,
Preso del cinto a la trenzada cuna,
Colgó liana sutil el bardo regio
De ópalo tenue y claridad de luna.

A las trémulas manos de la ansiosa
Madre feliz, para el collar primero
Virtió el bardo creador la pudorosa
Perla y el iris de su ideal joyero.

De su menudo y fúlgido palacio
Surgió la niña mística, cual sube,
Blanca y azul, por el solemne espacio,
Lleno el seno de lágrimas, la nube.

---

36. Hija de Manuel Gutiérrez Nájera, otro de los iniciadores y grandes poetas del modernismo hispánico, amigo de Martí.

Verdes los ojos son de la hechicera
Niña, y en ellos tiembla la mirada
Cual onda virgen de la mar viajera
Presa al pasar en concha nacarada.

Fina y severa como el arte grave,
Alísea planta en la existencia apoya,
Y el canto tiene y la inquietud del ave,
Y su mano es el hueco de una joya.

Niña: si el mundo infiel al bardo airoso
Las magias roba con que orló tu cuna,
Tú le ornarás de nuevo el milagroso
Verso de ópalo tenue y luz de luna.

México, agosto de 1894

UN NIÑO, DE SU CARIÑO[37]

Un niño, de su cariño,
me dio un beso tan sincero
que al morir, si acaso muero,
sentiré el beso del niño.

1895

COCOLA: LA TORMENTA

Cocola: la tormenta
En mi hervoroso espíritu se sienta;
Y mi espíritu lleno
De fe inmortal, sopórtala sereno.

---

37. Este niño, hijo del general cubano Rafael Portuondo Tamayo, le dio un beso a Martí en la frente, antes de que éste se marchara hacia la guerra, en 1895. He aquí el motivo de los versos.

Cuando mi fe, perdida
En las sendas oscuras de la vida,
Ingrata me abandone,
Siempre en tu hogar habrá quien me perdone.
Mas no habré de perderla,
Gallarda niña, enamorada perla:
Cuando me halle el honor flojo y cansado,
Veré a tu hogar, donde obligado dejo
El alma amante, y en tan claro espejo
¡Fuerza hallaré para vivir honrado!

   ¡Oh niña, en cuerpo y alma
Al bien ardiente, y a los ojos bella:
Nunca hasta ver tu hogar, supe la calma
Que se goza en el seno de una estrella!

[1895]

AL PATRIOTA JESÚS BADIN[38][38]

De oro de su corazón
me manda un cubano fiel
el querido pabellón.
Hoy sin huestes ni laurel,
quiero que mi corazón
lo entierren junto con él.

Montecristi, 1895

---

38. Patriota cubano residente en Montecristi (República Dominicana).

Cartas rimadas

A ADELAIDA BARALT[1]

Ayer, linda Adelaida, en la pluviosa
Mañana, vi brillar un soberano
Árbol de luz en flor,—¡ay! un cubano
Floral,—nave perdida en mar brumosa.

Y en sus ramas posé, como se posa,
Loco de luz y hambriento de verano,
Un viejo colibrí, sin pluma y cano
Sobre la rama de un jazmín en rosa.

¡Mas parto, el ala triste! cruzo el río,
Y hallo a mi padre audaz, nata y espejo
De ancianos de valor, enfermo y frío

De nostalgia y de lluvia: ¿cómo dejo
Por dar, linda Adelaida, fuego al mío,
Sin fuego y solo el corazón del viejo?

1884

---

1. Véase la nota 25 de los *Versos de circunstancias*.

A ADELAIDA BARALT[2]

De una novela sin arte
La comisión ahí le envío:
¡Bien haya el pecado mío
Ya que a Vd. le deja parte!

Cincuenta y cinco fue el precio:
La quinta es de Vd., la quinta
De cincuenta y cinco, pinta
Once, si yo no soy necio.

Para alivio de desgracias
¡Sea!: de lo que yo no quiero
Aliviarme es del sincero
Deber de darle las gracias.

1885

A ENRIQUE ESTRÁZULAS[3]

Téngame amistad mayor
Por no escribirle, que ese
Silencio, aunque a Vd. le pese,
No es silencio, que es pudor.

Y hágole aquí la limosna
De callar: ve que me vengo
Con usura; pero tengo
Mucho que hacer para el «Vosna».

---

2. Versos que compuso Martí para enviarle la comisión acordada después de haber escrito su novela *Lucía Jerez*. Véase la misma nota 25 de los *Versos de circunstancias*.
3. Consúl de Uruguay en Nueva York. Véase la nota 2 de los *Versos sencillos*. A él, junto con Manuel Mercado, va dedicado este volumen poético.

Como ando al vuelo, me excusa
Tanta rima en participio,
Y tanto relleno y ripio,—
¡Los postizos de la Musa!—

¡Oh, mi amigo, —esos retoños
Del pensamiento en tortura!
¡Ese afeitar la hermosura
Con guirindainas y moños!

Gusto de echar del ardiente
Cerebro lo que en él danza,
Como danza en él: —si lanza,
Pues lanza resplandeciente!—

A gusto sólo me hallo
Libre como el indio esbelto:
Desnudo como él, resuelto
Como él; desnudo, a caballo!

Pero yo le diré al menos
Cómo fue: fue que creí
Que, como Vd. es bueno, así
Todos los hombres son buenos.

Sabe Vd. que para mí
No hay agua, ni pan, ni sol,
Mientras mande el español
En la tierra en que nací.

Y no por aquel brutal
Odio, que en mi alma no cabe;
Sino porque España sabe
Vivir bien y mandar mal.

Muy puestecitos de un lado
Estaban, y en su buen rollo,
Los cien pesos de mi escollo
Cuando dejé el Consulado:

Muy amenos de mirar,
Muy seguros de vencer,
Muy contentos de irlo a ver,
Muy ganosos de viajar...

Esto que en gorja le charlo,
Lo voy en gorja diciendo,
Pero se me van saliendo
Las lágrimas al contarlo!

Hallé que a poner corría,
So capa de santa guerra,
La libertad de mi tierra
Bajo nueva tiranía.

Hallé —¡oh cállelo!— que aquellos
A quienes todo me di,
So capa de patria ¡ay mí![4]
Sólo pensaban en ellos;

Y gemí, por la salud
De mi pueblo, y trastorné
Mi vida,— mas les negué
El manto de mi virtud![5]

---

4. *Sic.*
5. Estos versos tendrían que haber sido escritos en 1884, pues aquí se alude a su distanciamiento de los planes de Máximo Gómez y de Antonio Maceo para la revolución de la independencia cubana, por la concepción caudillista y despótica que éstos albergaban en aquel momento con respecto a la futura República.

De mí, a nadie cuenta di;
A nadie en mi ansia llamé,—
¡Siempre la soberbia fue
Defecto muy grande en mí!

El plan que urdí con cuidado
Se me vino a tierra, y miento
En eso del llamamiento:—
¡A un amigo,—sí he llamado!

Púseme a tajo y destajo
A buscar trabajo, —y digo
Que amén de Vd., no hay amigo
Más constante que el trabajo.

Hallélo, hallélo por fin!—
Jamás novio recibió
A su novia, como yo
A este trabajo ruin.—

Por él en paz desafío
A cuanto torpe quisiera
Que al mundo prostituyera
El limpio espíritu mío;

Por él, me quedo otra vez
Libre del odioso influjo
De los pueblos donde el lujo
Se compra con la honradez.

Viva yo en modestia oscura;
Muera en silencio y pobreza;
¡Que ya verán mi cabeza
Por sobre mi sepultura!

¿Que en cuál cárcel mis ideas
Pongo ahora en duro recinto?
¿Que dónde me aprieta el cinto
Para mayores peleas?

   No ría, amigo, no ría:
Tiene el silencio batallas
Donde suenan más ferrallas
Que en la mayor ferrería!

   Y así vivo, y no lo sé,—
Comido de un mal ardiente:
¡Siempre una visión enfrente!
¡Siempre el alemán al pie!

   ¿Se entra un amor por el alma
Dulce como luz nocturna,
Como el alma entra en la urna,
O entra en el cielo una palma?

   ¿Se alza en el pecho un impulso
Que echa el cuerpo de la silla,
Y enciende en sol la mejilla
Y pone a galope el pulso?

   ¿Manda una voz singular
Al alma que ame, y se extienda?
—«*¡Agradeço a sua encommenda*
Pelos ferros d'engommar!»[6]

---

6. En portugués, 'Agradezco su encargo de planchas de almidonar'.

¿Salta el acero en la mano
O en los labios la palabra,
O en alma Jesús? —«¡*Abra*
Conta ao Snr. Campuzano!»[7]

¿Qué, si no el grato recuerdo
De su alma noble, pudiera
Calmar un poco esta hoguera
Que me come el lado izquierdo?

A NÉSTOR PONCE DE LEÓN [8]

A mi señor
Néstor Ponce de León

Viene a decirme Capriles
Que alguien dijo en Broadway,
Que en mi discurso exclamé:
«¡Los anexionistas[9] viles!».

¡Bien, y con mucha razón,
Me mandó usted el recado
De tenerme preparado
El espinudo bastón!

Miente como un zascandil
El que diga que me oyó,
Por no pensar como yo
Llamar a un cubano, «vil».

---

7. En portugués, 'Abra cuenta al Sr. Campuzano'.
8. Véase la nota 10 de los *Versos de circunstancias*.
9. Esta carta rimada fue escrita en medio del hervor de la Conferencia Internacional de Estados Americanos, celebrada en Washington en el invierno de 1889-1890. Los anexionistas son los cubanos que comulgaban con la política expansionista de Estados Unidos y, por tanto, con la dependencia política y económica de Cuba con respecto a este poderoso país.

Viles se puede llamar
A los que a lucir el sol
Del Diez[10], con el español
Fueron, temblando, a formar.

Los que al hombro los fusiles,
Negra el alma y blanco el traje,
Ayudaron al ultraje
De su patria —ésos son viles.

Vil viene bien, y no menos,
Al que por la paga vil,
Mata el ánimo viril
Entre los cubanos buenos.

Pero al que duda —¡yo no!
¡Yo no dudo!— que su tierra
Puede después de la guerra
Vivir con paz y con pro;

Al que comparta la fe,—
La fe que yo no comparto,—
En el cariño del parto,
Que pudo ser, y no fue;

Al que piensa —¡yo no pienso
Así!— que, en tanto desdén,
Es dable un inmenso bien
Sin un sacrificio inmenso;

Al que por odio a la guerra,
Prefiera —¡yo no prefiero!—

---

10. Alusión al 10 de octubre de 1868, cuando el Grito de Yara anuncia el comienzo de la primera guerra de independencia de Cuba (1868-1878).

El comerciante extranjero
A la virtud de su tierra;

   Ése, ¡quién sabe si arguya
En vano! ¡si en la mar fía!
Pero si su tierra es mía,
También es mi tierra suya.

   Y puede, de igual derecho,
En brazos de otro soñarla,
Como sueño en conquistarla
Mano a mano y pecho a pecho.

   ¿Qué dijera yo de aquel
De opinión diversa, si
Me llamara vil a mí
Por no opinar como él?

   Quiero a Cuba amante y una;
Quiero juntar y vencer
¿Y empiezo por ofender
Al que ha nacido en mi cuna?

   No hiero al mismo español,
De quien la sangre heredé
¿Y fratricida, heriré
A mi hermano en pena y sol?

   A mis hermanos en pena
No los he de llamar viles:
Los viles son los reptiles
Que viven de fama ajena.

   Todo esto es muy simple, todo
Es que nos daban por muertos
El Diez, y al vernos despiertos
Cierran el paso con lodo.

¡Pero quisiera ver yo
Frente a frente al zascandil
Que dice que llamo vil
A mi hermano, y que me oyó!

Donde no nos puedan ver
Diré a mi hermano sincero:
«¿Quieres en lecho extranjero
A tu patria, a tu mujer?».

Pero enfrente del tirano
Y del extranjero enfrente,
Al que lo injurie: «¡Deténte!».
Le he de gritar: «¡Es mi hermano!».

En la patria de mi amor
Quisiera yo ver nacer
El pueblo que puede ser,
Sin odios y sin color.

Quisiera, en el juego franco
Del pensamiento sin tasa,
Ver fabricando la casa
Rico y pobre, negro y blanco.

Y cuando todas las manos
Son pocas para el afán,
¡Oh patria! las usarán
En herirse los hermanos!

Algo en el alma decide,
En su cólera indignada,
Que es más vil que el que degrada
A un pueblo, el que lo divide.

¿Quién, con injurias, convence?
¿Quién, con epítetos, labra?
Vence el amor. La palabra
Sólo cuando justa, vence.

Si es uno el honor, los modos
Varios se habrán de juntar:
¡Con todos se ha de fundar,
Para el bienestar de todos!

N. Y., 21 de octubre/89

A JUAN BONILLA[11]

Juan amigo, y mi señor,
No ha podido usted hacer
Cosa a sus años mejor
Que tomar dueña y mujer.

Dos cosas son en verdad
Las prendas de la salud:
En el pensar, libertad;
En amor, esclavitud.

Con la rodilla rendida,
Bese en mi nombre la mano
A la que alegra la vida
De un caballero cubano.

Muy pronto voy a ir a ver
—Cuando ande menos al vuelo—
A los que van a saber
De qué color es el cielo.

---

11. Patriota cubano, que dirigió y colaboró en varios periódicos norteamericanos comprometidos con la causa independentista de Cuba.

Esté solo, solo, junto
Con su esposa, con su amiga:
Yo, inspector celoso, apunto
La socia nueva a la Liga.

Marzo 1, 1890

A JUAN BONILLA

Mi querido amigo Juan:

He puesto ahora mismo el nombre
De usted como ejemplo de hombre,
En unas cartas que van
Camino al Cayo, y dirán
Al constante Cayo Hueso
Que en esta angustia y exceso
De oficio que ahoga mi vida,
Por lo noble no lo olvida
Su amigo: ni olvida el $1.00.

A SERAFÍN BELLO [12]

Mi señor Don Serafín:
¿Conque muerto, y no sé qué
Más,— y que ya pensa usté
Que «mi amor llegó a su fin»?

Si lo piensa, mal pensó:
Lo que pasa, lo que sí
Es gran verdad, es que aquí
No hay más que un muerto, y soy yo.

---

12. Patriota cubano, gran colaborador de Martí.

De tanto ver padecer
Sin ver cómo consolar,
Y tan amargo llorar
Donde no lo dejo ver,—

De tanto esperar en vano
Con el corazón deshecho
Que le vuelva el alma al pecho
Al triste pueblo cubano,—

De tanto mover la pluma
Por obligación y oficio,
Sin más fruto y beneficio
Que un poco de pan y espuma,—

De tanto esforzar los bríos,
Que —siguiendo el noble ejemplo
De un Don Serafín,—retiemblo
Más mientras más son los fríos,—

De tanto avivar la fe
Que se muere, o que se esconde,
De tanto cuidar, adonde
Nadie cuida, y nadie ve,—

De tanto alzar con mis manos
Pobres, oscuras y solas,
Sobre la hiel y las olas,
Casa igual a mis cubanos,—

De tanto esperar —¡es cierto
Que lo espero cada un día!—
Que acabe al fin la agonía
En el reposo del muerto,—

Me entran como temporales
De silencio,—precursor
De aquel silencio mayor
Donde todos son iguales.

   Sólo para mi deber
De vivir como hombre honrado,
Tiene el brazo, fatigado
De escribir, sangre y poder,—

   Y luego de hacer el pan
Con el dolor cotidiano,
Muerta la pluma en la mano,
Me envuelvo en el huracán.

   Dura un mes, dura dos meses
El silencio extraño,—y luego
Renace, con nuevo fuego
El campo, y con nuevas mieses!

   Y en cada espiga del trigo
De estas penosas cosechas
Verá, quien mire a derechas
«Don Serafín es mi amigo».

   Lo cuentan juntos los granos,—
Juntos, en sabios letreros:
¿Para qué somos sinceros?
¿Para qué somos cubanos?

   ¿Para quién, en estas ascuas,
Para quién, en esta hiel,
Pensando en Carlos Manuel[13],
Compré un vapor en las pascuas?

---

13. Hijo de Serafín Bello.

Rojo, de puro coraje,
Así me dice el vapor:
«¡Pero, mi amigo y señor,
Cuándo emprendemos viaje?».

Y yo, pensando en la espuma
Que lleva al Cayo querido[14],
Por Carlos Manuel vencido,
Vuelvo la vista a la pluma.

Adiós. El vapor irá
En la semana que viene:
Ya lo tiene, ya lo tiene
Un amigo que se va.

Y de mí le he de decir
Que en el sigilo, sereno,
Sin miedo al rayo y al trueno
Elaboro el porvenir.

Fbro. 21/90

---

14. Serafín Bello residía por entonces en Cayo Hueso (Florida).

Fragmentos y poemas en elaboración[1]

VIEJO DE LA BARBA BLANCA

Viejo de la barba blanca
Que contemplándome estás
Desde tu marco de bronce
En mi mesa de pensar:
Ya te escucho, ya te escucho:
Hijo, más, un poco más:
Piensa en mi barba de plata,
Fue del mucho trabajar:
Piensa en mis ojos serenos,
Fue de no ver nunca atrás:
Piensa en el bien de mi muerte
Que lo gané con luchar.
Piensa en el bien de [...]
Que lo gané con penar:

---

1. Se excluyen unos pocos poemas que, por excesivas lagunas en el texto, imposibilitan cualquier lectura coherente. Los versos o palabras que faltan en los originales se representarán con puntos suspensivos entre corchetes.

Yo no fui de esos ruines
Viejos turbios, que verás
Hartos de logros impuros
Perecer sin reparar:
Vamos, pues, yo voy contigo—
Ya sé que muriendo vas:
Pero el pensar en la muerte
Ya es ser cobarde! A pensar,
Hijo, en el bien de los hombres,
Que así no te cansarás!
El llanto a la espalda: el llanto
Donde no te vean llorar:
¿Hay tanta lágrima afuera,
Y vienes a darnos más?
Marino que echa agua al barco
Cuando lo ve zozobrar.
Quejarse es un crimen, hijo:
Calla: date un poco más!—
La barba muerta me tiembla,
Hijo, de verte temblar.—
Recojo el cuerpo deshecho,
Cierro los labios amargos.

MIENTRAS ME QUEDE UN ÁTOMO DE VIDA

Mientras me quede un átomo de vida
Halaré mi cadena con valor:
Pintaré con palabras, y en las manos
No habrá más mancha que la del color.

Mientras me quede un átomo de vida
Con la cabeza en alto, sonreiré.
Moriré con la pluma en el trabajo:
Con la pluma en el pecho moriré.

Mientras me quede un átomo de vida
(gota de sangre a cada palabra)
[....................], hasta que quede
Mi mano [...........], como el marfil.

Mientras me quede un átomo de vida
El tronco seco [...] con valor
[................................]
El último [.......], la última flor.

Mi color en mis frases se reparte
Como el joyero da a su piedra luz
Para ayudar la [...][2] con el arte
Para que brille clara la virtud.—

Mientras me quede un átomo de vida
Haré la prosa flor y el verso luz,
Porque el vino es más grato en copa de oro
¡Menos amarga al hombre la virtud!

CUANDO EN LAS LIMPIAS MAÑANAS

Cuando en las limpias mañanas
Del áureo agosto enderezo
El paso alegre al oficio
En que gano el pan modesto;
No quiero ver los que surgen
Ante mí, cauda de muertos
Héroes, cuyo nombre sólo
En mi patria hoy mueve a miedo—
Mísero el pueblo que teme
Honrar a sus héroes muertos
Que si erraron, no hay errores

---

2. Palabra ininteligible.

Que la muerte no haga buenos!
Ni escucho las de mi alma
Quejas de gigante preso
Ni quiero saber si vivo
Ni quiero saber si muero;
¡Que para llorar, ya hay ojos
Hartos! de ruines y necios,
Que piensan que con gemir
Lágrimas, nacen remedios:
El llanto ablanda la tierra,
Suelo lloroso es mal suelo.—
Sí sé que verán un campo
De tumbas, si abren mi pecho:
Pero sobre cada tumba
Está un cóndor soñoliento—
Y de la escoria más negra
Nace el insecto más bello,
Y el pájaro más hermoso
Canta en el árbol más negro.
Celebremos, alma, el día
En que roto el muro espeso
Por muerte, o vida, los cóndores
Alcen felices el vuelo!
Conversarán con montañas,
Reposarán cabe el cielo:
Qué da el morir? las más bellas
Rosas, las da el cementerio
Y del cáliz de las flores
Son los gusanos obreros
Y el dolor todo grandeza
Y lucha griega el destierro.
Hunde ¡oh mi mala fortuna,
Hunde bien el diente recio:—
Que de que me muerdas sólo
Tendré saber que te venzo.

¡Qué drama el de un hombre, en lucha
Contra lo invisible puesto!
Los actores de la vida
No están en ella: en silencio
Agrupados en la sombra
Como montes de humo, atentos
Miran el combate vivo
De los humanos: y hay bellos
Corceles árabes, áureos
Y voladores, e inquietos
Que donde pisan, levantan
Polvo de oro, y gloria, y miedo—
Y bestias de carga hambrienta
De gran boca y diente grueso,
Hechas a pesebre grande
De ancho grano y de buen heno;
Y rocinantes enjutos
De piel monda y ojos secos,
De apetecer la hermosura
De Pegaso y de Bucéfalo[3];
Y tristes bestias que cargan
La pitanza del ejército,
Y expiran nobles y hambrientas
Al pie de sus hartos dueños:
Y quien escucha las voces
De los montes de humo atentos
Sabe que el deber humano
Es el de trocar en bellos
Corceles áureos, las bestias
De carga, y rocines secos

---

3. *Pegaso:* en la mitología griega, el caballo alado que nació de la sangre de Medusa, cuando Perseo le cortó la cabeza. Llegó volando hasta el cielo y permaneció allí entre los astros.

Bucéfalo: nombre del caballo de Alejandro Magno.

De apetecer, y los gules[4]
Sólo a su pesebre puestos.
Y en tanto que en estos modos
De trocar la vida, y estos
Muertos que me siguen fieles
En pago a que los venero,—
Y estas angustias celosas
Del vigor con que las venzo—
Y así pensando en el vasto
Tumulto andaba mi cuerpo,
Cual oveja que el rebaño
Perdió, y en rebaño ajeno
Ni a los pastores conoce,
Ni oye balar su cordero
Ni gusta el césped prestado
Que dan a su labio hambriento,
Que el ajeno pan no sacia
Al que perdió su pan.
            Sólo
El pan del rebaño es bueno.

AQUÍ TENGO UNA COPA MAGÍFICA LABRADA

Aquí tengo una copa magnífica labrada
Por un noble maestro famoso de Francia.
     ¿Quién tiene mi copa?
     No hay tal en Europa
Ni la tienen los shahs[5] esmaltados del Asia
Ni los negus[6] sublimes la tienen en África.

---

4. *gules:* en las leyendas musulmanas, seres maléficos semejantes a los vampiros, que devoran a los muertos y molestan a los vivientes.
5. *shah:* título del emperador de Persia.
6. *negus:* título del emperador de Abisinia (o Etiopía).

Una noche el maestro famoso cansado
Se durmió en su ventana rendida la mano—
         Sintió como un beso:
         Notó como un peso:
Y en todo su cuerpo la sombra de un ala,
Y en las manos adelgazadas y luminosas
         Unas joyas no vistas.
Se la he dado a los hombres: qué efectos tan singulares produce mi copa. A unos los envenena, como el café puro a la gente estragada. A otros, los saca de sí, y les hace subir el color al rostro, y los pone lívidos, y parece, cuando beben de mi vino, que se les pintan en el rostro trasgos, garduñas, hurtos, almas que imploran, doncellas que piden su doncellez, niños que piden su padre.

    La fama de mi vino ha corrido, y nadie quiere vino de mi copa.

    Las mujeres: Todas, todas, curiosas, presumidas, se acercan, atraídas por el brillo. Todas creen que pueden beber.

    Ay! yo también lo creí: pero miradme, miradme, ahora. ¿No tengo en los ojos, y en todo mi rostro, el aspecto de un campo que acaba de ser regado por las lluvias y devastado por los vientos de la tormenta?

    Ay! las mujeres han
bebido,—y se han ido; pero cada una me ha robado una piedra preciosa.

         Y aquí estoy, en mitad
del camino. Ya me voy a morir.

¡Todavía aquí hay joyas para
muchos ladrones: ¿quién quiere
mi copa?

JADEABA; ESPANTADO

Jadeaba; espantado
Miraba atrás; venía
El joven infeliz, cual si sintiese
Caerle sobre el talón una jauría.
Tronaba: centelleaba
El cielo negro, airado
Porque la presa aún no madura huía.
Sólo la tierra cuando se abre puede dar idea
De lo que se veía en los ojos del mancebo
Infeliz. Como un gigante sobre la tempestad se dibujaba:
La carne le caía
Cual comida de perros;
Movió los hombros y se oyó el ruido
Que hacen en tierra al caer los hierros.

Un barco misterioso, un barco negro
Tomó a su bordo al joven:
Se apagó la tormenta: el pasajero
Sintió en su corazón la dicha de la tierra,
cuando, cansado de engendrar en ella,
el sol la abandona.

ES MARZO...

Es marzo. Es viento. Es lluvia y se deshojan
Las rosas que [..............................]
Y en mis pálidas manos se me aflojan
Las riendas de la vida.—

Azota en el cristal la enredadera
Que el viento en ella preso, alza y revuelve
Como esta sed de fustas, en que fiera
El alma rebelada se me envuelve.—

Y yo, rumbo a la Muerte, de mi villa
Miro [cuajarse?] húmeda la bruma,—
Cual armador que ve desde la orilla
Ido el bajel sobre la turbia espuma.—

Y siento [...][7] [frente?] una caricia
Extraña— [........................]
Un bálsamo mortal, una delicia
Dolorosa, un coloquio con lo Eterno!—

Y en lento son, del intimado techo
Bajan las gotas, que las piedras bañan;
[...][8] mi solitario pecho
Que un ataúd a golpes secos clavan.

Mas cae al ritmo [...][9] de la mano
La pluma torpe; de la vida el ruido,
Llegó a mi puerta, y el viajero extraño
Que inspira el canto, huyó despavorido.—

No siento los pies, y no puedo andar.—
Busco las alas, y no tengo alas.—

¡Bien hace Naturaleza en dar a los hombres la seguridad de que serán trocados en seres alados, porque es tan terrible el momento de tránsito en que ya no se siente andar, ni se sabe aún volar, que pudiera el alma abatida, para no sentir ese momento, desear volver a ser bruto!—[10]

---

7. Palabra ininteligible.
8. Palabra ininteligible.
9. Palabra ininteligible.
10. El manuscrito presenta una línea más prácticamente ininteligible.

De los cansados y cobardes
Que cruzan la tierra dolorosa:—

※

el empleo
De las fuerzas de la vida, porque lo que siente el alma no
es necesidad de morir sino de emplearse; y lo que la aflige es
no poder emplearse, o tener que emplearse indignamente.

※

Aguardo en el vacío
La melodiosa, la apacible noche melodiosa;
Carros que ruedan; gentes que muerden
La carne cruda, —que han de comer luego.
La mejilla
Para algo más se hiciera
Que para que en vergüenza se tiñera.—

Danés, bravo danés, que el hielo espera
Jamás de amigo tuve
La espalda protegida:
Oh, quién pudiera,
Como el cielo el danés, surcar la esfera!—

Lamentos.—
Flautas,
Pasiones,—
Dulces momentos,—
Nubes—
En caja de cristal
Os tengo de encerrar!
Porque fuisteis hermosos, mas ya estáis muertos,
Y debéis estar donde el aire no os corrompa y os
Conserve bellos, para gala de los ojos, mas no
Debéis salir al aire, porque como cosa muerta,
Envenenaríais la atmósfera—

O la mente, esta ala,
Como percha donde cuelgan los demás sus pensamientos
Y hacer trabajo de sastre
Cuando quisiera hacer trabajo de cóndor.—

YO QUIERO UNA SORTIJA DE ORO MATE

Yo quiero una sortija de oro mate
Y un ópalo de Puebla:
Un abrigo de él hizo
Yo quiero [........]: lo que yo quiero
Es un puñal
Quiero que no me dejes nunca sola.
—Y yo, cuando te dejo sola, quiero
Un puñal certero!

¡PLAZA AL SOLDADO!...

¡Plaza al soldado! Sobre el campo, henchido
De enérgicos clamores;
Brillante la bandera
A su caudillo vigoroso espera!—
¡Plaza al soldado! —El ánimo valiente
No llegue en lo modesto a lo [...][11]
Que puede torpe la maligna gente
Sospechar que está muerto el que está vivo!—

Ancho es el circo: perfumadas damas
Coronas tejen y preparan ramas:—
Juez es la Patria: Del feliz torneo
Escúchase el pregón: brilla la escena:—

---

11. Palabra ininteligible.

¡Atleta potentísimo, al Liceo!
¡Soberbio lidiador, vuelve a la arena!

¡El apóstol, callado?
¡En tu frente feliz, el lauro seco?
¡Y aquel tan puro manantial trocado
De clara undosa linfa en cauce seco—

COBARDE! COMO UN LEÑO, EN EL CAMINO [12]

Cobarde! Como un leño, en el camino
Sin compasión y sin amor echado,
Llora, roto el bordón del peregrino,
Sobre la espalda el manto ensangrentado.

Cobarde! Como fuentes, sus dos ojos
Llanto a raudales sin descanso brotan;—
Y los vientos burlones, los despojos
Del hombre imbécil sin piedad azotan.

Cobarde! Y los menguados que en su pura
Alma bebieron el licor perdido—
Porque hay vivos que son la sepultura
De un corazón exánime y podrido;—

Los que en el curso de la vida, echaron
Río arriba—amor, virtud, pureza,—
Y, muertos ya, para vivir buscaron
Fuerza nueva en un alma generosa,

---

12. Los treinta y un poemas que vienen a continuación se hallan contenidos en distintos cuadernos de apuntes del poeta. Los editores de sus *Obras completas* (1975) han datado, en conjunto, cada uno de estos cuadernos. Por ello considero oportuno consignar al pie de cada texto, entre corchetes, el año o los años en que supuestamente fueron escritos.

Reirán, máscaras bellas: con el jugo
Del hombre nuevo, llenarán sus venas—
[.............]
[.............]
Oh, fiera elegantísima!—

[1878-1880]

ORILLA DE PALMERAS

Orilla de palmeras,
Hojosos platanares,
Árboles que hasta ayer no vieron fieras,
¡Abajo las cimeras!
¡De cólera y rubor se hinchan los mares!
Antes, como doncella,
Cándida, franca, bella,
La tierra rebosada—
Lleno el seno de frutas —se tendía
A los pies de la mar alborotada:
¡Hoy, tinta de vergüenza
Y medrosa del día,
Llorando peina la manchada trenza,
Y en la alta noche que el espacio enluta,
Sin estrellas, ni corte, amor ni gloria,
Envuelta en la mortaja de su historia,
Por plazas va la infame prostituta!
Muertos los sacerdotes,
Sin flores el altar, los bardos mudos,
Y en la arena, borrados ya los motes
[...................]
De patria y libertad, con los colores
Enemigos orlados los escudos.—

Y el pecho de los bravos
Debajo de la tierra ardiendo en ira,

Y contentos de serlo los esclavos—
¡Primera vez que el Universo admira!—
El ancho templo umbroso,—
Rodando en tierra el consagrado cirio—
Con paso lento, pálido, medroso,
El último creyente,
De siniestro fulgor tinta la frente,
Como en fúnebre mármol luz de luna,—
Buscando congojoso
Para morir al menos,
El ara inmaculada del martirio
Donde cayó la sangre de los buenos!—

✺

          Mercado!—
Y por temor de que brillar lo vean
El sacro fuego dentro el pecho apaga
                   ...La frente esconde

✺

Ay! roto el molde, quebrantado el vaso
Donde labró la humana vestidura
Tanto egregio varón ¿qué palma suave
Volverá a Milanés[13] las cuerdas de oro,
Ni al Horacio y al Píndaro cubanos
Su olímpico laúd? Ya del Mecenas[14]

---

13. *José Jacinto Milanés* (1814-1863), poeta y dramaturgo del romanticismo cubano, cuyo escenario poético viene dado con frecuencia por la geografía natural de la isla, representada en un verso contenido y sugeridor; lo cual contrasta con la pomposidad verbal que tanto se prodigó en el romanticismo hispánico.

14. *Mecenas* (60 a. C.-8 d. C.) fue confidente del emperador romano Augusto y protector de los poetas Horacio y Virgilio. Analógicamen-

De amable faz y de consejo docto
La vida se extinguió: del ciego ilustre
La voz prudente y vibradora suena
Como un eco que gime, en el desierto
Envilecido éforo[15]: el que solía
Al sepulcro de Heredia arrancar palmas,
Triunfador de la escena y el liceo,
Ya en demanda de lauros no se agita;
La lira de la patria está colgada
A una espada doliente,— y entornada
Del Cerro[16] está la venerable ermita.

✸

Favor! favor! angélico maestro,
Tribuno ardiente, rapsoda fogoso,
Arrebatada lira que detuvo
En la cumbre del Niágara tonante
La universal admiración;—el ciego,
Tulio[17] en fluidez, Demóstenes en brío—
Sombra del Cerro, restos esparcidos
Por el suelo infelice mexicano[18],—

---

te, en este contexto su nombre se refiere al gran poeta cubano José María Heredia (véase la nota 20 del poema «A Rosario Acuña», en la sección de *Poemas escritos en México y en Guatemala*).
15. *éforo:* basándose en la figura de Éforo (nacido hacia el 380 a. C.), historiador griego dedicado a la oratoria y autor de un tratado de retórica *(Sobre el estilo),* Martí emplea su nombre para referirse al elocuente Heredia.
16. *Cerro*: montaña alta de la Sierra Maestra, en la provincia de Oriente, cercana a Santiago de Cuba, la ciudad natal de Heredia.
17. *Tulio* y *Demóstenes*: respectivamente, Marco Tulio Cicerón y Demóstenes (griego del siglo V a. C.), ambos conocidos universalmente por su teoría y práctica de la retórica.
18. Heredia murió en México y fue enterrado allí.

Porque el mezquino limitado lecho
Era un sepulcro demasiado humano
A sus despojos de gigante estrecho:—
No de la tierra, que si allí la muerte
Tan altas almas resguardado hubiera,
Incendio y claridad la tierra fuera—
Del cielo descended, volved del cielo
A este pueblo misérrimo, angustiado,
Sin bardos, sin apóstoles, sin guías:
Retoñe el Lugareño[19] a su ganado,
Al desierto Israel vuelva el Mesías!

&c&

Ay de la guerra sin la paz! El corvo
Alfanje imita la segur, que luego
De la granada milpa[20] esparce el oro.
Las vidas que en su flecha alza la lanza
Devueltas son cuando la guerra muere:
La paz afirma lo que el hierro alcanza:
La salvación universal lo quiere.—

&c&

Entre espartanos tantos, un Leonidas[21]:
Un Leonidas en cada un espartano.

&c&

---

19. Aplicado a Heredia.
20. *milpa:* en México, tierra destinada al cultivo del maíz.
21. *Leónidas:* heroico rey de Esparta (muerto en el 480 a. C.), que con trescientos hombres venció a Jerjes de Persia en el paso de las Termópilas.

La carne más honrada amarillea—
Y esconde el joven la radiosa frente
Porque su brillo el déspota no vea!—

[1878-1880]

ASÍ PASA LA DICHA POR LA VIDA

Así pasa la dicha por la vida:
Como un copo de nieve
Que al llegar a la tierra se deshace.

[1878-1880]

NO DEBE EL BRAZO

No debe el brazo
Que lanza no empuñó, mover la pluma!

[1878-1880]

NOCHE SOLITARIA—ACIAGA!

Noche solitaria—aciaga!—¡De cuán distinta manera, cuando—acostados en el mismo lecho, le hablé del libro comenzado, de unión de pueblos, de ideas no entendidas,
De mi dolor por la miseria ajena;—
    De cómo aumenta el bienestar, de cómo
    El bienestar peligra, bien seguro
    De que a riquezas y a pobrezas ríe,
    Y abrazándose a mí, me ciñe y me ama.
    Y así, dormidos en la negra tierra
    Irá la Aurora a sorprenderme al cielo!—

    Y luego ¡qué dolor! A la semilla—
    A la mordida, al odio, al vil trabajo

De apretar las soberbias en la frente,—
Y, ocultando el dolor, besar el yugo!—
Mas, en las pardas horas, acabada
La fúnebre labor, sus blancos brazos
Premio serán a la feroz faena.—
Los hombres se devoran: no se admiran
Sino cuando se temen; nunca ensalzan
Sino a los muertos—porque ya no estorban!—
¿A qué tigres ni bosques? La soberbia,
La envidia y la ambición, vierten más sangre
Que el ágil bengalés, númida fiero.—

Pero en la tierra hay cielo: el que en la frente
Con hierro criminal la vida abrasa—
O es ciego, o es cobarde:—la conciencia
Del recto bien obrar basta a la vida!—
Punzan aquí, lastiman, vilipendian
La más noble intención, y macerado
El espíritu posa sus fatigas
En su lecho de amor: allí la esposa
La ardiente sien con besos blandos calma
Y el frescor de la vida al alma vuelve:
Así—de diaria cuna renacido—
Fuerte siempre se torna a la pelea.—

¿Qué quieres tú, mi esposa? ¿Que haga la obra que ha de serme aplaudida en la tierra —o que yo viva, mordido de rencores, sin ruido de aplausos, sin las granjerías del que se pliega,—haciendo sereno la obra cuyo aplauso ya no oiremos?

[1878-1880]

EN TU CIELO ¡OH MI AMÉRICA! PRESAGIO

En tu cielo ¡oh mi América! presagio
De los cielos del alma—va sencilla
Clara Luna del sol enamorada:
Así en mi vida del honor prendada
La suave luz de la conciencia brilla:
Imagen del vivir—la clara luna:
Sin alcanzarlo, sigue el bien que quiere,
Y al alcanzar el bien—lo alcanza y muere.
—En la blanca almohada,
De mano de su madre aderezada,
Entre el rubio cabello
Que con mis besos y sus cintas ata—
¡Con más besos que cinta!—el rostro bello
De mis miradas trémulas recata:—
Con mujer, con honor, bendita sea
La vida que en mi ardiente sien rebosa
Y en mis móviles labios centellea!

Oh—dulce amor de esposa,
Puerta nueva a la vida,—
Cuna donde reposa,
Sobre marchitas flores adormida
La niña bulliciosa
Que a más vivir con su candor convida!—
Cuando en su cerco duro el alma estalla,
Y, ansiosa ya de que su cárcel mude,
De pie sobre las hidras, se sacude
El polvo y el horror de la batalla,—
Y, cóndor bravo, la mansión del trueno
Y el dominio del Sol cruza sereno,
Y en fuga de los hombres
Va a los mundos sin formas y sin nombres.
Cuando el timón, cansado

De inútil vida, a la merced del viento
Deja el bravo doncel abandonado—
Y al aire el cuello, a Dios el pensamiento,
Hundirse mira el alma entre las brumas
Y la quilla dorada en las espumas,—
Una dulce sonrisa
Hincha la vela de la vida: brisa
Halagüeña la sien pálida orea,—
Y el eterno león, sobre los mares,
La melena colgada de azahares
La frágil tabla triunfador pasea;—
Y el heroico doncel, de nuevo fuerte,
Adereza el timón, rumbo a la muerte.—

Reyes los hombres son—y en su reinado
Este hondísimo abismo complicado;—
Este mundo de enérgicas pasiones
Desatados leones,—
Estos ríos de lágrimas calientes
En que estallan las ánimas dolientes:—
Esta águila altanera
Que rumbo al cielo tiende el ala fiera;
Este árbol combatido
Por los pies a la negra tierra atado,
Por las nubes del cielo coronado,
Por los vientos del mundo sacudido.—
Alma reina—alma diosa—alma señora,
Astro preso que dentro el cuerpo vaga,
[.................................]
Valor que sufre, compasión que llora!—
Espíritu inmortal, dominio extenso
A la pureza sólo penetrable,
Inmensidad de amor para el inmenso,
Para el mezquino, polvo deleznable:—
Espíritu que vibra

En la nudosa fibra
De la caliente vid;—en las azules
Espirales del haschisch;—en la rica
Espuma del cafeto,—que salpica
De mariposas de oro la bullente
Sangre del hombre;—universal corriente
Que las formas del ser inmenso inflamas
Y enrojeces o calmas la alta frente,
Y el fuerte corazón ciñes de llamas;
Vencedor de Noé—dulce delicia
Que a los moros dormidos acaricia,
Vid, café, misterioso jugo humano,
Padre de la pasión;
Que el necio teme, que al rebelde espanta;
Misteriosa semilla,
De la sangre, del genio y de la planta—
[....................]
De mí te acuerda! De la cárcel mía
Los recios nervios compasiva afloja;—
A Ella—sin Ella el Sol no lo sería!—
Conmigo al mundo en que no hay cuerpo arroja;
Rumbo al cielo boguemos,
Y en el mar de las almas saludemos
La eternidad que en nube se levanta
De los versos, del hombre, de la planta!

[1878-1880]

EA! ¿A DÓNDE ME LLEVAS?—A TUS PARQUES

Ea! ¿a dónde me llevas?—A tus parques
No quiero ir... Todo es cárcel
En esta tierra. El jaco encarcelado
Entre las tierras va. Mira el auriga
Su pescante cual cárcel. Y yo miro

Cárcel también en esta suntuosa
Carroza que nos lleva.

   Allí todo está preso: El árbol en sus cercados, el ciervo en su parquecillo, el pájaro en su jaula, el león que—cuando encerrado—vive como cerdo.—
   ¡Yo quiero romper las jaulas de todas las aves;—que la naturaleza siga su curso majestuoso, el cual el hombre, en vez de mejorar, interrumpe;—que el ave vuele libre en su árbol;—y el ciervo salte libre en su bosque;—y el hombre ande libre en la humanidad.—

[1881]

LOS CELOS, DESPIERTAN SIERPES

Los celos, despiertan sierpes;
Los amores, mariposas;
Y los deseos, cerdos;—y la patria
Águilas poderosas.—

[1881]

PATRIA! YO NO TE CANTO!—

Patria! yo no te canto!—
Luego es cantar; hoy, enjugar tu llanto!

28 de Setiembre
[1881]

¿A QUÉ FORZAR LA TRABAJADA PLUMA?

¿A qué forzar la trabajada pluma
A echar en molde flojo lo que pienso?

Sabe, al romperse en el peñal, la espuma
Qué hay en el fondo del Océano, inmenso?

[1881]

AZUCE EL VIENTO DIVINO

Azuce el viento divino,
En la llama aposentado,
La lumbre—y rompa el quebrado
Pálido vaso mezquino
[..................]
Tal como el humo oloroso
De una llama de hojas secas.

[1881]

Y SE PINTA EN EL ROSTRO

Y se pinta en el rostro
Un suave orgullo,—y un divino gozo!

[1881]

QUE ASÍ COMO ESAS HOJAS EN EL TECHO

Que así como esas hojas en el techo,
Refléjense al morir nuestras figuras
   Agrandadas en el cielo.

[1881]

PUES BIEN—LA TIERRA ES ESO

Pues bien—la tierra es eso:
Soporta el hombre el peso de la vida,

Y del hombre el corcel soporta el peso.
[..............] El sueño los reúne.

[1881]

Y SUELO, EN NOCHE OSCURA

Y suelo, en noche oscura,
Dejando la callada
Alcoba, irme con ánima insegura
A sentar a la margen reposada
De la mansa cañada.—

[1881]

LAS HOJAS DESMAYADAS

Las hojas desmayadas,
Laxas a tierra tórnanse, cual suele
Oh! Laura desatadas
Tus trenzas, por mis manos, las ajadas
Carnes tender entre mis brazos fieles.—

[1881]

AMOR! OH: SÍ, TÚ ERES

Amor! Oh: sí, tú eres:—
Tú quien de noche
Cuando duermo me prestas
Alas veloces
Y haces danzar a mis cansados ojos.

Amor! No hay compañero
Más lisonjero:

Amor! Si me parece que lo veo,
Cuando a dormir se acuesta la cansada
Bestia,—reír con aire de recreo,
Suelta la cabellera áurea rizada
Del aire melancólico al deseo,
Y mi sueño velar, la espalda alada
De luz azul brillando al centelleo;
Y de codos ¡oh niño! en la almohada

ೞ

Y ríe y empuja.—

ೞ

Pero a este amor traicionero
Lo he despedido,
Lo he visto a la luz clara
Y le he temido
Y en sus inquietos ojos
A veces miro—
Negros, negros relámpagos,
Rayos rojizos:—
Blandas sierpes de oro
Son sus rizos;—
Yo tengo ahora
Otro niño, niño:—

[1881]

«¿QUE NO LA HAS VISTO?—VELA!»

«¿Que no la has visto?—Vela!»
Y abrí la alta cancela
Donde en seda magnífica amarilla

La blanca garza japonesa brilla
Y le enseñé un jarrón de porcelana
Sobre un jarrón lleno de lodo.

[1882]

¡NO, COMO EL ESCORPIÓN, DE MIEDO...

¡No, como el escorpión, de miedo al fuego
Con mi arma propia me daré la muerte!
No: dejaré que me devore el fuego.

[1882-1886]

COMO UN PUÑAL DE ACERO RETORCIDO

Como un puñal de acero retorcido
Esa canción penetra en mis entrañas.

[1882-1886]

PURO AZUL DE AGUAS DE RÍO

Puro azul de aguas de río
Claras, fragantes y frescas
Donde en recodos de sombra
Místicas garzas navegan.—
(La joven que vi en Wall St., el 6 de julio)
Myosotis entre rosas.

[1886]

YO CONOZCO EL TERRIBLE SENTIDO

Yo conozco el terrible sentido
de la voz que [.....] y que manda

De la voz que me grita del pecho—
  Levántate y anda.

Si la sangre callada gotea
[......................]
[......................]
[......................]
  Levántate y anda.

Mientras haya en América esclavos
  Levántate y anda
Mientras haya una injusticia
  Levántate y anda
Mientras haya un enfermo social
  Levántate y anda

          [1892-1894]

YO FUI BUENO HACE CIEN AÑOS

Yo fui bueno hace cien años
En Calam de Judea[22]:
Y hoy, en salvilla de plata,
Como de lo que serví:—

            ❧

Lo que sale de la entraña
También se puede podrir,
Sale al mundo, y este mundo

---

22. Referencia errónea a Caná de Galilea, donde Jesús realizó su primer milagro (cfr. Jn 2, 1-12). La segunda parte del poema recrea unas palabras de Jesús sobre el origen del pecado (cfr. Mt 15, 10-20).

Lo puede también podrir:
Estaré lejos, bien lejos
Para no verlo podrir!

[1892-1894]

Y TEMPLAR, CON LA DICHA DE VERTE

Y templar, con la dicha de verte,
El frenético amor de la muerte
Que el destierro *colérico* inspira

❦

¿A qué el sol que del cielo
Manda al mundo su plácido rayo,
A qué el aire vibrante de mayo?

[1894]

EL TRUENO, DE SEMILLAS CORONADO

El trueno, de semillas coronado
Pasa asolando, y más fragante deja
La rama, a mí más ágil y [...]
Y más alegre al pájaro en su reja.

[1894]

YO NO ENVIDIO A LOS MUERTOS

Yo no envidio a los muertos,
Porque no sufren:—
Envidio a los que mueren.

❦

Envidio a los enfermos
  Que se consumen
  Y se consumen.

[1894]

SOLO COMO LA LLAMA DESPRENDIDA

Solo como la llama desprendida
De un cadáver que [...] en el desierto,
Como un sol funeral cruzo la vida,
Como un rey, como un mármol, como un muerto.

[1894]

KIND DEATH HAS MARKED ME FOR HER OWN[23]

Kind Death has marked me for her own.
A bird from your beech.
A music sweet, of times unknown,
Hails me, tells me, I am Death's own.
From bees and birds and singing boughs
A chimney smokes afar: [...], beneath
The foliage thick of maples.

---

23. Traducción: 'La amable muerte me ha escogido para sí. / Un pájaro desde tu haya, / una música dulce, de tiempos desconocidos, / me avisa, me cuenta... Yo soy la muerte misma. / Desde las abejas y los pájaros y las ramas cantoras / una chimenea humea en lontananza: [...] abajo, / el espeso follaje de arces.

  La amable muerte se ha saciado./ La amable muerte./ El arce [...............], los niños entretejen una corona con cálices de flores ya amarillos y con capullos... / Una nube / Una nube, lentamente'.

Kind Death has eaten well.
            Kind Death.
The maple [................], the children gather
Of yellow cups and pups [...] a wreath
A cloud,
A cloud, slowly.

[1894]

ANTES DE MORIR QUISIERA

Antes de morir quisiera
Dar un poco de placer
A aquella pobre mujer,
La pobre mujer [...][24]
Las mujeres son sagradas.

[1894-1895]

LOS HUESOS DE LA FRENTE

  Los huesos de la frente
  Se abren en alas negras
Que avanzan como barcos misteriosos
Brava y seguramente en las tinieblas.

[1894-1895]

[¡CAFÉ, PADRE DEL VERSO! ESENCIA VIVA]

 ¡Café, padre del verso! Esencia viva

---

24. Palabra ininteligible.

NI CINCINATO, NI CATÓN FUNDARA

Ni Cincinato, ni Catón[25] fundara
En Itálica audaz, Washington noble
En la feliz América lo funda.—

Con Franklin la cordura, con Bolívar
Un César sin rival, el César fiero

SOMOS COMO LA VOZ DEL VIENTO VAGO

Somos como la voz del viento vago
Que en balde gime por la paz que no halla:
¡Así es la vida, como el viento,—estrago,
Sollozo, queja, tempestad, batalla!

CUANDO YO VEO

Cuando yo veo,
Como alas tenues de amarillo verde,
Surgir de tierra las primeras hojas
De un árbol nuevo, —al punto me imagino
Cuando, robusto ya, rompiendo el aire
Desplegará la poderosa copa.—
Como la espuma de la mar del mundo
El amor surge de dejarlo: surge
El vivo afán de amar la tierra
Donde los hombres aman y son buenos.—
Con cada sol, arréciase en el alma
El honor de vivir; de cada vuelta

---

25. Debe de referirse a Tito Quincio Cincinato, gran político romano del siglo V a. C., y a Catón de Útica, famoso tribuno romano del siglo I a. C.

TIENE MI CIELO DE AMÉRICA

Tiene mi cielo de América,
Lecho mío, orgullo mío,
Nubes de blancos frescores,
De ambiente amoroso y tibio,—
Ni cabe en amor tibieza
Ni cabe en un beso frío.—

SÉ DE UN HOGAR, ESMALTADO

Sé de un hogar, esmaltado
De tres nelumbios[26] azules
Que sobre la alfombra vuelan
Vaporosos como nubes.
Sé de unas flores de estío,
Sé de un discreto perfume
Que de tres almas [vivaces?]
Brota suave; corre dulce.
Tengo yo un ángel amigo
Del orden de los querubes
Que al hogar de sus hermanos
Cariñoso me conduce.
Y entre las almas gemelas
Del ángel de alas de nube,
No vi yo tres más hermosas
Que estas tres flores azules.

EN ESTAS NOCHES DE BESOS

En estas noches de besos
Y silenciosos ruidos,

---

26. *nelumbio:* planta de flores blancas o amarillas y de hojas aovadas.

Y aleteos misteriosos
En el seno del espíritu,
Bajó del cielo a la tierra
Mi constante ángel amigo.
No sé qué trastorno extraño
De aire, sombra o fuego vívido
A arrebatarme la esencia
De mi excelso huésped vino;
Pero sé que cuando inquieto
Busqué a aquel ángel querido,
Brillando lo hallé en los ojos
De las tres flores de estío.

Tanta flor quema el destierro;
Negro color da a las nubes,
Niégale el sueño en las noches;
No a la amistad sus perfumes.
¿Protege el amor la estrella
Amiga de los que sufren?,
¿El canto que me ha herido
Brinda a las flores azules?

NO HAY QUE TEMBLAR, SEÑORA ACOBARDADA

No hay que temblar, señora acobardada:
Recuerde mi señora el casamiento.—
En el festín la copa postrimera
Bebió tan bien la noble compañera
Que es preciso que tú, niña hechicera,
Bebas. ¡Toma la copa! otra! ¡Vacía
También; no hay vino ya, no queda vino
En las copas y haré te juro cita
¡Aquí queda una gota de oro fino
Con que animar la sangre de tus venas!
¡A beber!

CON PLATA Y TIMBALÓN EL AIRE ASORDA

Con plata y timbalón el aire asorda:
Arriba el aire, abajo la alcalifa[27]
O las cañas resuenan, o [......] llamando
Pasa con el clarín el velo en [tierra?]
¿Quién manda aquí?
La luna al frente;
El color del [...][28]
Un pendón es la noche; otro la sombra!
Manda el señor de allá;

Quién manda aquí? Con su calor lo nombro,
Negro como la muerte, su estandarte:
¡Un pendón es la noche de la sombra.—

COMO EL TEOCALLI DE XOCHICALCO[29]

Como el teocalli de Xochicalco
[..........................]
De la frente en las sienes encendidas,
[......], fiel en el acero,
Espanta las creaciones el grueso
Estruendo de intestinos de la vida:
Y por la calle pasa
El del vestido azul, la caperuza.—

---

27. *alcalifa:* en femenino, arcaísmo del nombre *califa,* que aparece como tal en otras frases tachadas del poema manuscrito. Para explicar tal incongruencia semántica, debe tenerse en cuenta el carácter fragmentario y provisional de esta composición.
28. Palabra ininteligible.
29. *teocalli:* templo de los aztecas. *Xochicalco* era una antigua ciudad fortificada en el actual Estado de Morelos (México), donde los restos arqueológicos revelan la influencia de diversas culturas, como la maya.

Pero me sacudo el polvo, y noto que cae como chispas de luz.
Me abro el pecho de noche, y veo que llevo dentro el sol.
Sajado vivo, con las alas rotas
Y arrastrado por el suelo, como en lucha vencido,
Al pie la cadena
El pensador, como aterrado, mira
Por el [...] de su casa:
El rostro triste la mirada le abrasa:
A uno le parece una luz que expira.
Una fiera le parece a otro que pasa.
Ama la noche [....................]
[..................................]
al amanecer,
Rebosa en sí, siente la dicha de la luz
[.......], brilla [.....], y saluda
La casta soledad, madre del verso[30]

Noche
En el reposo engendra al Universo.
Amanecer

ಊ

El poeta mira

EN LA PAZ DE LA NOCHE JUNTO AL FUEGO

En la paz de la noche junto al fuego
Al escuchar de súbito el rugido

---

30. Este verso aparece al final del poema «La noche es la propicia», de *Flores del destierro*.

Del tigre carnicero, en fuga loca
Corre veloz la vasta caravana

Por las manos convulsas arrastrados

DONDE EL TIBIO LAUREL SIN LUZ FLORECE

Donde el tibio laurel sin luz florece
Usaba yo con Dafne[31] verme a solas
Por aquel caminito de amapolas
En las mañanas bellas. Deseaba
Por el retiro fresco y escondido

ESTO HE VISTO, Y NO ME DIGAN

Esto he visto, y no me digan
Que no se lo puede ver:—
Era un gigante que andaba
De monte en monte; a través
De las selvas, tope a tope
De las nubes, con el cielo
Por la cintura: y al pie
Un chiquitín, sofocado
Traje de cuadros, languette[32],
Bigote oleoso, el cabello
A la capul[33], lindo el pie,

---

31. *Dafne:* en la mitología clásica, ninfa convertida en laurel por los dioses, para liberarla de la persecución de Apolo.
32. Palabra francesa; equivale a *lengüeta,* tira de cuero cosida por dentro de los zapatos, que tapa la abertura sobre el empeine.
33. Al modo en que lo llevan en la isla filipina de Capul (provincia de Samar).

Peinado, hilo a hilo: vestido
Como un figurín: correct:
Y cuando de penas se habla,
Tan contento está de sí
Que dice del héroe: nada,
La grandeza está aquí —en mí—
Yo soy el grande: El cielo
No es verdad. Las nubes [...][34]
No son verdad. El gigante
Es falso, incorrecto, oscuro,
Yo soy; yo: éste es mi pie.

CUANDO A LA HORA DE HAREM, LE LLEVO FLORES

Cuando a la hora de harem, le llevo flores
Y refrescos de olor: «Hinda», me dice;
Si está de humor feliz, «Hinda, tu novio
Un soldado ha de ser: a las doncellas
Mejor con las batallas se enamora.»

A RUTH[35] LA COMPARÉ, COMO LA ESPIGA

A Ruth la comparé; como la espiga
Celo y orgullo de la casta hebrea,
La rubia Adela, mi gallarda amiga
En los trigales de Utatlán[36] campea.—

¡Plázcale al cielo, incomprensible acaso

---

34. Palabra ininteligible.
35. Mujer espigadora del Antiguo Testamento (véase la nota 28 del segundo poema «María», entre los *Poemas escritos en México y en Guatemala*).
36. *Utatlán:* antigua ciudad de Guatemala, destruida en 1524 por Alvarado. Conserva restos arqueológicos de los mayas.

Y CUANDO ESTÁN DE PRISA

Y cuando están de prisa
Con uno que otro hilillo, hilaza,
De oro, púrpura, abalorio
En burdo canevá[37] zurcen la silva.

EN UN LIBRO CUBIERTO

En un libro cubierto,
Como era antaño
Costumbre;
De lado y lomo
De cuero rancio—
Hallo estos rancios versos.
¡Que nadie los tenga por versos de engaño!

BROTÓ COMO UNA PERLA DESPRENDIDA

Brotó como una perla desprendida
De su negruzca concha, al sol abierta—
Al sol de mi dolor! brotó encendida
Como llama que surge [pavorida?]
Del pálido sepulcro de una muerta.
No diré que murió: fue tan hermosa
Como una flor, suave como brisa
A toda voz [herida?] y querellosa—
No diré que murió: yo soy su fosa.

---

37. *canevá:* galicismo, del francés *canevas,* tela gruesa que se usa mucho para bordar tapicería.

Mengua el dolor quien lo convierte en ira!
Pues cómo di, de un corazón que encierra
[...][38] dolor, [...][39] exhalas
[........] que aterra
Es que al caer, de muerte herido, en tierra
Devuelvo al cielo vengador las alas!

No vuelva no!

ES TIEMPO DE SER VIEJO

Es tiempo de ser viejo:
Y plegar vela:
El que fija una orilla a lo infinito,
El Dios de las fronteras,
A mí se vino, en su implacable [noche?]
Y dijo: No más ices
Tus ramajes, ni extiendas tus raíces.
La semilla se la lleva el viento.

Ciñe tu firmamento
Al estrecho [cajón?] de tu aposento.—

REY DE MÍ MISMO

Rey de mí mismo —mis dominios creo,
Y cuento en mi interior montaña altiva
Y gruta oscura, y sol y mar y río.

---

38. Palabra ininteligible.
39. Ídem.

¡Qué palacio tan vasto
El alma mía!
¡Qué gruta tan solemne,
callada y tibia!
El fondo de mi pecho
Busca, sencilla;—
Y allí en cama levanta
Su obra magnífica:
No son sus muros, muros
De piedra mísera;
Sino colgante fleco
De estalactitas.

Y a mi balcón asomado
En la alta cima,
De la honda negra bóveda—
Mi hijo me mira.—
Él es mago bello
De aquella tibia
Morada: el genio alegre
Que la ilumina;
[...][40] luz que cubre
La gruta mía.—
Mago—si ves que alguna
Gota de sangre mancha
La [alcoba?] límpida—
Desnuda, mago mío,
Tanta magnífica
Blonda de encaje rico;

Yo palpo con asombro
En medio de mi vida
Mis órbitas calientes

---

40. Palabra ininteligible.

Y encuéntrolas de súbito
Húmedas y anegadas
De lágrimas ardientes.—
Yo miro con un triste
Placer cómo en la fiesta

HERMANO! TODO EN TIERRA

Hermano! todo en tierra:
Héroes, muertos, altares;
Tu pueblo, nuestras almas;
Y tu hogar bayamés, en tierra todo!—

          Ni siquiera
Vencido los hubiera
La lengua no, la espada!—
Recoge ¡oh pobre hermano!
De tu hogar incendiado el polvo ardiente,
Y llama a cada puerta
Y pinta en cada frente.
Y así, al sepulcro. En el cementerio
              debe entrarse
Con la frente cubierta de ceniza.

            Y el hijo infame
Verá al pasar enhiesto en el camino
El árbol en que aquel que va a su lado
A su padre colgó... La doncella
Que al violador conoce
Y a decirte su nombre no se atreve.—
Y pasará la madre por la plaza
Donde se alzó el cadalso de su hijo
Y paseará mi padre en la cantera
Donde mi espalda flageló el tirano.

MORIR NO ES ACABAR!

Morir no es acabar! Sueño es la nada.
                La postrimer mirada
De los seres que han muerto me lo ha dicho.
Mientras mayor el sepultado sea
La esperanza es mayor! Yo he visto un grano
Arrojado al azar, trocarse luego
En brillante haz de fuego,
Para orgullo del pueblo americano.—
Y de un tronco tendido
En mitad del camino, mal herido,
Surgir la vida bajo forma nueva
Que en forma de brillantes mariposas
A cortejar a las fragantes rosas
Del muerto tronco el vivo espíritu lleva:
Brota el Renacimiento
De una tumba de mármol; del convento
La viva lumbre que lo abrasa brota.
Oh! sí! extremar la muerte
En consumar y acelerar la vida!
Ni fruta más jugosa;
Ni madera más fuerte
Ni más soberbia rosa.
Al pie de cada fosa
Vive la Esperanza.—
Tú volverás ¡oh muerto—

MIS VERSOS

        Mis versos,
Cual su hierro el herrero sobre el yunque,
Sobre mi propio corazón los fraguo.
Y cada verso se estremece y vibra

Como al clavarse en la lejana meta
La barra que el euskaro[41] fuerte lanza.

VOZ QUE SE EXTINGUE

Voz que se extingue, fuego que se apaga
Y triste hoja amarilla
Que como el rostro de un cadáver brilla
Y al viento seco del otoño vaga.

...VED CÓMO UN HOMBRE

...ved cómo un hombre
De haber perdido la esperanza muere!

Hundió la mano en el cabello rubio
Del niño,—esparció luz,—y quedó muerto.
Escondió el rostro en el pecho del niño
   y lloró sin consuelo.

OH, QUÉ FRÍO EN LOS HUESOS...

Oh, qué frío en los huesos—oh qué frío
Más allá de los huesos: el cansado
Cuerpo la lluvia y la humedad previene:
Como agudo puñal papel delgado
Aire frío y traidor traspasa el pecho:
Anda en puños la gente, cual rebaño

---

41. *euskaro:* vasco.

CUAL QUIEN CON TROPA DE GIGANTES CUENTA

Cual quien con tropa de gigantes cuenta,
Y sonado el clarín, se halla con tropa
De enanos mal ceñidos, corcovados.

Y LAS OFRENDAS—CUÁN POBRES

Y las ofrendas—cuán pobres!
Y la voluntad—cuán rica!
Y al ofrecérmelas—cómo
Lloraban mis hermanitas!
Tal, con descoco risueño,
Celebrábase ella misma, el blanco paño mostrando
Orlado de blonda fina: y cual con tierna doncella
Que a su amado

Índice de primeros versos

A bailar! a bailar! las turbas gritan	279
A bordo estamos, Victoria	460
A los espacios entregarme quiero	132
¿A qué forzar la trabajada pluma	519
A quién, pluma cansada	458
A Ruth la comparé; como la espiga	534
A Ubaldina la hechicera	475
A una mi amiga y señora	400
Acabo de soñar. Porque es mi empeño	282
Airados me preguntan	434
Al compás de los versos de Méleo	432
Alfredo:—¡qué abundante cabellera	323
Allá en el rudo basalto	472
Allá va, las entrañas encendidas	257
Allí despacio te diré mis cuitas	104
Alma que me transportas	229
Amada, adiós. En horas de ventura	330
Amiga: yo esperaba	339
Amor! Oh: sí, tú eres:—	521
Anoche me abrí el pecho	438
Antes de morir quisiera	527
Antes de trabajar, como el cruzado	215

Índice de primeros versos

Aquí está el pecho, mujer	195
Aquí estoy, solo estoy, despedazado	113
Aquí tengo una copa magnífica labrada	503
Arabia:—tierra altiva	331
Así, niña querida,—de manera	357
Así pasa la dicha por la vida	515
Aunque juzgue V. sin calma	267
Aunque pases, pasa!	425
Avive el buen cristiano	223
Ayer, al darme al sueño, como en nube	428
Ayer la vi en el salón	186
Ayer, linda Adelaida, en la pluviosa	483
Ayer una voz del cielo	269
Azuce el viento divino	520
Bien vengas, mar! De pie sobre la roca	222
Bien: ya lo sé!:— la Muerte está sentada	99
Bien: yo respeto	244
Bravo y viril, audaz, los dominantes	479
Brotó como una perla desprendida	535
Bueno es sufrir: cuando en el lado izquierdo	424
«Busco», dijo un ángel peregrino	475
Cadáveres amados, los que un día	289
¡Café, padre del verso! Esencia viva	527
Causa pasmo a la gente	439
Cese, señora, el duelo en vuestro canto	285
Cielo, mi amor!—en vano sobre el libro	241
Cobarde! Como un leño, en el camino	509
Cocola: la tormenta	481
Como al frescor de un baño	248
Como de entre malezas león dormido	436
Como el teocalli de Xochicalco	531
Como en el mar hambriento la escondida	464
Como fiera enjaulada	256
Como los nardos pálida, tu rostro	454
Como nacen las palmas en la arena	134
Como taza en que hierve	71
Como un ave que cruza el aire claro	141
Como un puñal de acero retorcido	523

Índice de primeros versos

Como una enredadera	436
Con la primavera	414
Con la primavera	420
Con letras de astros el horror que he visto	147
Con plata y timbalón el aire asorda	531
Con un astro la tierra se ilumina	137
Contra el verso retórico y ornado	209
Corazón, hoy me han dicho	440
Cruje la tierra, rueda hecha pedazos	236
Cual de incensario roto huye el perfume	214
Cual quien con tropa de gigantes cuenta	541
Cual vierte las manos cuajadas de rosas	421
Cuando a la hora de harem, le llevo flores	534
Cuando en la calle anchurosa	419
Cuando en la noche del duelo	262
Cuando en las limpias mañanas	500
Cuando le digo adiós, se queda el alma	423
Cuando me puse a pensar	401
Cuando me vino el honor	197
Cuando nací, sin sol, mi madre dijo	112
Cuando, oh Poesía	119
Cuando todas las lámparas se apagan	474
Cuando viene el verso	429
Cuando yo veo	528
Cuanto pudo ser, ha sido	430
Cuba nos une en extranjero suelo	450
Cuentan que antaño,—y por si no lo cuentan	149
Cultivo una rosa blanca	196
De cierta noche amistosa	469
De enfermos no me digas	423
De estos versillos	431
De forma en forma, y de astro en astro vengo	254
De gorja son y rapidez los tiempos	116
De levantarme acabo	433
De mi cuaderno al golpe	439
De mi desdicha espantosa	193
De mis tristes estudios, de mis sombras	245
De mis versos ¿qué me queda?	440

Índice de primeros versos

De oro de su corazón	482
De pie, cada mañana	115
¿De qué estás triste?	400
De un muerto, que al calor de un astro puro	125
De un padre que tuve	433
De una novela sin arte	484
«Deja ¡oh mi esposo! la labor cansada	224
Del portal, al sol abierto	478
¿Del tirano? Del tirano	195
Dentro de mí hay un león enfrenado	226
Desque toqué, señora, vuestra mano	407
Dice el coral envidioso	470
Dicen, buen Pedro, que de mí murmuras	96
Dicen que Nubia es tierra de leones	429
Dicen que un suizo, de cabello rubio	103
Dicen sabios en dolor	465
Dígame mi labriego	83
Digo que cuando salto	422
¡Dios las maldiga! Hay madres en el mundo	220
Dirán, puede ser que digan	422
Doce años, doce flores	297
Dolor! dolor! eterna vida mía	274
Donde el tibio laurel sin luz florece	533
Dos patrias tengo yo: Cuba y la noche	216
Ea! ¿a dónde me llevas?—A tus parques	518
¡Ea, jamelgo! De los montes de oro	95
El aire está espeso	81
El alfiler de Eva loca	185
El alma, como un ave, bate el ala	390
El alma trémula y sola	179
El ancla está levada	424
El enanito de arriba	474
El enemigo brutal	189
El genio es la encendida	371
El hierro, amigo mío	425
El infeliz que la manera ignore	374
El llanto está de más: el vil que muere	471
El palacio era místico y sombrío	479

Índice de primeros versos

El palacio está de luto	442
El pecho lleno de lágrimas	398
El pensamiento indignado	420
El rayo surca, sangriento,	191
El sol alumbra: ya en los aires miro	107
El trueno, de semillas coronado	525
En chispas, como el fuego	427
En el alféizar calado	183
En el bote iba remando	181
En el extraño bazar	197
En el negro callejón	192
En esta sala vacía	402
En estas noches de besos	529
En estas pálidas tierras	411
En la cuna sin par nació la airosa	480
En la paz de la noche junto al fuego	532
En la vida desterrada	472
En los diarios que leo	429
En los tiempos de la maravilla	226
En mis desgracias, noble amigo, viste	266
En ti encerré mis horas de alegría	269
En torno al mármol rojo en donde duerme	151
En tu cielo ¡oh mi América! presagio	516
En un campo florido en que retoñan	224
En un dulce estupor soñando estaba	417
En un libro cubierto	535
En una casa de amores	480
En una elegante caja	465
Entre las flores del sueño	417
Entre los hombres, viénese manchado	252
Envilece, devora, enferma, embriaga	225
Era sol: caballero en un potro	240
Es hora de pensar. Pensar espanta	302
Es marzo. Es viento. Es lluvia y se deshojan	505
Es rubia. Como el carro del esbelto	436
Es rubia: el cabello suelto	184
Es tiempo de ser viejo	536
Es verdad. So la máscara discreta	395

Índice de primeros versos

Esa que ves, la del amor dormido	388
Esa rosa que me das	439
Escribe	435
¡Espíritu, a soñar! Soñando, crece	316
Espíritu de llama	376
Esplendía su rostro: por los hombros	141
Ésta, es rubia: ésa, oscura: aquélla, extraña	122
Este que voy enterrando	431
Esto he visto, y no me digan	533
Estoy en el baile extraño	187
Flores? No quiero flores! Las del cielo	106
Frente a esas casas ruines, en los mismos	133
Fuera del mundo que batalla y luce	220
Ganado tengo el pan: hágase el verso	96
Garza, la de blanca pluma	439
¡Hala, hala!	219
Hay en el cielo, como en el mar paisajes	433
Hay en la casa del trabajo un ruido	365
Hay sol bueno y mar de espuma	444
Hay un derecho	210
Hay una flor más pura que la blanca	454
Hay una raza vil de hombres tenaces	138
He vivido: me he muerto: y en mi andante	118
Hermano de dolor,—no mires nunca	270
Hermano! todo en tierra	538
Hija de un pueblo lloroso	470
Hijo!—Como las hojas de los árboles	390
Hijo, en tu busca	73
Hoja tras hoja de papel consumo	218
Homagno audaz, de tanto haber vivido	126
Homagno sin ventura	110
Iba un niño travieso	441
Jadeaba; espantado	505
Je veux dire en vers pour quoi, chère madame	414
Juan amigo, y mi señor	493
Juega el viento de Abril gracioso y leve	240
Kind Death has marked me for her own	526
La ciudad es grande, cierto	438

Índice de primeros versos

La fatiga y las sábanas sacudo	150
La imagen del rey, por ley	191
La madre está sentada	255
La montaña y la ardilla	441
La nieve, glacial, aprieta	473
La noche es la propicia	212
La obra —delante, y el amor —adentro	254
La pena como un guardián	431
La poesía es sagrada. Nadie	149
La selva es honda. Corpulenta flora	247
La tierra! —oigo decir: —toda la tierra	437
La verdad quiere cetro. El verso mío	148
Las aves adormidas	376
Las campanas, el sol, el cielo claro	217
Las campanas! Su fúnebre sonido	283
Las hojas desmayadas,	521
Leandro, es el hombre. Y Heros, la dormida	397
Leonor:—¿lo ves? Los pies ensangrentados	457
Libro de amor, que se cierra	431
Linda hermanita mía	264
Llorando el corazón, llorando tanto	343
Lo que al labio saco	430
Logré sus miradas	426
Los celos despiertan sierpes	519
Los huesos de la frente	527
Los ojos puros, la mirada inquieta	346
Los persas tienen	69
Madre del alma, madre querida	261
Madre mía de mi vida y de mi alma	412
Magdalena era pálida, y lloraba	309
Magnífica doncella	434
Magníficos espejos	405
Mañana, como un monte que derrumba	434
Mas ¡ay de mí! que en vano, en vano envío	411
Más que en los labios amargos	392
Me casé? Yo me casé	440
Me han dicho, buen Florencio,—que deseas	222
Me han dicho que hay dos ángeles	264

Índice de primeros versos

Me han dicho que la estrella	425
¡Mercedes! —Quien me las hace	450
Mi amor del aire se azora	186
¿Mi cráneo? dices que saber te holgara	434
Mi madre,—el débil resplandor te baña	277
Mi musa? Es un diablillo	64
Mi querido amigo Juan	494
Mi señor Don Serafín	494
Mi tojosa adormecida	391
Mientras me quede un átomo de vida	499
Mírala: Es negra! Es torva! Su tremenda	143
Mírame, madre, y por tu amor no llores	270
Mis pensamientos	426
Mis versos	539
Mis versos van revueltos y encendidos	147
Morir no es acabar! Sueño es la nada	539
Mucho, señora, daría	198
Mujer, mujer, en vano es que la vida	285
Murmurando versos	429
Muy fiera y caprichosa es la Poesía	156
Naturaleza mi desdicha sabe	437
Ni Cincinato, ni Catón fundara	528
Ni la enamoro yo para esta vida	319
Niña, como las flores del naranjo	452
¡No, como el escorpión, de miedo al fuego	523
No debe el brazo	514
No es un sueño, es verdad: grito de guerra	265
No hay en la bárbara guerra	471
No hay pena cual la de amar	478
No hay que temblar, señora acobardada	530
No leas en libros ajenos	425
No me quites las canas	419
No, música tenaz, me hables del cielo!	151
No puedo pintar	427
No sabe el sol cuando asoma	232
No sé, Melitina hermana	477
No sé qué tiene el amor	455
No sé qué tienen las flores	473

Índice de primeros versos

No sientas que te falte	289
Noche. En la tierra dormida	284
Noche solitaria—aciaga!	514
Nuevas vienen de allá; mano querida	361
Odio el mar, sólo hermoso cuando gime	136
Odio la máscara y vicio	170
¡Oh! diles que callen	423
¡Oh, mi vida que en la cumbre	353
Oh nave, oh pobre nave	221
Oh, qué frío en los huesos—oh qué frío	540
Oh qué hermoso será un muerto	438
Oh, qué vergüenza!:—El sol ha iluminado	108
Oh, ritmo de la carne, oh melodía	107
Oh ven, oh ven: tú dejas en mi vida	426
Oh ya puedo morir: la he conocido!	429
Oigo el fuego silbando, y me parece	437
Orilla de palmeras	510
¡Otra vez en mi vida el importuno	368
Palabras? ya sé: palabras	435
Papel, faltarme podrá	435
Para Aragón, en España	175
Para el varón, el caballo	469
Para modelo de un dios	192
Para un príncipe enano	59
Pastores risueños	427
Patria! yo no te canto!—	519
¡Penas! ¿quién osa decir	194
Pinta mi amigo el pintor	196
Pinta mi amigo el pintor	468
Pintar! No puedo pintar	427
¡Plaza al soldado! Sobre el campo, henchido	508
Por Dios que cansa	246
Por donde abunda la malva	182
Por la tumba del cortijo	190
Por las mañanas	63
«¿Por qué cantáis a la memoria mía?	275
Por qué no acaba todo, ora que puedes	134
Por qué os secáis, violetas generosas	229

Índice de primeros versos

Por tus ojos encendidos	185
Pues a vivir venimos—y es la ofrenda	254
Pues bien—la tierra es eso	520
Pues digo que el ajenjo	437
Puro azul de aguas de río	523
Que así como esas hojas en el techo	520
¿Que cante? Espera, espera todavía!	306
Que como crin hirsuta de espantado	132
Que de qué manera	428
Que engaña una mujer; ya se sabía	404
Que este canto mío	438
¿Qué importa que tu puñal	194
Qué me das? Chipre?	84
¿Qué me pides? Lágrimas?	410
¿Qué me pides? Lágrimas?	428
Que mis versos vuelan	426
¿Qué niño recién puesto en blanca cuna	435
«¿Que no la has visto—Vela!»	522
Que piense? No pienso!	426
Qué quieres tú que te escriba	458
¿Qué susto? qué temor! qué delicado	253
Quema el sol; muere el césped; arde el llano	424
Quieren, oh mi dolor, que a tu hermosura	244
Quieres mis versos tener	459
Quiero, a la sombra de un ala	177
Reanimado el dolor, la mano ardiente	351
Rey de mí mismo —mis dominios creo	536
Rosario	323
Sé de brazos robustos	62
Sé de un hogar, esmaltado	529
Sé de un pintor atrevido	188
Se me ha entrado por el alma	408
Sé, mujer, para mí, como paloma	409
Señor, aún no ha caído	231
Señor: en vano intento	231
Señor, la claridad que te pedía	427
Señor, mi madre tenía	345
Si en un retrato el corazón se envía	270

Índice de primeros versos

Si es un símbolo el nombre de Paulina	267
Si fuera de la patria, en que se crea	462
Si quieren que de este mundo	174
Si ves un monte de espumas	174
Sí! yo también, desnuda la cabeza	92
Siempre que hundo la mente en libros graves	245
Sin pompa falsa ¡oh árabe! saludo	211
Sin violación de secretos	474
Solo como la llama desprendida	526
Sólo el afán de un náufrago podría	227
Solo, estoy solo: viene el verso amigo	114
Somos como la voz del viento vago	528
Sueño con claustros de mármol	199
Surcando el mar, pidiendo a las inquietas	373
Surjo!—La noche llega, a mí la rima	436
Tamanaco, de plumas coronado	397
Téngame amistad mayor	484
Tengo junto a mi mesa un cestecillo	413
Tengo que contarles	403
Tengo un huésped muy inquieto	228
Terrestre enfermo, que a sus solas llora	382
Tiene el alma del poeta	395
Tiene el cielo la vía láctea	430
Tiene el leopardo un abrigo	199
Tiene mi cielo de América	529
Tienes el don, tienes el verso, tienes	242
Todas las fieras se han dado cita	433
Todo se va muriendo	440
Todo soy canas ya, y aún no he sabido	251
Toma este hierro,—y a la moza infame	436
Tonos de orquesta y música sentida	225
Traidor! Con qué arma de oro	86
Triste, impaciente, volador, lloroso	423
Tú flotas sobre todo	72
Un hombre purificado	475
Un niño, de su cariño	481
Una cita a la sombra de tu oscuro	115
Una copa con alas: quién la ha visto	140

Índice de primeros versos

Una mora de Trípoli tenía	444
Una virgen espléndida—morada	399
Va siendo la virtud entre la gente	398
...Ved cómo un hombre	540
Ved: sentado lo llevo	75
Vedle! En la seca garganta	235
Vela abajo, mozo arriba	222
Ven, mi caballo, a que te encinche: quieren	91
Ven, y apriétate a mí: mira cuál cruzan	432
Vencedor de los dulces ruiseñores	461
Venid, que os llene de clavel y violas	432
Venid, tábanos fieros	76
Venid! venid;—mi sangre bullidora	271
Vete, bien puedes irte. Como deja	430
Viejo de la barba blanca	498
Viene a decirme Capriles	489
Vierte, corazón, tu pena	201
Vino el amor mental: ese enfermizo	409
Vino el médico amarillo	183
¡Vivir en sí, qué espanto!	228
Voz que se extingue, fuego que se apaga	540
Vuelvo a ti, pluma fiel. De la desdicha	239
Y a ti ¿qué te traeré? No las punzantes	412
Y cuando están de prisa	535
Y hubo un ruido:—volaron ruiseñores	439
Y las ofrendas—cuán pobres!	541
Y se pinta en el rostro	520
Y suelo, en noche oscura,	521
Y te apoyas en mi hombro, y me preguntas	439
Y te busqué por pueblos	418
Y templar, con la dicha de verte	525
Y tres años después, en donde mismo	432
Y tú, pobre mujer que sacudiste	435
Ya cruza los mares	424
Ya sé: de carne se puede	195
Yo conozco el terrible sentido	523
Yo fui bueno hace cien años	524
Yo he visto, en la noche clara	476

Índice de primeros versos

Yo iría, sí,—yo iría	332
Yo lloro—es verdad que lloro	415
Yo miro con un triste	405
Yo no envidio a los muertos	525
Yo no puedo olvidar nunca	182
Yo pienso, cuando me alegro	188
Yo puedo hacer, puedo hacer	243
Yo que vivo, aunque me he muerto	189
Yo quiero, Andrés, que hablemos	401
Yo quiero salir del mundo	188
Yo quiero una sortija de oro mate	508
Yo sacaré lo que en el pecho tengo	153
Yo sé cómo cae un fardo	438
Yo sé de Egipto y Nigricia	170
Yo soy un hombre sincero	167
Yo sueño con los ojos	61
Yo tengo en mi oficina	437
Yo tengo un amigo muerto	176
Yo tengo un paje muy fiel	181
Yo vi, cuando era muy niño	268
Yo visitaré anhelante	172